España Nuevo Siglo

Tim Connell and Juan Kattán-Ibarra

First published in 1997 by:
Mary Glasgow Publications, an imprint of Stanley Thornes (Publishers) Ltd

Reprinted in 2001 by:
Nelson Thornes Ltd
Delta Place
27 Bath Road
CHELTENHAM
GL53 7TH
United Kingdom

01 02 03 04 05 / 10 9 8 7 6 5 4 3

A catalogue record for this book is available from the British Library

ISBN 0 7487 1467 7

Maps by Steve Ballinger
Page make-up by Carla Turchini

Printed and bound in Great Britain by The Bath Press

Studio recordings by Pilar Connell, Carlos Fernández, Marisa Julián, Eliud Porras
and Juan Kattán at The Speech Recording Studio, London

Original recordings courtesy of Radio Nacional de España and the University of
Santiago de Chile

Contents

Acknowledgements

The authors and publishers wish to thank the following
for permission to reproduce copyright material in this
book:

ABC, Madrid
Agencia Efe, Madrid
Cambio16, Madrid
Carta de España, Madrid
María Luisa Cerrillos
Ciudadano, Madrid
Club de vacaciones, Torremolinos
Consejería de Sanidad, Comunidad Autónoma de
    Castilla-La Mancha
Diario 16, Madrid
Diario Sur, Málaga
Dirección General de la Seguridad del Estado, Madrid
Fomento de la Producción, Barcelona
Hertz de España S.A., Madrid
Hotel Romana Playa, Marbella
Información del Consumo, Madrid
Don Pasqual Maragall, Alcalde de Barcelona
El Mercurio, Santiago de Chile
Municipalidad de Santiago de Chile
El País, Madrid
Panorama, Madrid
Leonardo Paso
Mari Pau Domínguez
Saned SA (Revista de la Salud), Madrid
Senideak (Asociación de Familia de Presos, Deportados y
    Rehenes Detenidos)
SPIC (Revista de Aviación y Turismo, Madrid)
Terra Viva, Rio de Janeiro
Tiempo, Madrid
El Tiempo, Santafé de Bogotá, Colombia
Tribuna, Madrid
Viajes Siglo XXI, Madrid

The authors and publishers are also grateful to the
following for permission to use recorded material:

Señor Ricardo Jure Martínez and Profesor Reinaldo
Berger Olivares, Facultad de Humanidades, Universidad
de Santiago de Chile
Radio Nacional de España, Madrid for specially prepared
archive material on the *Tejerazo*, *Autonomías* and
Impuesto revolucionario

The photographs in this book appear by courtesy of:

Tim Connell (pp 28, 39, 49, 88 (top))
Juan Kattán (pp 15, 45, 54, 57, 65, 82, 86, 88 (bottom),
    92, 97, 101, 109, 112, 125, 133, 134, 142, 143, 146,
    150, 153)
Juan Luzzi (p 96)
John Pride (p 23)
Spanish Embassy Press Office (p 35)
Spanish National Tourist Office (pp 56, 59, 102,
    118, 130)

Every effort has been made to contact copyright holders
and we apologise if any have been overlooked.

PREFACE

España Nuevo Siglo is designed to provide students with the opportunity to develop and improve their knowledge of Spanish within the context of contemporary Spain. Each of the eight sections takes a broad view of the country by covering aspects of daily life, matters of public concern or topics which are likely to be of current interest. The themes are illustrated by use of texts of varying length and complexity, drawn from a variety of sources, mainly the Press. Some Latin American material is included to link in with various Hispanic themes that place Spain in the broader perspective of the Spanish-speaking world.

Students are provided with introductory reading to each section in English so as to ensure a better understanding of the background to the Spanish texts. The introductions are preceded by an outline of the transition to democracy that followed the death of General Franco in 1975, the fourteen years of Socialist government and the coming to power of the *Partido Popular*. Designed to place present-day Spain in the context of the recent past, it covers events which played a formative role in the emergence of the modern state. (Section 2 covers this transition period in greater detail and includes authentic materials from the period.) There is a checklist of key dates for quick reference.

Topics likely to prove ephemeral have been avoided, although those chosen will benefit from the addition of the most recent material which may be obtained from the media via such excellent sources as the weekly air-mail edition of *El País*, the tapes available by subscription from *Radio Nacional de España* (Apartado 156.201 – 28080 Madrid) or RTVE programmes which can be received by satellite. The British Bulletin of Publications, produced by the Hispanic Council, 2 Belgrave Square, London SW1X 8PJ, England, is a useful reference source (published twice yearly) for new titles and articles published in English.

The texts have been chosen for the themes that they cover and also for the elements of language that they illustrate. *España Nuevo Siglo* is not designed for use with less experienced intermediate-level students, nor does it set out to introduce students to new features of the language at a higher level. The intention is rather to illustrate them as they occur naturally in the texts. Such aspects (which may be structural, functional or stylistic) are then exploited in a range of activities that are designed to build up the students' confidence and ability to work through the medium of the language with a variety of sources. The *Actividades* section encourages the students to examine both the language and the content of the text in detail with a blend of comprehension questions, observations, and sometimes exercises on points of language and content. Key items of vocabulary are listed alongside the text. There is a glossary of grammatical terms at the end of the book.

A range of other activities allows for a wider variety of exploitation with varying degrees of complexity. More open-ended activities are presented which permit students to re-apply the points that have been covered and to use the language to express themselves in a freer and less prescriptive fashion. This also has the advantage that exercises can be pitched to take into account the students' likely level of performance. Instructions for the exercises are given in Spanish. (A reference checklist of vocabulary items used is provided at the end of the book.)

Key skills are covered by the *comprensión*, *preguntas*, *traducción* and *redacción* exercises and there is a tape with a variety of items for listening, ranging from actual events (such as the *Tejerazo*) to group discussions. Exercises are then developed that require more input on the part of the student: *informe*, *resumen*, *comentario*, *debate*. Some of the exercises are approached using a combination of skills: *presentación oral*, *informe oral*, *escucha y responde*, *traducción a la vista*. Others, like *cara a cara*, *debate* or *investigación* require students to prepare their own input based on an outline scheme with suggestions for follow-up work.

The material is not presented in a rising order of difficulty. It is anticipated that teachers will select material either because of content, or to illustrate and reinforce particular points of language. The balance of work between different types of skill will also depend on student needs. Some flexibility can be applied to the materials: reading comprehension texts can be used for translation or summary, or a combination of texts could be used for report writing or oral presentations.

España Nuevo Siglo will be of particular value to students who need to develop higher levels of skill in Spanish combined with a greater understanding of the Spanish-speaking world. The content element will encourage students' interest in the contemporary culture of Spain and provide them with the necessary language skills to enable them to collect, analyse and exchange information, express their own views and ask other people about theirs.

INTRODUCTION

The transition to democracy in Spain

The year 1992 was a key one in Spanish history, with the five-hundredth anniversary of the voyage of Columbus, of the end of the Reconquest and of the expulsion of the Moors and the Jews. By then Spain had been a full member of the European Community (now Union) for six years, and was the focus of considerable international attention with Barcelona as host to the Olympic Games, Madrid as the 1992 Cultural City of Europe and Expo '92 taking place in Seville. It is, therefore, hard to imagine how isolated this focal European state had been little more than a decade earlier. Spain was regarded then as something of an outsider, the legacy of decades of isolation. The international dimensions of the Civil War (1936-9), Spain's perceived alignment with the Axis Powers in the early forties and General Franco's policy of autarky (enforced economic self-sufficiency) had all contributed to sideline the country and to cut it off from post-war developments which formed the basis of modern Europe. Economically Spain had developed trade links with the rest of Europe and had gained the political support of the United States for strategic reasons, but there was little international sympathy for its leaders or its system of government, not least because of the number of Spaniards who lived in exile and those who had gone abroad to find work.

By the mid-1970s Spain had become a political anomaly. It was still headed by the last of the pre-war dictators, and living in a state of political isolation which had become more marked with the end of the dictator Dr Salazar in Portugal in 1974 – a year which also saw the demise of the Greek colonels whose junta had been in power since 1967. Although General Franco had built a system little disposed towards change, and designed to function without him, the cracks in the façade had long been obvious. To get some idea of the effect of the Civil War on the Spanish population, to the loss in the war of up to a million people (civilians and combatants) must be added nearly a million refugees, the numbers executed in the immediate post-war period (192 000 in six years according to Ministry of Justice figures) and those condemned to long sentences in prison. The overall impact on the people may be gauged by the *topos*, the men who remained in hiding, a few of whom only emerged after the death of the *Caudillo*.

Apart from the legacy of bitterness left by the Civil War and the years of repression and exile, opposition forces were encouraged by one indisputable fact: the age of the *Caudillo* himself. Meetings were held as early as 1962 (the so-called *Contubernio de Munich*) to discuss what should be done when he died. But Franco was to maintain the position of *Presidente del Gobierno*, or Prime Minister, virtually until his death in 1975. It must be said that many ordinary Spaniards favoured the regime, and would point to the years of stability and increasing economic prosperity which followed in the wake of the 1959 economic-reform plans and the increased revenues from the tourist boom which began in the mid-1960s. Equally there were those who feared controversy and a return to the open and apparently insoluble hatreds of the 1930s. Even so, the groundswell of opposition began to grow inexorably, in industry, the universities and among progressive Church elements. The Communist party, with about 22 000 members abroad, maintained a constant level of opposition and in the late 1950s had been behind the creation of the *Comisiones Obreras* as an alternative to the government-controlled *sindicatos verticales*. Strikes, although largely illegal, became more widespread, frequent and bitter in the early 1970s; the Socialist party re-emerged as a force with the Toulouse Conference in 1972, and political violence began to make its presence felt.

It became apparent that some measure of liberalisation would be inevitable in order to avoid even greater problems; the appointment of Admiral Carrero Blanco, a known hard-liner, as Prime Minister in June 1973 did little to reassure those for whom the Civil War (and the issues that led up to it) were increasingly a part of history and less a part of everyday political life. Expressions of horror at the spectacular explosion that killed the Admiral in December 1973 (his car was actually blown over a six-storey building) mingled with disquiet at the thought that Spain's long political *siesta* had finally come to an end.

Reforma vs. Ruptura

The year 1974 brought with it the dual question of *reforma democrática* and *ruptura democrática*. Carlos Arias Navarro, the new Prime Minister, announced a package of reform measures which envisaged the development of democratic liberties and more popular representation. Proposals included the election of mayors (and not nomination as hitherto); a reform of Parliament (the *Cortes*), of which only 17 per cent of the members could claim to have been elected, and many of whom were also senior government officials; the reformation of trade unions to give them more bargaining power. A law of political association was also put forward, suggesting that some form of consensus politics might be possible once again, within a regulated framework. Nonetheless, phrases such as *el contraste de pareceres*, and *asociaciones políticas* instead of *partidos políticos*, underline the fact that a free multi-party system was not envisaged. Some legislation was passed, such as the partial reform of local government. The new measures were received coldly, as they evidently were not intended to form the basis of a major updating of political structures.

The main drawback to the Arias reforms lay in the fact that they were essentially limited in scope. Opposition groups were fully aware that time and a growing number of people were now on their side. In February 1975 the Prime Minister said in a speech that Spaniards should relieve the *Caudillo* of the responsibility for political innovation and participate in their country's future. Many Spaniards were ready to do just that. The law on political association was framed to allow a certain measure of political freedom, whilst keeping everything under the control of the National Council of the *Movimiento Nacional*, hitherto the only permitted political party in the country. No ideology was actually excluded by name, and yet certain limitations were obvious. Both the Christian Democrats and the Socialists objected that the terms of reference of the new law were too narrow.

Demands for *ruptura democrática*, a clean break with the old system, rather than the facelift proposals of the *reforma* became more vociferous, and the opposition became more organised. General Franco's five-week decline into death gave all sides time to prepare for the struggles for supremacy in the ensuing power vacuum, amidst Press reports of family arguments around the dying man's bed. Despite continuing fears that the hardliners known generically as the *Búnker* would not accept change, or that the army might even intervene, *reforma* vs. *ruptura* became the key issue. In March 1976 the Communist and Socialist opposition groups, the *Junta Democrática* and the *Plataforma de Convergencia Democrática*, merged to form a united group called *Coordinación Democrática* (sometimes referred to as the *Platajunta*). A wide range of other parties joined too, forming a single pressure group to bring about radical alterations in Spanish political life. It was probably the breadth of opinion represented in this group as much as its actual calls for change that led Arias Navarro to announce the second set of reforms in just over two years, which led to the Political Reform Law, the Referendum and the general elections of 1977. Less directly, this led to the development of the new Constitution and ironically the resignation of Arias and the principal members of his cabinet, which indicates the reluctance to accept genuine change which underlay *el espíritu del doce de febrero*. It is uncertain how sweeping these changes were intended to be, but the King's replacement choice, Adolfo Suárez, used his background as a lifelong member of Franco's *Movimiento* and his experience as head of Spanish television to move matters forward.

The prison population began to rise again with the growing levels of open opposition to the regime in its last years, so that the question of amnesty for those who had spent most of their adult lives abroad, as well as for those in prison for political activities, was foremost in many people's minds when Juan Carlos came to the throne. In fact, one of his first acts, three days after becoming king, was to declare a pardon to commemorate the new reign. This amnesty and the one that followed it in July 1976 were rather limited in scope, and it was widely felt that total reconciliation was the only way forward for Spain in the long term. Most remaining political prisoners were actually released in March 1977, with the date of the Referendum (15 December 1976) a cut-off point for offences that might have been committed in the struggle for democracy.

The other key indicator of the change in traditional opinion was the legalisation of the Communist party. The Government stated publicly that neither the party's Secretary General, Santiago Carrillo, nor its octogenarian president, Dolores Ibarruri, 'La Pasionaria', would be allowed to enter Spain, regardless of any amnesty. Santiago Carrillo forced the Government's hand by appearing in public in Madrid, on 10 December 1976, to announce that the PCE would present candidates in the forthcoming elections. Right-wing pressure obliged the Government to arrest him. Electoral boycotts were threatened unless the PCE took part. The party was promptly legalised, despite resignations in the cabinet. Its election campaign (possibly because of the military) carefully avoided provoking any right-wing backlash, and the party finally attracted about ten per cent of the vote.

The electoral process

The first elections for 41 years were announced in April 1977 to replace the existing *Cortes*, or Parliament, under the terms of the *Ley para la Reforma Política*. On the right, political groupings began to emerge into actual parties, but events took place at some speed: the right-wing *Alianza Popular*, led by Manuel Fraga Iribarne, was formed in October 1976 in conjunction with half-a-dozen other former Franco ministers; the centre-right amalgamated to form the *Centro Democrático* at the beginning of the year. This became the *Unión de Centro Democrático*, aligned with Adolfo Suárez, whose candidature was announced on the day the party was formed. Although he claimed to be independent, his close relations with the King inevitably lent prestige.

Using the d'Hondt system of electoral representation, 350 *diputados* were elected, with at least three members per province and 32 and 33 for Madrid and Barcelona respectively. There were 207 senators, made up of the first four candidates past the post within each province. Special arrangements were made for the Balearics and the enclaves of Ceuta and Melilla. In addition 41 senators were nominated by the King, a device dropped under the Constitution. There were complaints about the fairness of the system and the way the number of votes needed to gain a seat actually varied in practice between town and country. There were fears that the *Búnker* might not tolerate this exercise in democracy and Communist participation sent ripples of indignation through the ranks of the armed forces. The Electoral Law did contain some shortcomings, but it remained in force for the 1982 election, despite textual references to aspects of the old regime.

In 1977 about 80 per cent of the 23.5 million electors voted, with a field of 6000 candidates spread over 15 parties. UCD and the PSOE emerged as the main parties, with a regionalistic bloc much in evidence. Neither far left nor far right polled much more than 10 per cent of the vote, and two dozen other parties won seats. The year 1979 was something of an action replay, in marked contrast to 1982 which saw the disintegration of UCD, the annihilation of many regional and minor parties, a sharp fall in the fortunes of the Communist party and the resurgence of *Alianza Popular* under Fraga.

Whatever jokes had been made about the «*fragaso*» of 1979 AP emerged beyond doubt as the main opposition party. The loss of the middle ground in Spanish politics was commented on with apprehension by many commentators, who feared the re-appearance of the *Búnker* in another guise, or a possible vehicle for a *democracia vigilada* at some later date. Felipe González took power in December 1982 with a mandate to provide firm government based on ten million votes.

The monarchy

The monarchy in the great days of the Catholic Kings, or in the times of the Hapsburgs or Bourbons, was no less stable than any other in Europe. But the crisis of absolutism and the question of the legitimate extent of royal power in the nineteenth century heralded a long period of strife. The ensuing instability of national institutions may be seen by the fact that in the century preceding the Civil War three kings lost their thrones, two regents were exiled, four prime ministers were assassinated, and besides three civil wars there were also 24 *pronunciamientos*, when the military intervened in affairs of state.

The matter of the succession has been a problem in modern times. Although King Alfonso XIII abdicated in 1931, General Franco always thought of Spain as a monarchy. He prevented Don Juan, Alfonso's chosen successor, from returning home to serve in the National forces, on the grounds that the Crown would eventually be the one power capable of reunifying the people of Spain after the bitter years of conflict and exile. Franco's eventual choice, however, was not Don Juan, but his son Juan Carlos, largely as a result of disagreements over a future role for the monarchy. In 1948 Franco's Succession Laws looked ahead to a monarchist succession within a *franquista* framework. As well as making himself Head of State for life, Franco also arranged for the ten-year-old Prince to be educated in Spain. It was not until 1969 that Juan Carlos was named officially to succeed General Franco. He held power briefly, in fact, in 1974, and again in October 1975 at the beginning of the *Caudillo*'s last illness. He came to the throne on 22 November 1975.

Juan Carlos faced an uncertain situation, as his father (who had been named as the next king by his father Alfonso XIII as far back as 1941) did not relinquish his claim until May 1977; and his cousin Don Carlos Hugo had taken over as leader of the Carlists, who recognised a separate claim to the throne. However, Carlos Hugo (who had been in exile since 1968) was swiftly reconciled with the new King. The remarkable thing is that, despite irreverent comments about *Juanito el Breve*, Juan Carlos played a subtle and highly significant part in the general transition towards democracy. Although Franco clearly planned for him to lead the Establishment with the same range of powers that he held as Head of State, Juan Carlos became involved in discussions concerning Spain's future with a wide range of political groups some time before he finally came to power. With his concern for change and evident sincerity, his popular standing grew enormously. The slogan *España mañana será republicana* faded as his stabilising influence at a time of radical change, and the new image of Spain projected abroad by State visits and sympathetic foreign TV documentaries, established him as a figure worthy of respect. When he came to the throne he met with a certain degree of cold courtesy on the one hand, and open hostility on the other, a common opinion being that a monarch was hardly relevant to either *ruptura* or *reforma*. Yet it is probably true to say that without the quiet determination of Juan Carlos, the emergence of the new Spain would have been far harder, much bloodier and may never have come to fruition at all. Apart from holding clear views as to how things should proceed (which included changing Prime Minister in July 1976 and choosing Adolfo Suárez who was virtually unknown at the time) his strong links with the military greatly reduced the possibility of direct intervention in the affairs of state by the armed forces. The military's loyalty to their Commander-in-Chief was to be tested on a number of occasions: there were persistent rumours in 1977 that regional commanders had orders to take over in the event of a Socialist victory; despite the King's masterful handling of the abortive military coup in 1981 which earned him worldwide admiration there was a military plot to assassinate him (*Operación Sadat*) in June 1982 and the unquixotic *Operación Cervantes* in October of the same year included plans to bombard both the *Zarzuela* (the royal palace) and the *Moncloa* (presidential palace) respectively. But links with the past were quietly downgraded and the Civil War era finally drew to a close. The King's birthday became an official holiday instead of the 18 July (anniversary of the outbreak of civil war in 1936); the annual victory parade became Armed Forces Day; pensions were finally made payable to Republican invalids. The King and Queen succeeded in gaining a high degree of respect and popularity at home as a result of a series of visits to the various regions.

On the international front

Royal visits to countries all over the world played an important part in gaining re-acceptance politically, paved the way for recognition from countries as far apart as Mexico and Mongolia, and established the policy of restoring links with the outside world. Nonetheless, Spain did not integrate immediately into the rest of Europe with the speed that many might have hoped. Entry into NATO was achieved in a manner which inevitably provoked opposition, and the pledge on the part of PSOE to hold a referendum led to some careful manoeuvring on the part of Felipe González once he came to power. The EC held Spain off for a variety of reasons, and even when entry came in 1986 it was on a gradual basis. The South Atlantic crisis of 1982 was handled with tact and Britain was pleased that new extradition laws would put an end to the 'Costa del Crime' as a haven for British criminals. More cordial relations led to hopes that the Gibraltar question could finally be resolved. The line was opened in February 1985 following the Brussels Agreement, although an agreed outcome seemed as far away as ever.

The early eighties:
From democracy to disillusion

Inevitably there was a certain backlash to the speed of the transition. People had expected democracy to solve all of Spain's longstanding problems, and the speed with which changes had been carried out since the demise of the *Caudillo* raised expectations and led many people to imagine that results would be equally swift and nothing but positive. In fact the economic reality of high wages being linked to inflation, the pragmatic aspects of pluralistic government, and claim and counterclaim by politicians served to fuel a sense of frustration or disillusionment. *Bajo Franco vivíamos mejor* seemed to take on a real meaning and was exploited by the *Ultras*, members of the old *Búnker* who had steadily re-emerged, and their younger adherents who were too young to remember the price paid for the apparent stability of the Franco years.

Separatist movements continued to exert pressure on the Government. Despite lengthy debates concerning the devolution of power, manoeuvring over which article of the Constitution to apply (Article 151 and rapid change, as offered to Catalonia and the Basque Country, Article 143 and a slower process for others) created a sense of suspicion that the Government might backpedal in the face of increasingly more vociferous opposition from the right, sections of the armed forces and those who feared that the country would fragment. A failure to agree between the parties led to the LOAPA (*Ley Orgánica de Armonización del Proceso Autonómico*) being forced through by UCD and PSOE, only for it to be halted by a challenge to its constitutional legality from nationalist groups. But seventeen autonomies were finally agreed, a move which reduced the pressure for separatism in most of the country.

Terrorism had a further effect in setting elements of the army against the Government. Whereas the internal wranglings of UCD led to a tentative and uncertain style of government there were those in the military who wanted to take a strong line against any armed challenge to the State. That was to come in its most graphic form when Lieutenant-Colonel Antonio Tejero occupied the Congress building on 23 February 1981, ironically when a vote was to be taken confirming Leopoldo Calvo Sotelo as the new prime minister. The 23-F, or *Tejerazo*, was the closest any of the plots in this period came to shaking the Government. The King's masterful handling of the crisis and the massive demonstration of public support brought the country together in a way that had not been seen for some time.

The 23-F persuaded one wing of ETA, *ETA* (*político-militar*) to call a truce and later to call off the armed struggle, a path regretfully not taken by its counterpart *ETA* (*militar*) which 'declared war' on Felipe González not long after the change of government in 1982. The open dissent which led to the resignation of Adolfo Suárez as prime minister and his withdrawal from UCD to form his own party, *Centro Democrático y Social*, plus the formation of parties like the PDP, the re-alignment of UCD with existing parties, and the poor showing of UCD in the regional elections for the Autonomous Parliaments were indicative of the decline of the centre ground in Spanish politics. It was also an indication perhaps of the end of the transitional period in that UCD might be seen as the essential vehicle for the move away from the old order. (One press editor even commented that he voted for UCD in 1979 in order to be able to vote for PSOE in 1982.) *Bipartidismo* seemed to fade with the emergence of various small parties looking to fit into a broad coalition of interests with other like-minded groups. Internal struggles within PCE, on the other hand, all but tore it apart: Santiago Carrillo became isolated to the point of losing his seat in 1986 and much political credibility through setting up splinter parties, most of which were absorbed in due course by *Izquierda Unida*. The rallying point for the right became *Alianza Popular* under Manuel Fraga Iribarne. Despite a pathetic electoral performance in 1979, it enjoyed a sweeping victory in the Autonomy elections in Fraga's homeland of Galicia, and stormed home in 1982 with over five million votes – not far off the total UCD had needed in order to win three years before. But that was merely half the vote accorded to PSOE and Felipe González, the first Socialist Prime Minister in the

country's history to have a clear mandate to govern, to enter (and maintain) power smoothly. In that sense it may be seen as the end of the transition to democracy in Spain.

It is said that the Second Republic lasted for 1922 days – exactly the span of time between the death of Franco and the eruption of Tejero. Democracy survived such ominous parallels. The first part of the transition (up to the approval of the Constitution) saw the modernisation of the country's institutions. A period of uncertainty followed from *Operación Galaxia*, the first attempted coup, through the *Tejerazo*, to the 1982 elections which demonstrated that the Constitution of 1978 was firmly established, understood and approved of by the 21 million people who took part in the electoral process.

The Government of Felipe González

Some of the problems faced by the first PSOE administration, such as unemployment or terrorism, appeared insoluble. There were some successes against GRAPO, but the tension in the Basque Country continued, despite the setting up of a regional police force, the *Ertzaintza*, and the use of special forces to fight ETA. The shadowy GAL (*Grupo Antiterrorista de Liberación*) carried out selective assassinations of ETA leaders, often on the French side of the border in the mid-eighties. It became a key political issue in the early nineties amidst allegations that senior government ministers had been involved. This issue proved severely embarrassing to the Government as at one stage the court even wanted to indict Felipe. The *reinserción social* plan brought some *etarras* out of the conflict, but the arrangement whereby known *etarras* were deported to increasingly more exotic destinations such as Martinique or Togo did not appear to resolve matters. However, the Government did negotiate with ETA, although such a move did not reduce substantially the number of attacks. More indiscriminate bombing in the early nineties, leading to the deaths of bystanders (children in particular) caused a feeling of revulsion even within the ranks of ETA supporters. A plot to kill the King in Mallorca in 1995, an actual attempt on the life of the then opposition leader, José María Aznar in 1995, and summer campaigns against tourist spots showed that there was still no sign of an end to the deadlock.

Social attitudes polarised after a frenetic period which celebrated the end of dictatorship and personal repression through the *destape* (nudity in the theatre and the press) and far more liberal views on a wide range of issues. The *despenalización* of soft drugs created little controversy when it became law, but many Spaniards must have questioned the wisdom of what was originally seen as an enlightened move when the extent of the drugs trade in Spain was realised. (More cocaine was seized in two months in 1988 than had been seized in the whole of Europe the previous year.) Spain's proximity to North Africa, her Latin American connections, and her identity as a major tourist destination which could facilitate money laundering, all compounded the problem. But as with other European countries, a solution seemed as far away as ever, despite the success of the authorities in impounding drugs or arresting carriers.

Greater success attached to the programme of legislation passed between 1982 and 1986, some controversial, some well overdue: the *Ley de Incompatibilidades* aimed to put an end to *pluriempleo*, and hit MPs in particular. The post of *defensor del pueblo* (ombudsman) was created in 1983. Social reforms came into effect, although some, such as abortion, created fierce polemic. Views polarised between the Church (which actually excommunicated medical staff who had performed abortions) and women's groups who emphasised the right to choose. The abortion law faced strong opposition and reached the statute books in 1985 despite claims before the *Tribunal Constitucional* that it would infringe Article 15 concerning the right to life. Even so it was limited to such cases as threats to the mother's mental or physical health, malformation of the foetus, or the consequence of rape.

The workings of the social security systems came under scrutiny, while the awful episode in 1981 of the *neumonía atípica* or *colza* scandal, which led to the deaths of hundreds and crippling of thousands (believed to be the result of consuming adulterated cooking oil,) revealed shortcomings in different areas of public health. Prison sentences totalled 260 years for an episode which by 1996 had killed 1200 people and damaged 25 000 more.

It is rather unfortunate that both ends of Felipe's long stay in government were overshadowed by steps that had to be taken to bring Spain in line with its European counterparts. PSOE's bold programme of *reconversión industrial* met heavy resistance in areas with twilight industries, such as Bilbao, but was seen as a precondition of EC entry, as was the introduction of personal income tax, VAT and proper company accounts. But Spain continued to have economic difficulties – unemployment, for example, was severe and lay behind the general strikes of 1988 and 1992, when unemployment benefit was cut as part of the austerity measures

taken to prepare Spain for monetary union. These also included increases in income tax and VAT, cuts in public spending and more privatisation. The handling of the *Rumasa* commercial scandal in the mid-1980s showed determination, with the expropriation of the giant conglomeration of banks and companies. (Ruiz Mateos, the proprietor, returned to Spain after periods in London and Frankfurt in late 1985 and became involved in tangles of litigation.) However, the constant flow of business scandals was a prelude to increasing examples of corruption involving the Government in an atmosphere of public sleaze which undoubtedly served to weaken the PSOE, even though Felipe's personal standing was less affected than it might have been.

This personal prestige was a key card in Felipe's political career. He used it to keep order within his own party in 1974 and again in 1979, and he used it as a trump at the time of the NATO referendum when he was fully aware of the need to maintain good relations with the United States and highlight Spain's willingness to shoulder joint European responsibilities, whilst maintaining what had become a traditional neutral stance. Popular opinion was not in favour, and he also had to contend with his own promise in 1982 to hold a referendum which would probably be negative. His personal appeal on television made all the difference. The vote took place on 12 March 1986. To most people's surprise Felipe got the result he wanted: 53.8 per cent voted yes, 39.4 per cent voted no – but 40 per cent of voters abstained. In reality the end of the Cold War and the policy of the United States to reduce its overseas commitments contributed to the departure of most personnel and material stationed in Spain, with the final squadron of F-16s leaving in 1992. However, the US has kept access to its old bases, which were heavily used during the Gulf War, when 80 per cent of USAF flights to the Gulf passed through Torrejón, and B-52 bombers flew out of Morón every three hours.

The 1986 elections were brought forward to June (some people said to make them coincide with the World Cup). The campaign was dull and marked by wrangling between rival politicians. However, the result was never really in doubt, unlike the 1989 elections which were marked by bitter accusations of ballot-rigging. PSOE's percentage of the vote fell by 20 per cent of what it had been in 1982 – a loss of nine seats. This meant that it lost its overall majority in the Chamber of Deputies, with many votes going to *Izquierda Unida*. It could still be sure of control in practice, though, because some Basque deputies refused to swear the oath of loyalty and hence were unable to take their seats.

The Government's standing became rather tarnished. Felipe himself survived a vote of confidence in April 1989, and went on to establish himself as a firm figure on the European scene, where Spain was to be viewed increasingly as a partner of some significance. He served as President of the European Commission in 1995 and Chairman of the International Commission overseeing elections in Serbia once he had left office as prime minister in 1996. But the *caso Guerra*, which in 1990 led to the resignation of the deputy prime minister because of charges of corruption levelled at his brother, was the first of a series of incidents involving allegations against public figures that seriously weakened the Government.

The final years of the Socialist government were fraught with difficulty. There was no overall majority in the 1993 election but Felipe managed to keep power by coming to an arrangement with regional parties in the Basque Country and Catalonia. By this time *Partido Popular* had become more forceful, even under its uncharismatic leader José María Aznar, demonstrating through its success in regional elections that it was the government in waiting. Ironically PP was not to gain an overall majority and was forced to come to agreements with regional groups in much the same way. This led to further concessions, especially with regard to the increase in the proportion of tax revenues kept by the Autonomies from 20 per cent to 30 per cent and a reduction in the compensatory payments between the wealthier and poorer regions of Spain. The Autonomies took greater responsibility for policing and employment, and links with central government were reduced by the abolition of the post of civil governor. Regional governments were also given greater freedom of action in negotiating with the EU. Given Spain's need to meet the convergence criteria for monetary union, government economic policy continued to be stringent, hoping to reduce a public deficit of almost six per cent to half that by the end of the century. Privatisation programmes were announced for utilities such as telephones. Unions remained sceptical over the declared aim to protect health programmes and pension schemes and to have a pact over job creation. There were general signs that Aznar's declared hard line on matters ranging from devolved powers to dealing with terrorism would have to be eased in the light of practicalities, a point which perhaps prompted Felipe's description of his own defeat as a *dulce derrota*.

Cases of Scandals

El Caso Guerra (1990) — Deputy prime minister Alfonso Guerra resigns over the business dealings of his brother Juan.

El Caso Banesto (1993) — Shares suspended. Bank president Mario Conde accused.

El Caso Filesa (1993) — Alleged sale of non-existent consultancy services to fund PSOE election campaign.

El caso GAL (1993-) — Government accused of complicity in 23 cases of murder and kidnapping of suspected ETA members between 1983 and 1987. Felipe González and government ministers investigated in 1995, but no evidence found. Members of security forces gaoled.

El Caso Roldán (1993-5) — Ex-head of Civil Guard gaoled for corruption over contracts for building barracks.

El Caso Cesid (1995) — Ministers resign over allegations that security service (CESID) bugged telephones of journalists, ministers and even the King.

El Caso KIO — $5bn apparently lost by Kuwait Investment Office in Spain since 1986. Case dropped for lack of evidence.

9 June 1973	Admiral Carrero Blanco appointed Prime Minister by General Franco	**8–27 October 1977**	The Moncloa Pact (a package of economic, social and political reforms) finalised
20 December 1973	Admiral Carrero Blanco assassinated by ETA	**17 October 1977**	Amnesty for political prisoners
12 February 1974	Reform Programme announced by his successor, Carlos Arias Navarro	**24 November 1977**	Spain joins the Council of Europe
27 September 1975	Execution of five suspected terrorists. Wave of protests throughout Europe	**16 June 1978**	The King visits China, the first Spanish Head of State to visit a Communist country
17 October 1975	Morocco announces the *Marcha Verde*, to annex the Spanish Sahara	**31 October 1978**	The text of the Constitution approved by both Congress and Senate
17 October 1975	Beginning of General Franco's last illness	**17 November 1978**	*Operación Galaxia*, a minor attempted coup by elements of the Civil Guard and paramilitary forces
14 November 1975	Tripartite Agreement on Sahara signed in Madrid by Spain, Morocco and Mauritania	**29 November 1978**	EEC approves Spanish application
20 November 1975	Death of General Franco	**6 December 1978**	Referendum on the Constitution shows public approval
22 November 1975	Proclamation of Juan Carlos as King	**3 January 1979**	Agreement with Vatican to update 1953 Concordat
25 November 1975	Royal Pardon for certain political prisoners	**January–March 1979**	Trade Union elections
12 January 1976	Last Spanish troops withdraw from Sahara	**1 March 1979**	General election
		3 April 1979	Municipal elections
24 January 1976	New defence treaty signed with USA	**25 October 1979**	Approval of autonomy for Basque Country and Catalonia
27 February 1976	República Árabe Saharaui Democrática declared in Spanish Sahara by Polisario with Algerian support	**16 December 1979**	Basque government-in-exile dissolved
31 May 1976	*Los Reyes* to Santo Domingo. (First visit of Spanish monarch to New World since its discovery)	**8 April 1980**	Spain becomes 34th member of Economic Commission for Latin America
1 July 1976	Adolfo Suárez appointed Prime Minister	**29 January 1981**	Suárez resigns. Replaced by Leopoldo Calvo Sotelo
18 November 1976	Political Reform Law approved by *Cortes*	**23 February 1981**	Attempted coup: Congress seized by Lt. Col. Tejero (*el 23–F*)
15 December 1976	Overwhelming support for Law in Referendum	**28 February 1981**	*ETA(político-militar)* declares truce. (Disbands September 1982)
28 March 1977	Diplomatic relations restored with Mexico (broken off after the Civil War)	**6 May 1981**	First reported outbreak of *neumonía atípica* (apparently caused by adulterated cooking oil)
1 April 1977	Abolition of the National Movement, the political base of the Franco regime	**20 July 1981**	Divorce law approved
9 April 1977	Communist Party legalised	**31 July 1981**	*LOAPA (Ley Orgánica de Armonización del Proceso Autonómico)* approved
28 April 1977	Free Trade Unions approved		
15 June 1977	General elections held, the first since 1936	**10 September 1981**	Return of Picasso's *Guernica* to Spain from New York
18 July 1977	Spanish application to join the EEC	**10 December 1981**	Spanish entry into NATO confirmed, only to be frozen by the new Socialist government a year later
22 August 1977	First meeting to draw up the new Constitution		
29 September 1977	Partial autonomy for Catalonia with the re-opening of the *Generalitat*	**24 June 1982**	*Operación Sadat* foiled (plan to murder King during military parade)

27 October 1982	*Dia de Reflexión* before the election; also planned date of another frustrated coup – *Operación Cervantes*	**12 June 1994**	PP wins convincingly in European parliamentary elections
28 October 1982	General Election: PSOE wins with 10 million votes; AP, five million	**1 July 1994**	Mobile telephone legislation approved
15 December 1982	Blockade lifted on Gibraltar, but only for residents	**29 August 1994**	ETA prisoners go on hunger strike over *reinserción* policy
26 January 1983	Approval of Castilla-León and The Balearic Islands as *autonomías*	**11 November 1994**	Spain begins withdrawal of its 11 000-strong UN contingent from Bosnia
23 February 1983	Government expropriates giant Rumasa group holdings	**13 March 1995**	Spain imposes visa restrictions on Canadians as part of Grand Banks fishing dispute
4 October 1983	Abortion law passed	**18 March 1995**	The Infanta Elena gets married in Seville
7 January 1984	Serra military reforms passed	**12 April 1995**	El Cordobés stages bullfighting comeback in Fuengirola
4 February 1985	The line opened at Gibraltar		
12 June 1985	EEC treaty signed	**7 June 1995**	El Corte Inglés takes over Galerías Preciados
27 June 1985	LODE *(Ley Orgánica de Educación)* passed	**23 July 1995**	Miguel Induráin wins his fifth Tour de France
1 January 1986	Spain's accession to EEC	**July–December 1995**	Felipe González takes over as President of the European Community
17 January 1986	Spanish recognition of Israel		
30 January 1986	Felipe, Príncipe de Asturias, confirmed as heir to the throne	**9 August 1995**	Plot to blow up royal yacht in Mallorca foiled
12 March 1986	NATO referendum	**1 December 1995**	Javier Solana becomes first Spanish secretary general of NATO
22 June 1986	General elections: PSOE wins again		
10 June 1987	European Parliament elections	**14 December 1995**	Modified abortion bill passed. PP threatens to alter it once it gets into power
15 January 1988	New agreement with USA		
14 December 1988	General strike	**3 March 1996**	General election. Aznar wins, but cannot govern without support from regional parties
29 October 1989	General Elections: PSOE wins for a third time		
3 July 1991	Friendship treaty signed with Morocco	**4 May 1996**	Aznar sworn in with Catalan support (Jordi Pujol and CiU)
18 July 1991	Iberoamerican Conference in Guadalajara (Mexico)	**26 July 1996**	ETA kill businessman who refused to pay the *impuesto revolucionario.*
6 September 1991	Ceasefire in Western Sahara		
January 1992	Madrid designated as European Culture Capital for the year	**7 August 1996**	Flooding disaster at Biescas campsite in Huesca. 86 dead
31 March 1992	King reconciles Jewish community in Quincentenary year	**13 September 1996**	US refused permission to station stealth bombers in Morón
August 1992	Barcelona Olympics. (Spain wins 22 medals)	**22 March 1997**	Set of CESID (military intelligence) documents declassified as part of *el Caso GAL*
10 September 1992	Spain launches Hispasat, its first communications satellite		
6 June 1993	PSOE wins elections for fourth time, with nine million votes, insufficient for an outright majority	**9 April 1997**	Revised labour laws agreed by unions and business leaders
		16 April 1997	General support in *Cortes* (IU excepted) for economic stabilisation plan to run from 1997 to 2000
27 October 1993	100 000 students demonstrate against university fees		
8 March 1994	Spanish aircraft shot down over Croatia	**14 July 1997**	Two million people demonstrate against the murder of local PP politician Miguel Angel Blanco, ETA's 773rd victim since 1968.
10 April 1994	King Hassan of Morocco renews claims over Ceuta and Melilla		

España: las comunidades autónomas

FRANCIA

Ferrol
La Coruña
Oviedo • Gijón Santander Guernica
Asturias **Cantabria** Bilbao San Sebastián
Galicia **País** Pamplona
León **Vasco** **Navarra**
Vigo **Castilla-León** Burgos **La Rioja** Zaragoza **Cataluña**
Valladolid **Aragón** Barcelona

Douro
Salamanca
MADRID
Tajo
Toledo
PORTUGAL
Extremadura **Castilla-** **Valencia**
• Badajoz **La Mancha** **Valencia**
ESPAÑA
Alicante

MALLORCA MENORCA
Palma
IBIZA
BALEARES

MAR MEDITERRÁNEO

Guadalquivir
Córdorba Murcia
Sevilla **Murcia**
Andalucía Granada
Málaga
Cádiz
Gibraltar
Ceuta
Melilla

MARRUECOS

LANZAROTE
LA PALMA
TENERIFE
Santa Cruz
GOMERA Las
Palmas
HIERRO GRAN FUERTEVENTURA
CANARIA
CANARIAS

1 SOCIETY

Texts 1–6 look at the new Spain and offer some points of comparison with the rest of the world. Developmental issues, population changes and social problems, such as crime, are all covered.

Changing attitudes

Traditional Latin Society expected young people to take a subordinate place. Parents until quite recently expected obedience, even from grown-up children, who would live at home until such time as they married. Economic circumstances normally reinforced this, either through high levels of youth unemployment, limited job possibilities or low earning power. The number of young Spaniards going abroad and the number of tourists coming in led inevitably to comparisons being made with other countries. In the 1979 election (when 18-year olds had the vote for the first time) the electorate increased by 1.5 million. It is hardly surprising therefore that the transition had a strong sense of freedom and release, which in a positive sense led to *la movida*, the development of popular music and art in Madrid in particular, and a nightlife without parallel in Europe. On the other hand, what was intended as a liberalisation of drug laws reflected (or perhaps encouraged) the development of a drug scene with an accompanying increase in street crime, particularly in Madrid, Barcelona and Seville.

Spain as a migrant country

Spain traditionally has been a country of high emigration. Crop failures, drought, the lack of seasonal employment and the Civil War were all factors which led to many people going abroad, mainly to France, Germany and Switzerland or else to Latin America. Until the death of General Franco the remittances from overseas workers formed a significant part of national income and were vital for many villages and towns in the countryside. The change in political circumstances, combined with growing recession in the late seventies drew many Spaniards back home. It was realised that Spain had a far larger potential labour force than might at first appear, and as living conditions improved along with the political situation many people returned home. This did, of course, have some impact on unemployment, but the influx of an active, and in many cases skilled and industrialised, labour force may well have contributed to the expansion and development of the Spanish economy that became apparent after EC entry in particular.

Growing prosperity and the growth of the service sector have also drawn in people from other countries, thus reversing Spain's traditional position. Many of these are fellow Europeans wanting to spend some time in the sun, but the question of political and economic refugees has become an important issue in the south, with hundreds of illegal immigrants being caught every month by the *Guardia Civil*. In addition, many people have chosen to retire to Spain. The number of foreign residents is moving towards a quarter of a million and they have had a significant impact on the coastal areas where they tend to settle. EU legislation is taking their situation into account. The Spanish Constitution received its first amendment in September 1992 with a view to allowing foreign residents to be able to vote in local elections.

Women's issues

Divorce

Under General Franco Spain stood out with a few other European countries (like Liechtenstein, Andorra and San Marino) in not permitting divorce. Annulments could only be obtained from ecclesiastical tribunals recognised by the state for reasons such as abduction or coercion before the ceremony. The laws on the matter, passed in 1938 and 1939, were equally uncompromising, and the scales of justice seemed to be weighted in favour of males in the matter of adultery.

Divorce had been legal before, during the Republic. The 1932 law provided for divorce by mutual consent or in a dozen other circumstances including incurable illness or insanity; prison sentences longer than 11 years; in cases where husbands forced wives or daughters into prostitution; and in more predictable cases such as bigamy. It also contained a clause on mental and physical cruelty. An early move in 1938 by the new National government rendered civil marriages invalid for Catholics, and the following year not only did it bring in a new law on divorce, it also made it retroactive. In 1975 there were over 90 000 separation cases waiting to be heard by ecclesiastical tribunals which were commonly considered to be unsympathetic unless one had influence. In the same year over a dozen cases of adultery were heard, with the prosecution calling for heavy penalties against female defendants. Early discussions about a change in the law centred on divorce for civil marriages at least. But many parties held sympathetic views, and a telling legal point was that the law should be applicable to everybody and leave its interpretation to the conscience of the individual. In February 1978 the law was changed and extended parental duties towards children. The Divorce Bill was finally approved in July 1981, but it is still not a simple process and even divorce by mutual consent requires a significant measure of co-operation which some lawyers feel to be unrealistic in such circumstances.

Abortion

Abortion is a contentious issue. It was illegal in Spain until May 1985, when it became possible in certain limited circumstances. The Government altered the law to widen the situations in which it would be permitted, especially within the first three months of pregnancy. The new Penal Code being put forward in the early nineties proposed even greater flexibility, in the face of opposition, as might be expected, from the *Partido Popular* and the Church.

cura con sotana (m)
priest in a cassock

semidesnudo
half-naked

mendrugo de pan (m)
a crust of bread

foráneo
foreign

tercermundista
third world (adjective)

vida cotidiana (f)
daily life

con recelo o antipatía
with distrust or dislike

1

España mantiene la imagen tópica de país subdesarrollado

¿Cómo ven los extranjeros a España? Éste es el tema central del artículo que leerás a continuación, tema que preocupa a los españoles por la imagen negativa que se tiene de ellos en otros países. Lee ahora el texto y, a medida que lo hagas, busca las respuestas a estas preguntas.

(a) ¿Qué imagen de España se repite en muchos libros de texto extranjeros?

(b) ¿Qué dice el artículo con respecto al conocimiento que se tiene de España en Estados Unidos?

(c) ¿Por qué se dice que la información sobre España en el extranjero está distorsionada?

(d) ¿Qué intentan hacer los encargados de las relaciones culturales de España en el exterior?

(e) ¿Cuáles son los países que más información tienen sobre España?

(f) ¿Quiénes son los extranjeros que más se interesan por España?

(g) ¿Cómo se ve a España en Suecia? ¿Y en Francia?

ESPAÑA MANTIENE LA IMAGEN TOPICA DE PAIS SUBDESARROLLADO

«España es un país rural, pobre, donde mandan el Ejército y la Iglesia.» Ésta es una de las conclusiones a las que llega una encuesta que los Ministerios de Cultura y Asuntos Exteriores están realizando en más de veinte países de todo el mundo.

Los estudiantes de más de veinte países de Europa, África, Latinoamérica, Japón y Estados Unidos usan libros donde, al hablar de España, se repite la imagen del cura con sotana, guardias civiles y niños semidesnudos que caminan descalzos con un mendrugo de pan en la mano, entre otros tópicos. La encuesta señala, por ejemplo, que en Estados Unidos muchos textos nos mezclan con los países latinoamericanos. Una parte de los estadounidenses ignora que España existe y la inmensa mayoría no sabe nada de nosotros ni dónde estamos en el mapa o se pregunta cosas tales como si conocemos el champú.

En otro informe, encargado por el Ministerio de Cultura a un grupo de lingüistas y más de un centenar de profesores repartidos por todo el mundo, se dice que España equivale a Andalucía.

La información de nuestro país en el extranjero está distorsionada, ya que las noticias que publican los medios de comunicación foráneos son negativas, como las del terrorismo. En otras etapas políticas anteriores, los gobiernos españoles eran más conocidos que los de ahora.

Todos los encargados de las relaciones culturales de España con el exterior coinciden en señalar la necesidad de cambiar la imagen tercermundista de nuestro país, que ha alarmado al propio presidente del Gobierno. Las naciones que más información tienen de nosotros son, por este orden, Francia, Alemania y Suecia, y es precisamente en éstas donde más extendida está la imagen del español como persona impuntual, galante, apasionada, hedonista, hospitalaria, simpática, espontánea, personalista e individualista. También se repiten los tópicos del sol, la guitarra, la buena comida, la siesta y la libertad de la vida cotidiana.

Los extranjeros que más se interesan por España tienen entre veinticinco y treinta años, y son estudiantes, profesores o amas de casa. Los empresarios y ejecutivos prestan más atención a Hispanoamérica. El interés por aprender nuestro idioma no obedece a razones de procedencia familiar latina.

Por ejemplo, en Japón se nos ve como una nación exótica, pero el número de universitarios que aprenden castellano es superior al de alumnos de cualquier otra lengua y crece constantemente.

El país que nos ve con más simpatía es Suecia. En nuestra vecina Francia, las opiniones están divididas, pero hay un alto porcentaje de la población que nos mira con recelo o antipatía. Otros datos reveladores de este informe son, por ejemplo, que los extranjeros se interesan más por la literatura hispanoamericana que por la española, aunque conocen mejor nuestra vida cotidiana. Respecto a otras artes, el interés mayoritario es por el cine, quizá debido al boom cinematográfico de los últimos años en nuestro país. Dentro de la música, la atención es casi exclusiva por el flamenco. ■

(*Tiempo*, Madrid)

Actividades

1 Comentario

Comenta el contenido del artículo con un/a compañero/a y/o con el resto de la clase. Considera, por ejemplo:

(a) Los resultados de la encuesta realizada por el Ministerio de Cultura, en términos generales.

(b) La idea que en distintos países se tiene sobre España, según la encuesta.

(c) La idea que tú mismo/a tienes o tenías sobre España y los españoles.

(d) La imagen de España en tu propio país. El porqué de esta imagen.

(e) La imagen que presentan de España los medios de comunicación y la publicidad en general. ¿Te parece apropiada? ¿Qué prejuicios se tiende a perpetuar?

(f) ¿Cuál es la verdadera España? Explica e intercambia opiniones.

2 Completa con la palabra adecuada

Sin mirar el artículo, completa este pasaje con las palabras que te parezcan más apropiadas.

El país que nos ve con _____ simpatía es Suecia. En nuestra vecina Francia, las opiniones _____ divididas, pero hay un alto _____ de la población que _____ mira con recelo o antipatía. Otros datos reveladores de este informe _____, por ejemplo, que los extranjeros se _____ más por la literatura hispanoamericana _____ por la española, aunque _____ mejor nuestra vida cotidiana. Respecto _____ otras artes, el interés mayoritario es _____ el cine, quizá debido _____ boom cinematográfico de los últimos _____ en nuestro país. Dentro de la música, la atención _____ casi exclusiva _____ el flamenco.

3 Traducción

Traduce a tu propio idioma los dos primeros párrafos del texto, desde Los estudiantes de más de veinte países... *hasta...* los gobiernos españoles eran más conocidos que los de ahora.

4 Redacción

Escribe un artículo de 200–250 palabras sobre el siguiente tema:
España y los españoles vistos desde la perspectiva de mi propio país.

Palabras y frases útiles Act.4

los prejuicios
tener prejuicios
las ideas preconcebidas
existe desconocimiento/ignorancia... con respecto a...
la imagen que se tiene de...
mucha gente piensa/cree que...
a los españoles se los considera...
a España se la identifica normalmente con...
se siente simpatía/antipatía/desconfianza...
la imagen que la prensa presenta de España es...

2

**Retrato
del nuevo español**

A menudo se oye decir, especialmente entre los extranjeros, que el hombre español es machista y poco dado a las tareas domésticas. La realidad, sin embargo, apunta a un cambio fundamental en las actitudes de la nueva generación masculina. El hombre español se acerca hoy en día más a los comportamientos que se dan en los países del norte de Europa, tanto en lo que respecta a su conducta frente al sexo femenino como en la mayor atención que pone a su propio cuidado y apariencia. El artículo que sigue analiza esta situación e incluye comentarios de profesionales —psicólogos y sociólogos— con relación al tema. Lee el artículo y observa lo que dice el autor sobre los nuevos comportamientos del español de hoy.

Retrato del nuevo español

Si el abuelo de cualquier nuevo español levantara la cabeza es seguro que, a fuerza de sobresaltos, volvería a postrarla eternamente. No comprendería el comportamiento en casa del bisnieto varón, distribuyéndose, más o menos a la par, las tareas domésticas con la mujer. Se asombraría ante el afán de su descendiente por trabajar, por hacer dinero y gastar.

El bisabuelo sufriría el definitivo impacto moral al contemplar, por ejemplo, el culto al cuerpo de su bisnieto, el armario lleno de ropa de dudosa hombría, las colonias para oler bien, los aceites para tener tersa la piel, las lámparas de rayo para mantener un sempiterno bronceado... En fin, llegaría a la conclusión de que España había degenerado y caído en un relajamiento afeminado de las buenas costumbres.

Seguramente es en el hogar donde más nítidamente puede advertirse la variación en las formas de conducta del nuevo español. La actividad de la mujer fuera de casa ha transformado el comportamiento del hombre en el domicilio familiar y, por supuesto, en el ámbito del trabajo familiar. Ya quedaron lejos los tiempos en que el mayor esfuerzo, cruzando el umbral hogareño, consistía en quitarse los zapatos y buscar las pantuflas. «Sin que la estructura machista se haya debilitado notablemente, hay una cierta redistribución de las tareas domésticas. El hombre suele fregar los cacharros, mientras la mujer continúa cocinando. El hombre no suele coser», señala Jesús Ibáñez, profesor de la Facultad de Sociología de la Universidad Complutense de Madrid.

La actual configuración doméstica ha afectado también al rol familiar. La tarea de educar a los hijos no corresponde axiomáticamente a las madres, en contra de lo que ocurría antes. Bernabé Tierno Jiménez, psicólogo y psicopedagogo, constata, tras veinte años de experiencia profesional, que «el español va adaptándose a los nuevos tiempos; va maduran-

2

a fuerza de sobresaltos shocked to the core	
se asombraría he would be surprised	
hombría (f) masculinity	
terso smooth	
lámpara de rayo (f) sun lamp	
sempiterno eternal	
ámbito (m) environment	
umbral (m) threshold	
hogareño home (adjective), home-loving	
pantuflas (f/pl) slippers	
fregar los cacharros to do the washing up	
de suerte que so that	

do, de suerte que el hombre de hoy se ha abierto a una nueva forma de relacionarse con su mujer y sus hijos, a quienes ve más como compañera y amigos».

En opinión de Bernabé Tierno, ahora existe más diálogo entre el padre y el hijo. «Hay un aspecto que evidencia que el varón español está en proceso de cambio: ahora duda si está preparado para educar a sus hijos, ante lo cual intenta prepararse», manifiesta Bernabé Tierno, quien añade que el atareado padre de familia «aunque sólo sean dos minutos, intenta hablar con su hijo todas las noches».

PADRE MENOS ESTRICTO

El padre español es menos estricto que el europeo, en contra de lo que pudiera pensarse. Transmite menos normas de comportamiento que otros vecinos del continente. Sólo en lo referido al sexo, con un 13 por 100 frente a un 11 por 100, estamos por encima de la media europea.

Otra característica del nuevo español: es más hogareño. «El capitalismo de consumo —dice el filósofo Javier Sádaba— lo lleva a

casa». El nivel de *confort* en cualquier domicilio ha aumentado considerablemente.

El profesor Rafael López Pintor apunta otra diferencia, la que existe entre el domingo del nuevo español y el de sus padres. «Ahora la gente tiende a quedarse en casa. Con el vídeo tiene en casa hasta el cine. Cuelga la corbata en vez de sacarla para ir a misa. Se viste de «sport». Justo lo contrario que antes».

¿Es el nuevo español más feliz que antes? Estadísticamente está demostrado que los varones entre 25 y 40 años están satisfechos de «haber logrado algo» en un 55 por 100, frente al 49 por 100 de media nacional, el 23 por 100 en este segmento de edad se siente *muy feliz*, frente a una media del 19 por 100. El 58 por 100 se considera *bastante feliz*. Finalmente, el 60 por 100 de los encuestados se siente *bastante seguro*, mientras que la media nacional baja hasta un 55 por 100. Estos datos han sido obtenidos del estudio titulado *¿Qué pensamos los europeos?*, realizado por el profesor Jean Stoetzel.

(*Tiempo*, Madrid: abreviado)

ctividades

1   Resumen

Resume por escrito en tu propio idioma, en aproximadamente 150–200 palabras, las principales ideas contenidas en el artículo.

2   Comentario

¿Crees que existen ideas preconcebidas sobre formas de conducta típicamente masculinas o femeninas? ¿Cuáles son esos estereotipos? ¿Crees que sería necesario cambiarlos? ¿Por qué? ¿Cómo se podría lograr ese cambio? Comenta esto con un/a compañero/a y/o con el resto de la clase.

3 Busca la palabra o frase adecuada

¿Qué palabras y frases se han utilizado en el texto para expresar estas ideas?

(a) el padre de mi abuelo   (d) el hombre   (g) ocupado
(b) el hijo de mi nieto   (e) la casa   (h) amante de su casa
(c) de igual a igual   (f) de manera que

4 Debate

La clase se dividirá en grupos para debatir el tema de la igualdad del hombre y la mujer en el ámbito del hogar. Las siguientes preguntas servirán de base para la discusión, en la que se podrán defender diferentes posturas.

(a) ¿Existe igualdad entre los sexos en el hogar?

Considerar por ejemplo:
(1) ¿Quién hace la compra en casa? (2) ¿Quién cocina?
(3) ¿Quién hace la limpieza?   (4) ¿Quién lava la ropa?
(5) ¿Se comparten estas tareas?   (6) ¿Deberían compartirse?

(b) ¿Existen actitudes por parte del hombre dentro del ámbito familiar que podrían considerarse como machistas? ¿Por ejemplo?

(c) ¿Hasta qué punto es responsable la educación de fomentar estas desigualdades entre hombre y mujer?

(d) ¿De qué manera podría cambiarse la orientación actual? Una vez terminado el debate, miembros de cada grupo harán un resumen oral de las principales ideas para el resto de la clase.

5 Escucha y responde

¿Igualdad entre los sexos?
Escucha las respuestas de dos españoles a unas preguntas sobre el tema de la igualdad entre los sexos en el ámbito familiar y luego responde a las preguntas.

Marta, española, 29 años
(a) Does Marta think that housework should be shared equally between husband and wife? Explain.

(b) What is her own experience about this?

(c) Does she think that the younger generations are more ready to accept the idea of equality between men and women? Explain.

Juan Pablo, español, 42 años
(a) What does Juan Pablo think of the idea that a husband should share housework with his wife?

(b) Does he help his wife at home? Explain.

(c) Does he think there is a difference in behaviour between the older and the younger generations with regard to equality between the sexes at home?

Palabras y frases útiles Act.4

la igualdad; la desigualdad
el machismo; machista
compartir las tareas del hogar/las labores domésticas
discriminar; la discriminación
la influencia de la publicidad/los medios de comunicación
los prejuicios (sociales)
casarse/contraer matrimonio
el matrimonio
el cónyuge
casado/separado/divorciado/viudo
jugar el papel de madre y esposa/ama de casa
dedicarse al hogar/a la casa
mantener el hogar/a la familia
tomar decisiones
la preponderancia de... sobre...
fomentar nuevos hábitos y costumbres
luchar por la reivindicación de los derechos
el sexo opuesto
la liberación de la mujer
la igualdad de derechos

3

Sevilla, tirones y heroína

Los tirones de bolsos a los transeúntes y los robos en automóviles son la plaga del turismo en Sevilla, sobre todo en los meses de verano y en Semana Santa, cuando la capital andaluza recibe más visitantes. El periodista que escribe este artículo describe, en primer lugar, dos acciones delictivas comunes en Sevilla. Lee los tres primeros párrafos del texto para ver en qué consisten.

En el siguiente párrafo, el periodista describe el perfil del delincuente. ▶

En las líneas que siguen, el autor del texto se refiere a las acciones que lleva a cabo la policía para combatir este tipo de delincuencia. ▶

SEVILLA, TIRONES Y HEROINA

En Sevilla hay pocos delitos graves, serios, tales como atracos a entidades bancarias. Pero el paro, la marginación y la drogadicción son el origen de una plaga que ha elevado a las primeras cotas de España el índice de pequeños delitos. Entre ellos se distinguen los dos productos autóctonos: *el tirón*, más clásico, y *el semaforazo*, producto de los últimos años.

El tirón consiste simplemente en agarrar el bolso del turista que mira extasiado, un suponer, la inesperada altura de la Giralda, dar un tirón brusco y correr todo lo que se pueda con lo que se ha enganchado. Los ladrones se han perfeccionado y ahora suelen usar motocicletas para tirar sobre la marcha de un bolso, o huir con ayuda del compañero que aguarda, tras una corta carrera a pie. El campo de operaciones de los *tironeros* suele ser el centro de la ciudad, por donde los turistas pasean mirando, descuidados.

El semaforazo es sencillo: cuando un automóvil con paquetes o maletas a la vista se para en un semáforo, se rompe con algo contundente el cristal de atrás o el del pasajero que va junto al conductor —por ejemplo, una mujer con su bolso— y con un gancho se tira de lo que sea. Después se corre aprovechando el estupor de los ocupantes del automóvil, que de ninguna manera se esperaban lo ocurrido, o si se tiene motocicleta, en seguida se pierde el *tironero* entre las calles del barrio.

Seguramente el autor de estos delitos será un chico de entre 16 y 18 años, normalmente en paro, y muy posiblemente drogadicto: el 90% de la población juvenil delincuente consume drogas, y de ese porcentaje el 31, 11% es adicto a la heroína, según estudios de la policía.

Las peculiares características de la delincuencia menor en Sevilla han dado lugar al surgimiento de tipos particulares de especialistas policiales. El más autóctono de los grupos especialistas es la patrulla antitirones, formada por agentes de la Policía Judicial, vestidos de paisano, dedicados únicamente a combatir este tipo de delito. Se les considera los únicos capacitados para intentar dominar ese campo, dado que andan todo el día mezclados en el mundo de los tironeros. Además, la patrulla policial motorizada está en Sevilla dedicada específicamente a combatir los tirones y semaforazos, especialmente los cometidos por motoristas. En el Parque de María Luisa la vigilancia la realizan agentes a caballo.

(*El País*, Madrid)

Actividades

1 En tus propias palabras

Define lo que se entiende por el tirón, el semaforazo.

2 Completa

Completa el cuadro que sigue con información del texto.

Principales víctimas de los delincuentes. ....

Principal campo de operaciones de los tironeros. ....

Tipo de vehículo utilizado comúnmente por los delincuentes. ....

Edad aproximada de los delincuentes. ....

Otras características de los mismos. ....

Nombre del grupo policial que combate a los tironeros. ....

Forma de vigilancia policial en el
Parque María Luisa de Sevilla. ....

3 Busca la palabra o frase adecuada

¿Qué palabras o frases se han utilizado en el texto para expresar estas ideas?

(a) las personas que transitan por la calle
(b) los bancos
(c) el desempleo
(d) contemplar maravillado
(e) acostumbran utilizar
(f) despreocupado
(g) se detiene
(h) sorpresa

4 Cara a cara

Improvisa un diálogo con un/a compañero/a en base a esta situación.

Alumno A
Estás de vacaciones en Sevilla y durante un paseo por la ciudad un par de chicos te roba el bolso/la cartera. Vas a la comisaría de policía más cercana para denunciar el robo. Le explicas al policía de guardia lo sucedido, cómo y dónde ocurrió el hecho, y haces una descripción de los autores. También le dices lo que llevabas en tu bolso/cartera y le pides un certificado oficial dando cuenta de la denuncia, para presentar a la compañía de seguros al volver a tu país.

Palabras y frases útiles Act.4

denunciar un robo
hacer una denuncia
robar
el ladrón
agarrar/arrebatar/quitar el bolso/la cartera
dar un tirón al bolso/a la cartera
escapar/huir (a pie, en motocicleta)
perder el dinero/las tarjetas de crédito/documentos importantes
difícil de recuperar
atrapar a los ladrones
presentar una demanda a la compañía de seguros

Alumno B

Eres el policía de guardia en una comisaría de Sevilla. Un/a turista extranjero/a viene a presentar una denuncia por robo de un bolso/una cartera. Pídele toda la información que consideres necesaria relativa al hecho: por ejemplo, dónde ocurrió el incidente, cómo ocurrió exactamente, cómo eran los ladrones, qué llevaba el/la turista dentro del bolso/de la cartera, etcétera. Pídele al denunciante que rellene un formulario de denuncia con sus datos personales (nombre, dirección, teléfono). Le explicas lo difícil que es localizar a este tipo de delincuentes y prometes avisarle por teléfono si el bolso/la cartera aparece. A petición del denunciante extiendes un documento certificando la denuncia.

5 Traducción

Traduce el folleto.

Aunque el policía te dio pocas esperanzas de recuperar lo robado, éste fue muy amable y al despedirse de ti te entregó un folleto con consejos sobre seguridad ciudadana preparado por la Secretaría General de Turismo. En el hotel, uno de tus acompañantes, que no sabe nada de español, te pidió que le tradujeras los dos párrafos que siguen. Hazlo, utilizando tu diccionario si es necesario.

(Dirección General de la Seguridad del Estado, Madrid)

Víctima de un atraco

● Actúe con serenidad, su integridad física es lo más importante

● Grabe en su memoria los rasgos más característicos de sus agresores (estatura, edad, rasgos fisonómicos, vestimenta, modo de hablar, etc.)

● Si no tiene la seguridad de repeler con eficacia la agresión, y sin riesgo, no lo intente.

● Anote mentalmente las características de las armas de los agresores, así como del vehículo que utilicen.

En la calle y establecimientos públicos

● Procure no transitar por lugares solitarios o mal iluminados

● Camine por el centro de las aceras y, si es posible, en sentido contrario a la marcha de los vehículos.

● No haga nunca ostentación en lugares públicos de llevar mucho dinero. Lleve sólo el dinero que vaya a necesitar cada día.

● Cuando circule por la noche y se sienta seguido, entre en el primer establecimiento público abierto y llame a la Policía.

● Manténgase alerta cuando aparque en garajes subterráneos.

● En las grandes aglomeraciones, cuidado con las distracciones.

6 Redacción

Escribe un artículo de 300–350 palabras sobre este tema:
La delincuencia en las grandes ciudades: la magnitud del problema,
sus causas y soluciones para combatirla.

7 Escucha y responde

Crónica policial
*A continuación oirás varias noticias de carácter policial. A medida
que escuches toma nota de los puntos principales de cada noticia.*

(a) Vuelve a escuchar el resumen de noticias y luego resume cada
una de ellas en tu propia lengua.

(b) Escucha otra vez el boletín de noticias y busca en él las palabras
y frases que se han utilizado para expresar lo siguiente:

- un grupo de ladrones
- integrantes
- estaba escondida
- se suicidó
- se escaparon
- una gran cantidad de
- a pesar de
- lograron huir
- en las cercanías.

(c) Escucha la primera noticia y transcríbela completamente.

8 Analiza la información

*Observa las siguientes estadísticas sobre el crimen organizado
en España. ¿Cuáles son los dos delitos más comunes? De las 196
bandas, ¿cuántas están constituidas por extranjeros? ¿Qué
porcentaje lo constituyen mujeres?*

detener
to detain

recuperación (f)
recovery

reventa (f)
resale

portar
to carry

fondo (m)
bottom

se desconocen
they are not known

quitarse la vida
to take one's life

disparar un tiro
to fire a shot

sien (f)
temple

se dieron a la fuga
they escaped

recinto (m)
precinct

auspicio (m)
sponsorship

3ii

falsificación (f)
forgery

blanqueo de dinero (m)
money laundering

receptación (f)
receiving (stolen goods)

con fuerza
with violence

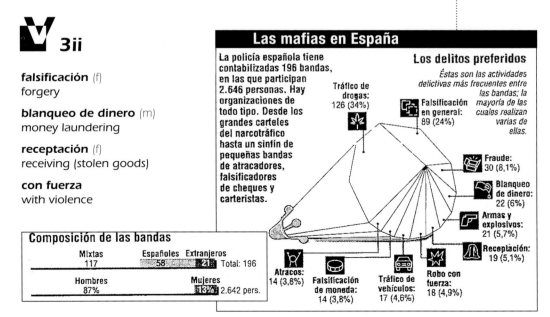

Las mafias en España

La policía española tiene contabilizadas 196 bandas, en las que participan 2.646 personas. Hay organizaciones de todo tipo. Desde los dos grandes carteles del narcotráfico hasta un sinfín de pequeñas bandas de atracadores, falsificadores de cheques y carteristas.

Los delitos preferidos
Éstas son las actividades delictivas más frecuentes entre las bandas; la mayoría de las cuales realizan varias de ellas.

Tráfico de drogas: 126 (34%)
Falsificación en general: 89 (24%)
Fraude: 30 (8,1%)
Blanqueo de dinero: 22 (6%)
Armas y explosivos: 21 (5,7%)
Receptación: 19 (5,1%)
Robo con fuerza: 18 (4,9%)
Tráfico de vehículos: 17 (4,6%)
Atracos: 14 (3,8%)
Falsificación de moneda: 14 (3,8%)

Composición de las bandas

Mixtas	Españoles	Extranjeros	
117	58	21	Total: 196
Hombres		Mujeres	
87%		13%	2.642 pers.

(*El País*, Madrid)

4

Almería: «tierra de promisión»

España, que en otros tiempos vio salir de sus fronteras a miles de españoles que buscaban mejor fortuna en América y más tarde en los países más industrializados de Europa, se ha convertido en pocos años en país receptor de inmigrantes. Una gran parte de esa inmigración proviene del continente africano, principalmente del Magreb, en el norte de África, pero también hay un gran número de hispanoamericanos, asiáticos y árabes. Muchos de estos inmigrantes son ilegales y cada vez encuentran más dificultades para regularizar su situación. Aquí se incluyen tres artículos sobre el mismo tema, el primero de los cuales se refiere al ingreso de ciudadanos marroquíes a la provincia de Almería en el sur de España. Lee este primer texto y presta especial atención a los siguientes puntos:

- ¿Qué medios utilizan los norteafricanos para ingresar en España?
- ¿Qué suerte corren estos inmigrantes?
- ¿En qué trabajan aquéllos que logran escapar al control policial?

Almería se ha convertido en la «tierra de promisión» para ciudadanos del Magreb

Martín Navarrete, Almería

La provincia de Almería, que contó hasta finales de los setenta con uno de los índices de emigración más elevados del país, se ha convertido actualmente en una nueva «tierra de promisión» para varios miles de ciudadanos magrebíes, convencidos de que pueden encontrar trabajo y prosperidad en las plantaciones hortofrutícolas de la comarca de Poniente.

En lo que va de este año, casi dos centenares de inmigrantes norteafricanos, los denominados «espaldas mojadas», fueron interceptados por los servicios de vigilancia costera y devueltos a sus lugares de origen.

La aventura para llegar al «mar de plástico» almeriense –como se conoce también a los extensos cultivos de invernadero situados en las comarcas del antiguo Campo de Dalías, en la zona de Poniente de la provincia, y del Campo de Níjar– puede comenzar una noche cualquiera, en cualquier lugar de las costas de Marruecos, cuando medio centenar de hombres, con edades comprendidas entre los dieciocho y los cuarenta años, se hacen a la mar en una pequeña «patera», dispuestos a entrar en territorio español en busca de fortuna.

Como se sabe, aunque son muchos los que consiguen pisar tierra firme, otros mueren en el intento o son detenidos por la Guardia Civil y repatriados por las autoridades gubernativas, frustrando así sus deseos de penetrar clandestinamente en nuestro país.

En los últimos días, un total de cincuenta marroquíes fueron localizados y detenidos por efectivos de la Guardia Civil en dos puntos distintos de la costa de Almería; treinta y cinco, en las playas del Cabo de Gata, y quince, en el paraje de Punta Entinas.

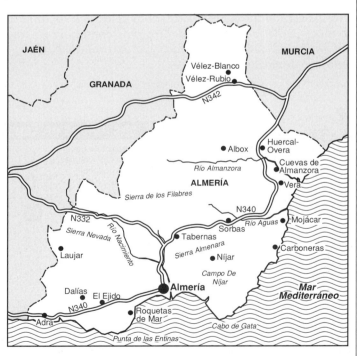

Viaje sin retorno

En ambos casos, los ciudadanos norteafricanos habían cruzado el mar, espoleados por la miseria y las necesidades laborales, en una singladura de casi dos jornadas de duración que «sólo» fue interceptada por los servicios policiales. Otros compatriotas suyos no habían corrido la misma suerte, después de pagar treinta o cuarenta mil pesetas –sus ahorros de varios meses de trabajo– a los dueños de las «pateras» por un viaje sin retorno...

Las autoridades almerienses han repatriado ya, durante los últimos ocho meses, alrededor de doscientos ciudadanos magrebíes que fueron apresados en el litoral de la provincia cuando acababan de desembarcar. Sin embargo, son varios miles los inmigrantes procedentes del Norte de África que entran cada año en Almería de forma ilegal y se distribuyen y se pierden para el control policial en los municipios con más desarrollo agrícola, como Roquetas de Mar, El Ejido, la Puebla de Vícar, la Mojonera y Níjar, entre otros. Las restricciones aduaneras establecidas recientemente por la Administración española han servido para incrementar, sin duda, las entradas clandestinas de estos ciudadanos.

Uno de los procedimientos más seguros para llegar a nuestro país sin contar con la correspondiente documentación podrían ser los acuerdos pesqueros suscritos con Marruecos para que las embarcaciones españolas faenen libremente en aguas jurisdiccionales de la nación alauita, según denunciaba hace unos meses la ejecutiva regional de la Unión General de Trabajadores de Andalucía.

Listas de embarque

En el tratado de pesca existente entre ambos gobiernos se establece la obligación de que los barcos de nuestro país contraten los servicios de súbditos marroquíes para formar parte de sus respectivas tripulaciones. UGT de Andalucía manifestaba su preocupación por este hecho y el secretario provincial del Transporte se había dirigido a la Comandancia de Marina para que facilitara las listas de embarque. «Si se comprueba que en ellas no existe ningún magrebí debidamente anotado –indicaba Eduardo Vela– con su carta de trabajo, evidentemente es porque se ha producido tráfico de magrebíes ilegal».

Ante estas denuncias, la Policía y las autoridades laborales de Almería abrían una investigación para determinar la posible existencia de tráfico ilegal de norteafricanos en la provincia por el citado procedimiento.

(Reproducido con autorización del diario, ABC, de Madrid)

 4

tierra de promisión (f)
promised land

magrebí
inhabitant of Maghreb, North Africa

hortofrutícola
pertaining to horticulture and fruit growing

comarca (f)
region, area

espaldas mojadas (m)
wetbacks (name given normally to illegal Mexican immigrants who cross the río Grande into the USA)

almeriense
from the province of Almería

invernadero (m)
greenhouse

patera (f)
small boat

espoleados
spurred, driven on

singladura (f)
day's run

jornada (f)
day

apresados
detained

acuerdo/tratado pesquero (m)
fishing agreement

faenar
to fish

aguas jurisdiccionales (f)
territorial waters

alauita
pertaining to Morocco

súbdito (m)
subject

tripulación (f)
crew

Isleta de Moro, provincia de Almería

5

Los españoles y los inmigrantes extranjeros

Tradicionalmente España es un país de emigración neta, pero esa situación ha cambiado desde los años de la transición y la mejora de la situación económica en general. Además mucha gente quiere trasladarse a España o para trabajar una temporada en la industria turística o para jubilarse, aprovechando el clima y un coste de vida todavía inferior a la media europea. Sin embargo hay un grupo que está en pleno crecimiento – los exiliados o refugiados que huyen ya sea de una situación política peligrosa o de una economía precaria. Este proceso empezó en los años 70 con el flujo de inmigrantes latinoamericanos, huyendo de la represión militar en sus propios países y buscando amparo en la Madre Patria, y dicho proceso sigue hoy en día con los habitantes del Magreb o aquéllos provenientes de las ex-colonias africanas de habla francesa.

¿Cuál es la actitud de los españoles en general hacia los inmigrantes extranjeros? He aquí el resultado de una encuesta sobre el tema realizada hace algún tiempo en España. Lee lo que revelan los resultados.

Maite Rico, Madrid

Los españoles se muestran más sensibles que el gobierno con el inmigrante extranjero

Más de la mitad de los españoles es partidaria de que los inmigrantes puedan arreglar su situación para permanecer en el país, y el mismo porcentaje considera que España debe acoger a cualquier persona que solicite refugio político, al margen de su nacionalidad. Estos datos, que se desprenden de seis preguntas incluidas en la Encuesta General de Población realizada por el Centro de Investigaciones Sociológicas (CIS), hacen pensar a algunos profesionales relacionados con los problemas de los inmigrantes que la opinión pública es más receptiva hacia los extranjeros que la política del Gobierno.

Las seis preguntas, dentro de un cuestionario de 76, fueron solicitadas por el Colectivo IOÉ (*voz, grito*, en griego), equipo de investigaciones sociológicas, autor del único estudio global que hay en España sobre la inmigración.

De las respuestas se desprende que un 51% de los encuestados (un 66% si se excluye a los indecisos) piensa que se debería regular la situación de los inmigrantes que residen ilegalmente en España, frente a un 26% que se muestra partidario de devolverlos a su país de origen. Extremadura y La Rioja son las dos únicas comunidades autónomas donde los partidarios de expulsar a los inmigrantes superan a los que prefieren su legalización.

Con respecto al trato que los extranjeros deberían recibir, casi un 70% (90% sin los indecisos) considera que los latinoamericanos deben ser tratados igual que los ciudadanos europeos que residen en nuestro país. El porcentaje se reduce cuando se trata de personas de países árabes y africanos (60%, 80% sin indecisos).

Pese a este aspecto aperturista, un 67% de los encuestados se mostró partidario de que el Estado español tomase medidas para limitar la entrada de emigrantes (en la pregunta se especificaba que se trataba de emigrantes en busca de trabajo).

(El País, abreviado)

La opinión sobre los inmigrantes	No	Sí	NS/NC
¿Se debe arreglar la situación de los emigrantes ilegales para que puedan quedarse?	26	51	23
¿Debe España acoger a solicitantes de refugio de cualquier nacionalidad?	15	65	20
¿Debe España limitar la entrada a emigrantes que buscan trabajo?	13	67	20

¿Cuáles son, a su juicio, las palabras que describen mejor a los emigrantes latinoamericanos? ¿Y a los árabes? ¿Y al resto de los africanos?

	Latinoamericanos	Árabes	Africanos
Trabajadores	35	16	42
Inteligentes	18	22	5
Prácticos	23	13	9
Crueles	2	15	5
Soberbios	9	17	3
Atrasados	25	31	58
Honrados	18	5	12
Fiables	10	4	6
Tacaños	3	10	3

V 5

acoger
to receive

refugio político (m)
political asylum

desprenderse
to follow, deduce

encuesta (f)
survey

mostrarse partidario
to be in favour

aperturista
being open, tolerant

6

La última oportunidad

El texto que leerás a continuación trata del problema de los inmigrantes de manera más personal. Es la historia de Kaitum, una muchacha marroquí que consiguió llegar a España.

LA ULTIMA OPORTUNIDAD

FERRAN SALES
Rabat

Kaitum, de 24 años, licenciada en Psicología por la Universidad de Rabat, me acaba de enviar una postal desde España: «He encontrado trabajo en un restaurante. Me quedo en Madrid.» Kaitum salió de Rabat antes del verano después de haber logrado un visado de turista de un mes. Tenía la intención de regresar a Marruecos a principios del otoño y reanudar sus estudios de doctorado en la facultad de Casablanca. Eso es al menos lo que dijo en la frontera. Kaitum se ha convertido así en una emigrante ilegal.

Kaitum puede considerarse afortunada. Otros muchos no lo han conseguido. A diario centenares de magrebíes se amontonan en las puertas de los consulados de España en Marruecos y pugnan por obtener los papeles del visado para una semana o un mes que les permitan entrar legalmente en el país y sortear los controles aduaneros. Después iniciarán una larga aventura clandestina con la esperanza de obtener con el tiempo un permiso de residencia.

Pero para llegar a España Kaitum se ha visto obligada a sortear una carrera de obstáculos y de pícaros que han ido creciendo de forma inesperada en las colas de los consulados. Por cantidades que oscilan entre los 50 y 100 dirhams –1 dirham vale 12 pesetas– se venden las plazas de las colas de los visados y se asegura así el derecho de recibir o entregar los impresos en ventanilla. Para los menos pacientes existe la posibilidad de contactar con los falsificadores de visados, que por cantidades exhorbitantes (3.000 dirhams) les entregarán un documento «más bueno» que el verdadero. Pero estos «servicios» son prácticamente inaccesibles a los ciudadanos, los cuales acaban enrolándose en una patera, con la que atravesarán el Estrecho.

Esta oleada de inmigrantes clandestinos desde Marruecos a España ha crecido ostensiblemente desde que el Gobierno de Madrid dictó generosa amnistía que permitió a los inmigrantes ilegales que se encontraban en nuestro país, regularizar su situación. Nadie de la Administración pensaba que esta medida sería un reclamo para los inmigrantes clandestinos.

(*El País*, Madrid)

 6

amontonarse
to crowd together

pugnar
to fight, struggle

sortear
to avoid; to overcome, get round a difficulty

carrera de obstáculo (f)
obstacle race

pícaro (m)
scamp, rascal

cola (f)
queue

impreso (m)
form

enrolarse
(figurative) to sign up, enrol

oleada (f)
wave

Actividades

1 Preguntas

Responde a estas preguntas en español.

(a) ¿Qué paradoja se da en Almería en lo que respecta a emigración/inmigración?

(b) ¿Qué forma de ingreso al país por parte de norteafricanos se destaca en el primer artículo?

(c) ¿Qué suerte corren algunos de estos inmigrantes?

(d) ¿A qué se dedican principalmente aquéllos que consiguen entrar en Almería?

(e) Después de leer el segundo artículo, ¿cómo calificarías la actitud de los españoles hacia los inmigrantes? ¿Por qué?

(f) ¿Cómo consiguió entrar en España Kaitum?

2 Comentario

Considera estas preguntas y luego comenta las respuestas con un/a compañero/a, con tu profesor/a o con el resto de la clase.

(a) ¿De qué manera han contribuido o contribuyen los inmigrantes extranjeros a la economía y progreso de tu país?

(b) ¿Cuál es la actitud de la gente de tu país en general hacia los inmigrantes extranjeros? Compárala con la de los españoles, según el resultado de la encuesta a que hace referencia el segundo artículo.

(c) ¿Crees que los gobiernos europeos deben limitar la entrada de extranjeros que vienen en busca de trabajo? ¿Por qué sí/no?

(d) Imagina que por razones económicas tú tuvieses que emigrar a otro país. ¿Qué país elegirías? ¿Por qué? ¿Qué cosas echarías de menos de tu propio país?

3 En tus propias palabras

Explica en español el significado de estas frases.

(a) Almería se ha convertido en una nueva «tierra de promisión».

(b) Se hacen a la mar en una pequeña «patera».

(c) Son muchos los que consiguen pisar tierra firme.

(d) Habían cruzado el mar, espoleados por la miseria y las necesidades laborales, en una singladura de casi dos jornadas de duración.

(e) Para llegar a España Kaitum se ha visto obligada a sortear una carrera de obstáculos y de pícaros.

Palabras y frases útiles Act.2

los inmigrantes
la inmigración
emigrar/inmigrar
la población inmigrante
los inmigrantes clandestinos/los mojados
desplazarse a otro país
buscar nuevos horizontes/mejores condiciones de vida
trabajar ilegalmente
el trabajo ilegal
el permiso de trabajo
restringir la entrada de extranjeros
la repatriación (voluntaria)
el asilo político
el refugiado político
cobrar el seguro de desempleo/el paro
el mercado de trabajo
el país de origen
apátrida
los países del Tercer Mundo/en vías de desarrollo
los países desarrollados/industrializados
la asistencia internacional/la ayuda humanitaria
los derechos humanos

---

4 Completa con la palabra adecuada

Rellena cada espacio en blanco con la palabra de la lista que te parezca más apropiada.

- ingresa
- impuso
- sorprendidos
- inmigrantes

- clandestinamente
- vigilancia
- riesgo
- impulsa

- desembarcar
- sortear
- autoridades
- detenido

Un grupo de _____ ilegales que consiguió _____ en la costa de Almería burlando la _____ policial fue luego _____ por la Policía local que los entregó a las _____ para su repatriación. El número de personas que _____ en territorio español _____ ha aumentado considerablemente desde que la Administración _____ la exigencia de visados para los ciudadanos magrebíes. La falta de trabajo _____ a muchos a cruzar el Estrecho, muchas veces con _____ para sus vidas. Algunos logran _____ los controles policiales, otros, al ser _____, son devueltos a sus lugares de origen.

5 Resumen

Resume la información de los tres artículos que has leído en un solo texto de aproximadamente 300 palabras. Incluye al final un breve comentario personal acerca del tema. Este gráfico ofrece más información al respecto.

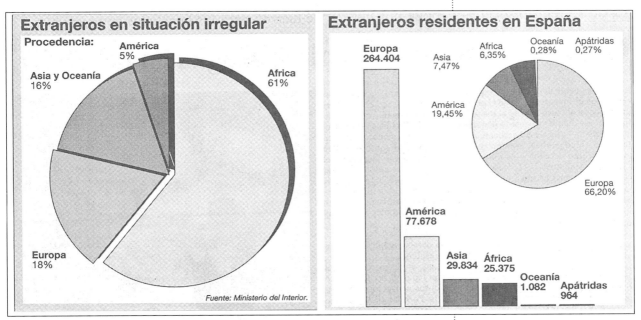

Extranjeros en situación irregular

Procedencia:
- América 5%
- Asia y Oceanía 16%
- Africa 61%
- Europa 18%

Fuente: Ministerio del Interior.

Extranjeros residentes en España

- Europa 264.404
- América 77.678
- Asia 29.834
- África 25.375
- Oceanía 1.082
- Apátridas 964

- Europa 66,20%
- América 19,45%
- Asia 7,47%
- Africa 6,35%
- Oceanía 0,28%
- Apátridas 0,27%

(El País)

conocido (m)
acquaintance

acoger
to receive

sueldo (m)
salary

pasaje (m)
ticket

pedir prestado
to borrow

intentar
to try

recorrer
to go through

asistenta (f)
maid

ahorrar
to save

echar de menos
to miss

Plaza de Armas, Lima

6 Traducción

Traduce a tu propio idioma el artículo La última oportunidad.

7 Escucha y responde

Historia de una inmigrante ilegal
Escucha la historia de Isabel, una sudamericana que vive y trabaja en España en forma ilegal, y luego responde a las preguntas.

Responde en inglés.

(a) Why was it difficult for Isabel to leave Peru?

(b) Why did she want to leave the country?

(c) How did she manage to buy the plane ticket?

(d) Where did she work when she first arrived?

(e) What does she say about the working conditions?

(f) What is her situation like after two years in Madrid?

8 Escucha y transcribe

Escucha otra vez la historia de Isabel y transcribe las frases que ella utiliza para expresar lo siguiente:

- in search of work
- There was no other way out.
- I was determined to try it.
- I wanted to save some money.
- I was willing to do it.
- They met me on (my) arrival.
- I borrowed some dollars.
- There was so much to see.
- I had to work very hard.
- I can't work legally.

9 Traducción

Spain as a migrant country
Traduce al español el primer párrafo de la introducción bajo el título Spain as a migrant country *desde* Spain traditionally has been... *hasta...* in particular. (página 11)

2 SPAIN IN PERSPECTIVE

Section 2 considers some of the changes in Spain since the transition to democracy. The King, the Tejerazo and the perennial problem of terrorism are all touched upon, as are regionalism and the language issue, military service and the position of women in political life.

The Constitution

Spain has had nine sets of constitutional laws. Its first, in 1812, was one of the first in Europe. Some have been extremely rigid within a parliamentary framework whilst others have been open to broader interpretation. The modern multiparty, democratic, parliamentary monarchy is a radical departure from the *Leyes Fundamentales* of the Franco era which were designed to keep everything *atado y bien atado* – 'neatly in place'. The 1978 Constitution was the result of the Political Reform Law and the referendum of 1976. It reflected the consensus politics of the transition with measures ranging from trade union membership to the abolition of the death penalty. Some individual rights proved to be controversial, especially to the Catholic Church; not so much the recognition of illegitimate children or the secularisation of education as divorce and abortion, both of which proved to be controversial topics throughout the 1980s.

King Juan Carlos

Juan Carlos was named by General Franco as his successor in 1948, partly to maintain the long-term unity of Spain and partly to ensure that the regime continued in power. Despite the slogans of *España mañana será republicana* and irreverent comments about *Juanito el Breve*, Juan Carlos played a subtle and highly significant part in the general transition process, discussing Spain's future with a wide range of political groups some time before he finally came to power. His concern for change and evident sincerity gained him popularity and his stabilising influence at a time of radical change and the new image of Spain projected abroad by State visits and sympathetic foreign TV documentaries established him as a figure worthy of respect.

Terrorism and democracy

The 1970s were overshadowed by constant violence, of groups opposed to the Franco regime, as well as those opposed to what replaced it, such as the separatist groups in various regions who brought pressure to bear by violent means. The Anti-Terrorism Law, passed in August 1975, only served to worsen the situation, and the execution of five alleged GRAPO and ETA members had repercussions throughout Europe. On the left wing, the FRAP (*Frente Revolucionario Antifascista y Patriótico*) and GRAPO (*Grupo de Resistencia Antifascista del Primero de Octubre*, named after 1 October 1975 when four policemen were killed) were extreme organisations which gained notoriety in the period of the transition as they tried to achieve their aims by murder or kidnapping.

(GRAPO re-emerged in the mid-eighties as a threat with regular attacks on the police in particular.) Greater operational success by the security forces, strongly expressed public sentiment (in the form of massive street marches such as the one through Madrid in December 1995 which attracted 100 000 people) did much to contribute to the decline of terrorism, besides the political impact of the *Autonomías* and the growing importance of the regional vote in national politics. However, the Basque separatist organisation ETA (*Euskadi ta Azkatasuna* – Basque Nation and Liberty) has persisted in its campaign.

The military

The security forces remained to the right throughout the period of transition. Generational changes, as the Civil War generation was replaced by younger men, entry into NATO and heightened awareness after the *Tejerazo* all contributed to the decline of the military as a political pressure group. Modernisation and the greater professionalism required of hi-tech forces, participation in the Gulf War and various UN peace-keeping activities such as Bosnia, were all key factors in the change. Young Spaniards are still required to carry out military service, although this is likely to be phased out by 2002; it is not popular and a large conscript army is of questionable strategic value. There are already 30 000 *metopas* (*militares de empleo de tropa y marinería*), and places are heavily over-subscribed.

Language and regions

Although Spain's regions differ from each other in many ways, the question of language stands out most of all. Language has always been an important part of the regionalist issue. Basque was banned after the Civil War, and for a time it was illegal even to use Catalan over the phone. Gradually the authorities became less intolerant: regional languages were discouraged rather than forbidden, even though a third of the population was using them by the time of Franco's death. Basque, Catalan and Galician appeared in schools, initially as a one-year experiment in 1975. Few people then would have imagined how far the *Llei de Normalització Lingüistica* (1984, revised 1995) would go beyond *cooficialidad,* establishing Catalan as the main language in schools.

Women in politics

Over 50 per cent of the electorate in Spain is female, and efforts have been made to increase their representation in Parliament. The first woman minister since Federica Montsenys (who was Minister of Health in the Second Republic) was Soledad Becerril, who held office briefly under the UCD, and went on to become mayor of Seville. Some parties have put up all-female candidates in some areas; the PSOE introduced a 25 per cent rule for women in the higher ranks of the party (spurred on no doubt by Felipe's wife, Carmen Romero, who entered the *Cortes* in 1989). José María Aznar brought four women into his 1996 cabinet, covering justice, education, environment, and agriculture.

The linguistic richness of the Iberian Peninsula is reflected in the fashion for using odd regional words in the Press:

ikurriña
the Basque flag

Euskadi
the Basque country

euskera
(sometimes **euskara**) the Basque language

euskaldun
ethnic Basque

ikastola
Basque-language school

lendakari
The Basque leader

etarra
(lit. warrior); armed ETA member

abertzale
Basque nationalist

ertzaintza
Basque police force

1

Temas constitucionales

Uno de los aspectos claves de la transición a la democracia fue la promulgación de la Constitución de 1978. Cambió radicalmente muchos aspectos de la vida jurídica y cotidiana de España. Muchos de los temas que habían provocado conflictos –o que se veían como vínculos con el régimen anterior– fueron reformados, actualizados o simplemente abolidos. Conviene estudiar detalladamente los artículos que aparecen en esta sección, empezando con la cuestión lingüística, que aparece aquí en los distintos idiomas oficiales.

Castellano
Artículo 3

1 El castellano es la lengua española oficial del Estado. Todos los españoles tienen el deber de conocerla y el derecho a usarla.

2 Todas las demás lenguas españolas serán también oficiales en las respectivas Comunidades Autónomas de acuerdo con sus estatutos.

3 La riqueza de las distintas modalidades lingüísticas de España es un patrimonio cultural que será objeto de especial respeto y protección.

Vascuence
3. Artikulua

1 Gaztelania da Espainiako Estatuaren hizkuntza ofiziala. Espainol guztiek jakin behar dute eta erabiltzeko eskubidea dute.

2 Espainiako beste hizkuntzak ere ofizialak izango dira haiei dagozkien Erkidego Autonomoetan berauen Estatutoei dagozkien eran.

3 Espainiako hizkuntza moeta ezberdinen aberastasuna kultur ondare bat da eta hura babes eta begirunegarri izango da.

Catalán
Artícul 3

1 El castellá és la llengua espanyola oficial de l'Estat. Tots els espanyols tenen el deure de conèixer-la i el dret d'usar-la.

2 Les altres llengües espanyoles seran també oficials en les respectives Comunitats Autònomes d'acord amb els seus Estatuts.

3 La riquesa de les diferents modalitats lingüistiques d'Espanya és un patrimoni cultural que serà objecte d'especial respecte i protecció.

Gallego
Artigo 3

1 O castelán é a lingua española oficial do Estado. Todos os españoles teñen o deber de coñecela è o dereito a usala.

2 As demais linguas españolas serán tamén oficiais nas respectivas Comunidades Autónomas dacordo cos seus Estatutos.

3 A riqueza das distintas modalidades lingüísticas de España é un patrimonio cultural que será obxeto de especial respeto e protección.

Libertades, responsabilidades y derechos:
Artículo 20

1 Se reconocen y protegen los derechos:

   (a) A expresar y difundir libremente los pensamientos, ideas y opiniones mediante la palabra, el escrito o cualquier otro medio de reproducción.
   (b) A la producción y creación literaria, artística, científica y técnica.
   (c) A la libertad de cátedra.

Artículo 28

1 Todos tienen derecho a sindicarse libremente. La ley podrá limitar o exceptuar el ejercicio de este derecho a las Fuerzas o Institutos armados o a los demás Cuerpos sometidos a disciplina militar y regulará las peculiaridades de su ejercicio para los funcionarios públicos...
Nadie podrá ser obligado a afiliarse a un sindicato.

2 Se reconoce el derecho a la huelga de los trabajadores para la defensa de sus intereses. La ley. . . establecerá las garantías precisas para asegurar el mantenimiento de los servicios esenciales de la comunidad.

Artículo 30

1 Los españoles tienen el derecho y el deber de defender a España.

2 La ley fijará las obligaciones militares de los españoles y regulará, con las debidas garantías, la objeción de conciencia, así como las demás causas de exención del servicio militar obligatorio, pudiendo imponer, en su caso, una prestación social sustitutoria.

Artículo 32

1 El hombre y la mujer tienen derecho a contraer matrimonio con plena igualdad jurídica.

2 La ley regulará las formas de matrimonio, la edad y capacidad para contraerlo, los derechos y deberes de los cónyuges, las causas de separación y sus efectos.

Artículo 37

1 La ley garantizará el derecho a la negociación colectiva laboral entre los representantes de los trabajadores y empresarios, así como la fuerza vinculante de los convenios.

1

derechos (m/pl)
rights

difundir
to spread

libertad de cátedra (f)
freedom of academic expression

sindicarse
to form unions

funcionario (m)
civil servant, official

prestación social (f)
social service

contraer matrimonio
to get married

igualdad (f)
equality

cónyuge (m/f)
spouse

fuerza vinculante (f)
binding nature

convenio (m)
agreement

exigencias (f/pl)
demands

autogobierno (m)
self-government

lo previsto
what has been laid down

Artículo 38

Se reconoce la libertad de empresa en el marco de la economía de mercado. Los poderes públicos garantizan y protegen su ejercicio y la defensa de la productividad con las exigencias de la economía general y, en su caso, de la planificación.

Artículo 56

1   El Rey es el Jefe del Estado, símbolo de su unidad y permanencia, arbitra y modera el funcionamiento regular de las instituciones, asume la más alta representación del Estado Español en las relaciones internacionales, especialmente con las naciones de su comunidad histórica, y ejerce las funciones que le atribuyen expresamente la Constitución y las leyes.

Artículo 143

1   En el ejercicio del derecho a la autonomía reconocido en el artículo 2 de la Constitución, las provincias limítrofes con características históricas, culturales y económicas comunes, los territorios insulares y las provincias con entidad regional histórica podrán acceder a su autogobierno y constituirse en Comunidades Autónomas con arreglo a lo previsto en este Título y en los respectivos Estatutos.

Actividades

1 Se dice así – I

Observa el uso del tiempo futuro en un contexto legal para expresar obligación. El uso de poder *es frecuente también.*

La ley podrá limitar...   Podrá establecerse un servicio civil

Pon el verbo de las oraciones siguientes en la forma del futuro.

(a) Todos (tener) derecho a sindicarse libremente.
(b) Nadie (poder) ser obligado a afiliarse a un sindicato.
(c) La ley (regular) la objeción de conciencia.
(d) (Reconocerse) el derecho a la huelga.

2 Se dice así – II

Hay un léxico especializado, términos que se utilizan repetidamente y que conviene aprender, por ejemplo:

- tener el derecho
- tener el deber
- los derechos
- los deberes
- las garantías

- la obligación
- la ley
- el ejercicio
- los poderes públicos

3 Parear

Identifica las palabras y frases de la columna A con su correspondiente significado en la columna B.

A
(i) contraer matrimonio
(iii) fallecer
(v) oficio
(vii) jornada laboral
(ix) sistema tributario

(ii) dar a luz
(iv) cónyuges
(vi) remuneración
(viii) conflicto laboral

B
(a) salario, sueldo
(c) ocupación
(e) impuestos
(g) marido y mujer
(i) huelga

(b) día de trabajo
(d) casarse
(f) morir
(h) tener un hijo

4 Identifica el artículo apropiado

Indica cuál de los artículos anteriores cubre el tema indicado.

(a) el derecho de pertenecer libremente a un sindicato
(b) la libertad de estudiar y enseñar libremente
(c) el reglamento de huelga
(d) la formación de las Autonomías
(e) las bases de la vida económica de la nación

2

Rey de todos los españoles

El momento clave, no sólo para la democracia española sino también para el mismo Rey, fue el Tejerazo o 23-F, cuando el Teniente Coronel Antonio Tejero irrumpió en la Cámara de los Diputados con unos cuantos efectivos de la Guardia Civil, lo que iba a ser el primer paso de un golpe militar. Sin embargo, este acto no tuvo el apoyo esperado de parte de las fuerzas armadas y fracasaron también las tentativas de sus cómplices en Madrid y Valencia. El Rey apareció en la televisión para dirigir la palabra a todo el pueblo español cuya reacción fue inmediata a favor de la democracia, lo que subrayó la importancia constitucional de la Corona, según el Rey «símbolo de la permanencia y la unidad de la Patria». Este texto comenta la vida pública y familiar de los Reyes.

V 2

conseguir
to achieve

confianza (f)
confidence

fuera de lo común
quite out of the ordinary

llamado
so-called

gente de la calle (f)
man in the street, ordinary folk

anfitrión (m)
host

pareja (f)
couple

cita (f)
appointment

Rey de todos los españoles

Su Majestad el Rey Don Juan Carlos

Don Juan Carlos de Borbón es uno de los Jefes de Estado más populares del mundo. Ha conseguido, no sin dificultades, la confianza de los españoles; ha apostado firmemente por la democracia y ha demostrado una energía y fuerza para defender sus ideas fuera de lo común. Tanto él como la Reina Sofía han conectado perfectamente con la llamada gente de la calle, han hecho lo oportuno en el momento oportuno. Han recorrido España de punta a punta, han viajado a los cinco continentes explicando cómo es la España actual y han sido anfitriones perfectos de los más lejanos jefes de estado.

Y sin embargo viven como unos ciudadanos españoles más, con un hijo que está siguiendo una carrera militar y dos hijas que han estudiado en la Universidad. Un Rey y una Reina que se comportan como una pareja más, que viven en el modesto palacio de la Zarzuela situado en los montes de El Pardo, que disfrutan con sus vacaciones, sean éstas de verano en Marivent en Baleares o en el chalet de Baqueira en los Pirineos para esquiar. Todo ello sin dejar ni un instante las citas con los gobernantes, los hombres de las fuerzas armadas, de las autonomías, de la cultura y de la política de todas las tendencias. Todo ello se logró en muy pocos años. Años que fueron tan difíciles en su comienzo que parecen ya muy lejanos...

(Adaptación de *Cambio16*, Madrid)

Dejad que los niños

(*Cambio16*, Madrid)

En España tiene que haber una regla para que todo el mundo viva en paz, nos beneficia a todos mucho. Todo el mundo debe vivir en paz gracias al rey cuando le *botaron* todos *yami* me gusta el rey.

Emilio A
ocho años

Actividades

1 Estudia y responde

Estudia los siguientes gráficos que dan los resultados de una encuesta sobre el Rey Juan Carlos. Responde a estas preguntas en español.

(a) ¿Qué piensa la gente en general?

(b) ¿Se puede ver alguna diferencia entre hombres y mujeres, por edad o partido político?

(c) ¿Cómo calificarías el papel que juega la familia real en las relaciones internacionales?

(d) ¿Crees que el Jefe de Estado, el Rey Juan Carlos, debería tener más poder del que tiene o menos?

(e) Cuando una persona vive bien se suele decir que «vive como un rey». Piénsalo un momento, ¿si tuvieses oportunidad, te cambiarías por el rey?

¿QUE IMAGEN TIENE USTED DEL REY JUAN CARLOS I?

	TOTAL (%)	SEXO		EDAD				RECUERDO DE VOTO				
		HOMBRE	MUJER	18-29 AÑOS	30-44 AÑOS	45-64 AÑOS	+ 65 AÑOS	PSOE	AP	CDS	IU	OTROS
MUY BUENA.....	22,8	17,9	27,6	18,3	20,3	21,8	34,7	24,2	32,8	—	5,7	17,1
BUENA...........	53,6	50,2	56,9	48,7	57,0	56,5	49,8	60,7	52,8	34,1	31,9	49,1
REGULAR........	16,2	21,4	11,1	19,4	16,7	14,8	13,5	13,1	12,7	62,0	48,9	19,4
MALA	2,9	4,6	1,2	6,3	3,3	1,2	0,7	0,7	—	2,5	9,5	5,7
MUY MALA	1,5	2,0	1,0	2,4	0,4	2,0	0,7	0,3	0,9	—	—	2,8
NS/NC	3,1	4,0	2,2	4,7	2,4	3,6	0,7	1,0	0,9	1,3	4,0	6,0

EN EL FUTURO, ¿DESPUES DE DON JUAN CARLOS DEBERIA SER JEFE DE ESTADO EL PRINCIPE FELIPE O SE DEBERIA TRANSFORMAR LA MONARQUIA EN REPUBLICA?

	TOTAL (%)	SEXO		RECUERDO DE VOTO				
		HOMBRE	MUJER	PSOE	AP	CDS	IU	OTROS
EL JEFE DE ES-TADO DEBE SER EL PRIN-CIPE FELIPE	67,1	61,4	72,7	70,4	90,0	86,3	20,2	56,1
SE DEBE TRANSFOR-MAR LA MO-NARQUIA EN REPUBLICA ..	19,5	25,6	13,4	17,7	4,0	5,3	72,0	24,6
NS/NC	13,4	12,9	13,9	11,9	5,9	8,4	7,9	19,3

¿COMO CALIFICARIA USTED LA ACTUACION DEL REY JUAN CARLOS EN LA TRANSICION A LA DEMOCRACIA?

	TOTAL (%)	RECUERDO DE VOTO				
		PSOE	AP	CDS	IU	OTROS
MUY BUENA	36,4	41,2	56,1	53,9	11,6	23,6
BUENA	45,6	45,4	33,6	43,4	50,8	50,7
REGULAR	10,6	9,1	3,6	2,7	30,0	14,3
MALA	2,3	1,0	3,3	—	5,7	2,9
MUY MALA	0,6	0,3	—	—	—	1,3
NS/NC	4,5	3,0	3,4	—	1,9	7,3

¿COMO CALIFICARIA USTED EL DINERO DEDICADO EN ESPAÑA A LA FAMILIA REAL?

	TOTAL (%)	EDAD				RECUERDO DE VOTO				
		18-29 AÑOS	30-44 AÑOS	45-64 AÑOS	+65 AÑOS	PSOE	AP	CDS	IU	OTROS
EXCESIVO	30,1	34,8	32,3	26,3	27,3	32,9	15,8	13,8	62,4	33,9
NORMAL .	51,7	49,1	53,1	52,5	51,6	51,7	65,4	70,7	24,2	44,9
ESCASO ..	2,3	1,8	1,7	3,8	0,9	2,0	3,5	—	—	2,6
NS/NC	16,0	14,3	13,0	17,4	20,1	13,4	15,2	15,4	13,5	18,6

¿LA VIDA PRIVADA DE LA FAMILIA REAL DEBERIA SER OBJETO DE TRATAMIENTO INFORMATIVO SIMILAR A POLITICOS O A OTRAS FAMILIAS REALES EUROPEAS?

	TOTAL (%)	SEXO		RECUERDO DE VOTO				
		HOMBRE	MUJER	PSOE	AP	CDS	IU	OTROS
SI, IGUAL QUE LOS POLITI-COS	13,6	18,2	9,0	14,7	6,6	4,1	30,6	15,7
SI, IGUAL QUE LAS FAMI-LIAS REALES EUROPEAS	29,4	28,5	30,4	31,8	31,0	35,5	33,8	25,3
NO, YA SE LE DA ESE TRA-TO	15,8	17,6	14,0	12,8	22,1	19,4	8,1	15,4
NO, LA VIDA PRIVADA DE LOS REYES DEBE SER RESPETADA	29,1	24,9	33,2	32,5	29,1	35,7	17,9	26,4
NS/NC	12,2	10,8	13,4	8,2	11,2	5,4	9,5	17,1

¿COMO CALIFICARIA AL REY?

	MUCHO	ALGO	POCO	NADA	NS/NC
SIMPATICO	51,5	35,9	7,4	2,5	2,7
INTELIGENTE	54,4	29,9	9,0	2,9	3,8
CULTO	62,9	27,9	4,3	1,3	3,5
POPULAR	69,6	23,1	3,9	0,9	2,5
RELIGIOSO	49,7	29,9	4,7	0,6	15,1
FAMILIAR	68,9	21,6	2,2	0,5	6,8
HONRADO	59,3	23,1	3,7	1,6	12,3
DEMOCRATA	67,6	22,0	2,9	1,2	6,3
SINCERO	55,2	22,9	5,4	2,1	14,4

(*Tiempo*, Madrid)

2 Redacción

Referéndum sobre la Monarquía

¿Qué piensas de una monarquía en el mundo de hoy? ¿Te parece anacrónica o piensas que tiene un papel que desempeñar? Contesta no sólo con relación al contexto de España.

Palabras y frases útiles Act.2

monárquico
la soberanía
el soberano
los Reyes
las Infantas
el Príncipe de Asturias
el heredero al trono
el jefe del estado
reinar
el reinado
el reino
la sucesión
suceder

3 Se dice así

Observa la frecuencia con que se usa el pretérito perfecto en este texto. Se emplea principalmente para referirse a una acción ocurrida en el pasado no muy lejano. Puede tener alguna relación con el presente.

Ha apostado firmemente por la democracia.
Han recorrido España de punta a punta.
Ha conseguido la confianza de todos los españoles.

Nota los siguientes participios que son irregulares:

abrir	**abierto**
cubrir	**cubierto**
descubrir	**descubierto**
decir	**dicho**
devolver	**devuelto**
disponer	**dispuesto**
escribir	**escrito**
hacer	**hecho**
morir	**muerto**
poner	**puesto**
resolver	**resuelto**
romper	**roto**
soltar	**suelto**
ver	**visto**
volver	**vuelto**

4 Responde

Responde a estas preguntas usando el pretérito perfecto.

Ejemplo: ¿Cuándo vuelve el director de Madrid?
　　　　　Ya ha vuelto.

(a) ¿Cuándo escribirá Vd. la carta?
(b) ¿A qué hora abre la biblioteca?
(c) ¿Cuándo resolverán el problema?
(d) ¿A qué hora vuelve el Príncipe?

Ejemplo: ¿Cuándo verás al portavoz?
　　　　　Pero si lo he visto ya.

(e) ¿Cuándo me devolverás el libro que te presté?
(f) ¿Cuándo me dirá la verdad?
(g) ¿Cuándo haréis el informe?
(h) ¿Cuándo escribirán Vds. a la ministra?

El 23 de febrero (El 23-F) es una de las fechas más infames en la historia reciente de España. El Teniente Coronel Antonio Tejero irrumpió en el Congreso para declarar un golpe de estado y poner fin al proceso democrático de la transición. La reacción fue inmediata: millones de españoles salieron a la calle para rechazar esta tentativa de poner marcha atrás a unos cambios que tenían un apoyo general. El Rey Juan Carlos apareció en televisión para hacer un llamamiento a las Fuerzas Armadas para que obedecieran a su comandante en jefe (el mismo Rey) y reconocieran la voluntad popular. El artículo considera el fenómeno del Tejerazo diez años después.

El Tejerazo: La historia en vivo

El Teniente Coronel Tejero declara el golpe de estado, el 23 de febrero de 1981

Act. 1

alto
halt

confianza (f)
confidence

sucesos (m/pl)
events

evitar
to avoid

vigente
in force

aprobación (f)
approval

comportarse
to behave

impedir
to prevent

amenazador
threatening

Act. 2

acontecimientos (m/pl)
events

papel (m)
role

enfrentar
to face up to

superar
to overcome

voluntad (f)
will

alcanzar
to achieve, reach

meta (f)
goal, aim

acierto (m)
success

espíritu (m)
spirit

Actividades

1 Escucha

Asalto al Congreso de los Diputados
Escucha esta emisión de radio, que incluye un relato directo del Tejerazo, el 23 de febrero de 1981 a las 6.30 de la tarde, y la reacción popular en diferentes partes del país. Estudia estos vocablos antes de escuchar la cinta.

2 Escucha y comenta

Discurso de su Majestad el Rey Don Juan Carlos
Escucha las declaraciones del Rey Juan Carlos frente a los acontecimientos del 23 de febrero de 1981 y escucha lo que sucedió. Después comenta el papel desempeñado por el Rey en aquellos momentos y cómo él ha interpretado el papel de la Monarquía en aquel momento de crisis constitucional.

3 Escucha y explica

(a) **Asalto al Congreso de los Diputados**
Escucha otra vez el programa de radio que relata lo que pasa en el momento de irrumpir Tejero en el Congreso y explica a un amigo/a que no habla español qué es lo que pasa.

(b) **Manifestación contra el golpismo**
Escucha la grabación de las manifestaciones populares. ¿Qué es lo que opina el locutor?

4 Comentario

¿Y cómo se explica este párrafo que apareció en la columna NOTAS de SPIC (Revista de Aviación Comercial y Turismo) en su edición de febrero de 1981?

NOTAS de SPIC

La dimisión de Suárez ha sido una lección para todos y una piedra de toque feliz para la nueva y aún endeble Constitución española.

No es cierto que yo pretenda dar un golpe militar el lunes 23 de febrero por la tarde... ¡además no sé!

La BBC nos ha dado una gran lección televisiva con su «especial Juan Carlos»... Y la TVE la ha aceptado, pasándonosla sin recortes.

(*SPIC* febrero 1981)

Lee este artículo que considera el fenómeno del Tejerazo diez años después.

El Tejerazo: Si hubieran triunfado

3

angustia (f)
anguish

pretender
to attempt

secuestrar
to kidnap

sangría (f)
bloodbath

derramamiento de sangre (m)
bloodletting

a raudales
in torrents

pronunciamiento (m)
military rising, insurrection

fracaso (m)
failure

falaz
fallacious

lealtad (f)
loyalty

comportamiento (m)
behaviour, conduct

aislacionismo (m)
isolationism

no previsto
unexpected

impugnación del sistema (f)
challenge to the system

Diez años no es nada, pero parece una eternidad si recordamos las angustias de aquellas horas de un lejano mes de febrero: un militar conspirador, al mando de 300 guardias civiles anónimos y en nombre de todavía no sabemos cuántos militares y civiles, pretendió secuestrar a treinta y tantos millones de ciudadanos y devolver a España a la caverna de la que acababa de salir. Cualquiera que hubiera sido la forma de la dictadura que los conspiradores pretendieran imponer, es seguro que, de haber triunfado, difícilmente se habría librado este país de una sangría. Seguramente tampoco Pinochet, o el mismo Franco, pretendían expresamente provocar un masivo derramamiento de sangre, pero a raudales la hicieron correr para imponer su dominio una vez producidos sus respectivos pronunciamientos. El fracaso de Tejero y de Milans, y el de Armada y los demás, nos libró a los españoles de meses, años o décadas de miserias y sufrimientos. Porque lo único seguro es que ni uno solo de los problemas que preocupaban a los españoles de 1981 hubiera sido resuelto por los golpistas si éstos hubieran triunfado.

Sus invocaciones a la patria y al honor nacional fueron falaces. No hay patria digna de aprecio si su nombre ha de prevalecer sobre quienes la integran. Frente a ese patriotismo del género chico e irracional, se eleva el patriotismo constitucional: aquél que proclama la adhesión racional de los ciudadanos a los valores de la libertad, y su lealtad a las instituciones que la encarnan. Otra enseñanza de aquella experiencia es que la democracia no debe darse por supuesta, sino ser defendida y reforzada con los comportamientos de cada día.

Superado el aislacionismo exterior mediante la integración en las estructuras políticas, económicas y de defensa del mundo occidental, consolidado el nuevo diseño autonómico del Estado, avanzado el proceso de reforma democrática de las Fuerzas Armadas, la fortaleza del sistema es hoy mucho mayor que hace una década. Y ¿por qué? Porque uno de los efectos no previstos por los golpistas fue el incremento del aprecio por la democracia que se produciría como reacción al riesgo de perderla. Y eso es lo que ha cambiado en esta eternidad transcurrida desde aquella tarde de febrero: que por grandes que sean las divergencias políticas o ideológicas imaginables, ninguna de ellas se expresa hoy en España bajo la forma de impugnación del sistema. Con una única excepción: la de los terroristas, nostálgicos de una dictadura como la que se habría impuesto si los golpistas hubieran triunfado.

(*El País*, Madrid)

Actividades

5 Se dice así

Observa el uso del pluscuamperfecto del subjuntivo para hablar de posibilidades en el pasado:
Ni uno solo de los problemas... hubiera sido resuelto si éstos hubieran triunfado.

En este ejemplo, **hubiera sido** es equivalente a **habría sido**.

Como alternativa a **si hubieran** + participio se puede utilizar **de haber** + participio.

Vuelve a escribir estas frases utilizando la construcción con **si**.
(a) (De haber triunfado) Tejero el Rey se hubiera ido al exilio.
(b) (De no haber intervenido el Rey) el golpe hubiera tenido éxito.
(c) (De no haber) protestado tanto el pueblo los militares hubieran impuesto otro régimen.

6 Pon en orden

Coloca estos temas en la secuencia en la que salen en el texto.
(a) Hay que proteger y defender la democracia.
(b) Una conjura militar quiso volver a la dictadura de los años anteriores.
(c) Los españoles llegaron a apreciar más la democracia después del 23-F.
(d) Los militares hicieron un llamamiento a un patriotismo falso.
(e) Un golpe de estado no iba a resolver los problemas que enfrentaba España en aquellos tiempos.

7 Presentación oral

Prepara una presentación oral sobre el tema del 23-F utilizando la información que aparece aquí, en la página 30 y en la cinta.

8 Carta al director

Lee esta carta de un lector de El País *sobre el tema de la profesionalización de las Fuerzas Armadas y responde en español a las preguntas que siguen.*

FF AA profesionales

Hechos como la intervención militar internacional en el conflicto de la antigua Yugoslavia y el papel que desempeña España en este despliegue nos vuelven a demostrar la necesidad de la formación de unas Fuerzas Armadas, totalmente profesionalizadas para obtener una mayor eficacia y un mayor respaldo social. El Gobierno sabe que es una decisión política, no financiera, pero prefiere, cada vez que sale un soldado al extranjero, vacilar por miedo a que una profesionalización de las Fuerzas Armadas le reste parte de su control. **Jorge Guerrero**, León.

(*El País*, Madrid)

(a) ¿Qué es lo que propone el escritor?
(b) ¿Ve también alguna desventaja?

Act. 8

desempeñar un papel
to play a role

despliegue (m)
deployment

vacilar
to hesitate

4

Categorías de la mujer
en política

Las mujeres, como en tantos otros aspectos de la vida profesional en España, han llegado a desempeñar un papel cada vez más importante en política. Sin embargo, se sienten frustradas a pesar de medidas tomadas por algunos partidos como fijar un porcentaje de candidatas en las elecciones.

4

ama de casa (f)
housewife

por ende
therefore

enchufar
to pull strings

arrastrar
to drag

sospecha (f)
suspicion

desigualdad (f)
inequality

fiel de la balanza (m)
point of balance

padecer
to suffer

asustar
to frighten

reto (m)
challenge

Categorías de la mujer en política

A la mujer política se la intenta clasificar en dos categorías limitadoras: o bien es muy mujer, muy ama de casa, y por ende inútil para el cargo y decididamente imbécil, o bien es una ambiciosa sin escrúpulos, una aventurera del poder. De la primera se supone que ha llegado a donde está, impulsada por manos masculinas: su marido, su padre, sus hermanos, sus amigos o sus amantes la habrán enchufado para hacerla subir. Y de la segunda se supone que ha triunfado gracias a su vileza. Porque la ambición en los hombres es un valor, casi un imperativo; pero en las mujeres se considera como un vicio. El caso es que las mujeres que triunfan en la política suelen arrastrar una sombra de sospecha sobre ellas...

Eso de la cuota es un recurso viejo y ya probado en otros países europeos con resultados excelentes. En una situación de desigualdad social, un poco de discriminación positiva no hace sino compensar el fiel de la balanza. El 25%, además, es un porcentaje arbitrario, pero es una cifra razonable con la que empezar. Las mujeres padecemos una difícil ambigüedad frente al poder. Por un lado lo criticamos justamente y aseguramos no aspirar a él porque nos repugna. Pero por otro lado también es cierto que nos asusta. El mayor problema es que a la hora de encontrar candidatas, el obstáculo no reside en las mujeres mismas, sino en los ojos de quienes las buscan, en no saber ver la capacidad política de todas esas compañeras de partido porque siempre las han minimizado – las Lolitas y Conchitas, pero siempre mujeres trabajadoras y capaces.

(Adaptación de *Anuario El País*, Madrid)

1 Busca la palabra adecuada

Busca un sinónimo de los siguientes términos:

(a) impulsar   *(b)* triunfar
(c) asustar   *(d)* es verdad
(e) es cierto   *(f)* espantar
(g) tener éxito   *(h)* empujar

Act. 3

feminismo (m)
feminism

femenino
feminine

femineidad (f)
femininity

igualdad (f)
equality

reclamar
to claim, call for

reivindicar
to claim, call for

derechos m/pl)
rights

potenciar
to empower

facultar
to authorise

oportunidades (f/pl)
opportunities

aprovechar las oportunidades
to take advantage of the opportunities

tener acceso a las oportunidades
to have access to the opportunities

discriminación sexual (f)
sex discrimination

acoso sexual (m)
sexual harassment

2 En tus propias palabras

¿Qué significan estas expresiones en el contexto del artículo anterior?

(a) inútil para el cargo
(b) una aventurera del poder
(c) suelen arrastrar una sombra de sospecha sobre ellas
(d) padecemos una difícil ambigüedad frente al poder
(e) las Lolitas y Conchitas

3 Debate

Analiza los siguientes temas con tus compañeros/as.

(a) ¿Cómo se ve a la mujer en política, según el artículo?
(b) ¿Cómo se pueden resolver las dificultades identificadas aquí?
(c) ¿Qué grado de participación en política tiene la mujer en tu país?
(d) ¿Qué dificultades tiene la mujer en general para integrarse en la política?
(e) ¿Crees que la mujer puede desempeñarse tan bien como el hombre en el campo político?

4 Carta al director

Escribe una carta al director de un periódico español, comparando las reivindicaciones de la mujer en España con la situación en tu propio país.

5 Redacción: Mujeres en el primer gabinete de José María Aznar

Utilizando estos apuntes, haz un bosquejo de las primeras ministras en el primer gabinete de José María Aznar.

MARGARITA MARISCAL DE GANTE Ministra de Justicia *n.* Madrid 1954. Separada, dos hijos. Magistrada, ex-miembro del Consejo General del Poder Judicial. Independiente. **Retos** Reforma del sistema de elección del Consejo General del Poder Judicial. Agilizar los procedimientos judiciales.	**ESPERANZA AGUIRRE** Ministra de Educación y Cultura *n.* Madrid 1952. Casada, dos hijos. Abogada. Ex-senadora y ex-primer teniente de alcalde del Ayuntamiento de Madrid. **Retos** Libertad de elección de centro educativo	**LOYOLA DE PALACIO** Ministra de Agricultura, Pesca y Alimentación *n.* Madrid 1950. Soltera. Abogada. Diputada y ex-senadora. **Retos** Impulsar el Plan Nacional de Regadíos. Reforestación de un millón de hectáreas. Resolver conflicto de los ataques franceses a camiones españoles. Renovación de la flota pesquera.	**ISABEL TOCINO** Ministra de Medio Ambiente *n.* Santander 1949. Casada, seis hijos. Doctora en Derecho. Diputada. **Retos** Imponer el principio de quien contamina, paga. Reducción y reciclaje de los residuos tóxicos y peligrosos. (Adaptado de *Cambio16*)

5

Autonomías

Este programa de radio trata de la perspectiva histórica de las autonomías españolas, que fueron creadas como parte del proceso de transición a la democracia. El empuje principal se basó en las reivindicaciones de las denominadas autonomías históricas –Cataluña, Vascongadas y Galicia– pero al final se crearon un total de diecisiete regiones autónomas, y los asentamientos españoles en el Norte de Africa –Ceuta y Melilla– ya tienen sus propios estatutos con cierto grado de gobierno autónomo. Escucha el programa por primera vez y toma nota de:

(a) quiénes son las figuras históricas mencionadas
(b) los acontecimientos históricos mencionados.

---

fueros (m)
traditional rights

pervivencia (f)
survival

Alzamiento (m)
Uprising (outbreak of Civil War)

Cruzada (f)
Crusade (Franquista term for Civil War)

Renaixença (f)
Renaissance (of Catalan culture in 19th century)

alcanzar
to reach

ineludible
unavoidable

prieto
black

cesar
to retire

desaparición (f)
disappearance

desafío (m)
challenge

Pintada política en Catalunya

ctividades

1 Escucha y responde

Escucha el programa otra vez y responde a estas preguntas en español.

¿De dónde provienen estas declaraciones?

(i) «Un estado totalitario armonizará en España el funcionamiento de todas las capacidades y energías del país, en el que, dentro de la unidad nacional...»

(ii) «Cuando España encuentre una empresa colectiva que supere todas esas diferencias, España volverá a ser grande como en sus mejores tiempos.»

(iii) «Un orden justo, igual para todos, permite reconocer dentro de la unidad del Reino y del Estado, las peculiaridades regionales como expresión de la diversidad de pueblos que constituyen la sagrada realidad de España.»

(a) José Antonio Primo de Rivera   *(b)* El Rey Juan Carlos
(c) Un informe republicano   *(d)* El General Franco

2 Escucha y completa

Escucha una vez más y rellena los espacios en blanco del último discurso.

Por supuesto que es obligación del Gobierno, porque así se lo _____ la ley, porque así lo demandan ustedes y porque ése es el _____ de la Corona, dar _____ _____ a todos los desafíos del momento histórico, y tenemos la _____ de que en la España de hoy la integración _____ de todos en la comunidad nacional no puede _____ sin libertad política. El _____ para ello es esta _____ para la Reforma cuyo destino deben decidir mañana. La Ley para la Reforma Política, aprobada en el _____ de 1976, supuso el _____ _____ hacia el Estado democrático.

3 Estudia y responde

Estudia el siguiente texto sobre la autonomía histórica de las diferentes regiones de España.

Aunque los Reyes Católicos unieron bajo la Corona todos los reinos, éstos seguían manteniendo sus instituciones propias. Sin embargo, entre los siglos XVI y XVIII, con frecuentes conflictos armados, la instauración del Estado Moderno trajo consigo la paulatina desaparición de las instituciones, leyes, monedas y formas propias de cada reino, que fueron sustituidas por normas unificadoras establecidas por el poder monárquico. Con la derrota de los Comuneros en 1521, Castilla perdió la autonomía de sus Cortes, como la perdieron los moriscos de Granada en 1567, Aragón y Cataluña a principios del siglo XVIII, y Vizcaya en el siglo XIX.

¿Cuándo perdieron su autonomía estas regiones?

(i) Castilla   *(ii)* Aragón y Cataluña
(iii) Granada   *(iv)* Vizcaya

4 Traducción

Traduce al español.

Terrorism and democracy
The 1970s were overshadowed by constant violence, of groups opposed to the Franco regime, as well as those opposed to what replaced it; separatist groups in various regions brought pressure to bear by violent means. The growing pressure on the government became apparent in 1974 at the time of the Arias reforms. It was soon apparent, however, that the demands for change were not confined to extremists. Early 1975 was plagued with strikes in most industrial sectors, the Civil Service and universities, and many faculties were actually closed down. The Anti-Terrorism Law, passed in August 1975, only served to worsen the situation, and protests over the execution of five alleged terrorists had repercussions throughout Europe.

6

Euskadi, la paz posible

ETA (Euskadi ta Azkatasuna – Nación Vasca y Libertad) es el autor principal de los actos terroristas en el País Vasco y otras partes de España también, aunque esta organización ha cambiado bastante en el curso de la lucha, con un grupo que favorece el fin de la violencia y la reinserción dentro de la sociedad de los llamados etarras, y los que proponen seguir con la lucha. A pesar de más de veinte años de gobierno democrático en España y la creación de las autonomías, la violencia sigue. Lee este texto y luego explica qué es lo que dice.

 6

manifiesto (m)
manifesto

manifiesto (adj)
clear

abertzale (m)
Basque nationalist

autodeterminación (f)
self-determination

concordia (f)
agreement

apoyo (m)
support

Euskadi, la paz posible

El objetivo manifiesto de ETA es la independencia del País Vasco, para lo cual recurre a la frenética impaciencia de las pistolas. En esa ambición, aunque no en sus métodos, coincide con el resto de los grupos abertzales, PNV incluido.

Sin embargo el independentismo no es compatible dentro del vigente orden político del estado español, ya que se basa en el derecho a la autodeterminación. La raíz del nacionalismo violento radica en el hecho de que éste no figura en la redacción del texto constitucional. La Constitución de 1978, generoso instrumento de concordia y consenso en el resto del Estado, resulta insuficiente para regular el conflicto en Euskadi, único lugar donde no obtuvo el apoyo mayoritario de la población.

(Adaptación de *Anuario El País*, Madrid)

ctividades

1 Traducción

Traduce a tu propio idioma.

Acabar con la violencia
La lucha entre ETA y el Gobierno español sigue a pesar de la formación del gobierno autónomo del País Vasco. El ejército, la Guardia Civil, y la Ertzaintza han logrado limitar el terrorismo sin poder erradicarlo. No obstante, a principios de los años 90 ETA emprendió una campaña terrorista de violencia indiscriminada, lo que provocó una reacción negativa aun de simpatizantes y partidarios.

destacado
leading
apoyar
to support
internados (m/pl)
held, imprisoned
cárcel (f)
prison
imprescindible
vital
pertenecer
to belong
facilitar
to provide
condena (f)
sentence
cumplir
to serve
delito de sangre (m)
crime of violence
disfrutar de
to enjoy, benefit from
odio (m)
hatred
no vale para nada
it's not worth anything
atentado (m)
attack
chiquillos (m/pl)
children, kiddies
a fin de cuentas
at the end of the day
reivindicar
to claim
sendero (m)
path
callejón sin salida (m)
dead-end
enfrentamiento (m)
confrontation

Palabras y frases útiles Act.6

el terrorismo
el terrorista
el acto terrorista
el atentado
secuestrar
el rehén
el asesinato
el extremismo
colocar una bomba
estallar una bomba
una bomba de manufactura casera
un coche-bomba
la vía armada
la vía política
recurrir a la fuerza
apoyar
el grupo de apoyo
el partidario
lograr sus objetivos

2 Informe

Lee este breve informe sobre un cambio de mentalidad por parte de unos miembros de ETA frente a la campaña de acción directa y luego escucha una entrevista por radio. Responde a las preguntas que siguen al artículo.

Destacados presos de ETA piden el fin del terrorismo y apoyan la vía política

Informa la agencia Efe que destacados presos de ETA consideran que los terroristas *en activo* han perdido el norte y que han llevado la situación a un callejón sin salida. En conversaciones con sus familiares –grabadas por medios lícitos, según los ministerios del Interior y de Justicia– se ve que algunos dirigentes de la organización critican con dureza al alto mando de ETA, piden el fin del terrorismo y apoyan la vía política para lograr sus objetivos.

3 Debate desde la cárcel

Ahora escucha una entrevista por radio sobre el tema. Fue grabada por un preso, que es miembro de ETA, en la cárcel. Está discutiendo un documento que pide la reflexión política con el fin de detener la campaña de violencia política. Estudia estos términos antes de escuchar la entrevista.

4 Escucha y completa

Rellena los espacios en blanco de este trozo del final del programa de radio:

Los _____ del texto, cuyo original está escrito en _____ y _____, reconocen que los tipos de acciones armadas que _____ últimamente convierten en _____ los objetivos políticos que _____ y que quieren defender.

5 Escucha y responde

Escucha otra vez y responde a estas preguntas.

(a) ¿Qué dice el entrevistado?
(b) ¿Por qué ha cambiado de postura y qué es lo que propone?

6 Redacción

Escribe un artículo sobre el fenómeno del terrorismo, tomando el caso concreto de ETA como ejemplo. ¿Hay casos en que se puede justificar el uso de la violencia?

3 LEISURE AND SPORT

Sports, holidays and leisure pursuits are covered in this section. Various aspects of training are also touched on.

Spain has established itself as one of the key holiday destinations of the world with well over forty million visitors a year, although these figures include border traffic, much of which may be only for one day. Spain became synonymous with the cheap package holiday with the creation of resorts like Benidorm, once little more than a fishing village in a beautiful location, whose beach was enhanced with sand imported from the Sahara. As tourism grew in the Mediterranean basin, and other countries coming into the business learned from Spain's mistakes, there was a trend towards catering for the more discerning holidaymaker, one who was also able and willing to spend higher sums while in Spain. The rise in the cost of living as a consequence of Spanish entry to the EC also led to a decline in Spain's attractiveness for low-cost package holidays. A key element in Spain's position as a tourist destination lies in her many attractive features, including climate and a variety of places of historical and cultural interest. Spain's geographical variety is an aspect that has been promoted in recent years. Skiing is a major sport in the Pyrenees, and the Sierra Nevada in Andalucía, offering 39 pistes, is only a couple of hours from the Mediterranean beaches. It hosted the World ski championships in 1996.

Sierra Nevada, entrada a la estación de esquí, sede del campeonato mundial de esquí 1996

Spain's performance in the Olympic Games when it was the host country in 1992 was a clear indication of the extent to which sporting facilities have improved over the years. She took 13 gold medals, seven silver and two bronze, finishing in sixth place overall. By contrast, the score at the Moscow games of 1980 (which some countries boycotted for political reasons) was six medals, only one of which was gold. Spanish athletes have distinguished themselves in other international events too, such as the Tour de France – in 1990, for example, four of the top ten finalists were Spanish, and the legendary Miguel Induráin was elevated to the *Club de los V* as one of the greatest participants ever. He won outright every year between 1991 and 1995.

The Olympic successes should perhaps be seen in the context of the progressive development of sporting facilities in Spain, partly as a result of hosting events such as the 1982 football World Cup, partly because of the growth in public amenities at autonomy level, and partly due to the development of resources for tourism. But success has not been limited to single events. Spanish individuals or teams won distinction on 74 separate occasions in 1995, in activities ranging from clay-pigeon shooting to the European cycling championship for the blind. It is curious that there does not appear to be a cult of the single sporting hero in Spain, though names like Severiano Ballesteros and Arantxa Sánchez Vicario are internationally known. Most international successes have been achieved by Spanish teams rather than individuals.

SPAIN'S OLYMPIC MEDAL SUCCCESSES 1992 AND 1996

	1992	1996
Medallas de Oro	Atletismo (20 km marcha y 1500 m)	Ciclismo (contrarreloj individual)
	Ciclismo	Gimnastica rítmica (equipos)
	Fútbol	Vela (hombres, Tornado)
	Hockey hierba	Vela (mujeres, 470)
	Judo (56 kg y 52 kg)	Waterpolo
	Natación	
	Tiro arco	
	Vela (Flying Dutchman)	
	Vela (Finn)	
	Vela (470)	
	Vela (470)	
Medallas de Plata	Atletismo (Decatlón)	Atletismo (hombres, 1500 m)
	Boxeo	Ciclismo (contrarreloj individual)
	Gimnasia rítmica	Hockey hierba (hombres)
	Tenis (individual masculino)	Judo (hombres, pesos pesados)
	Tenis (dobles femeninos)	Tenis (individual masculino)
	Vela (Europa)	
	Waterpolo	
Medallas de Bronce	Atletismo (salto con pértiga)	Atletismo (hombres, 50 km marcha)
	Tenis (individual femenino)	Balonmano (hombres)
		Boxeo (peso minimosca)
		Judo (mujeres, peso ligeros)
		Tenis (dobles femeninos)

One item that still remains controversial is bullfighting. This is not, curiously enough, the only type of blood-sport practised in Spain. Leaving aside the popularity of rough shooting (*coto de caza* is a frequent sign in rural areas, where migrating birds are shot in huge numbers) other festivals and celebrations have caused increasingly widespread criticism and calls (from people in Spain and abroad) for such activities to be halted by action from the European Union. The World Society for the Protection of Animals has also been involved, as have various organisations in the UK and Germany. Apologists for bullfighting (such as Hemingway in works like *Fiesta* and *Death in the Afternoon*) point to the poetic and sublime aspects of the duel between man and beast. Others simply see it as a barbaric survival from another age. However, most newspapers continue to have their *Tauromaquia* column, and the *Anuario El País* lists its bullfighting section under *Cultura*. Fights are shown live on television during the season, complete with edited highlights; one curious contribution of satellite TV to the dissemination of culture in Europe is that bullfighting can now be watched live in Britain.

El progreso económico alcanzado por España en las dos últimas décadas ha llevado a un aumento del turismo exterior, especialmente entre los jóvenes. A nivel general, sin embargo, y a diferencia de otros europeos, los españoles no son grandes viajeros. Una encuesta realizada hace algún tiempo por el Gabinete de Investigación Turística y el Instituto DYM revela que los hábitos vacacionales de los españoles están marcados por el espíritu ahorrador: los españoles viajan poco. Antes de leer el artículo haz la primera Actividad (página 52).

Los españoles veranean poco, barato y cerca

1

propensión viajera (f)
travelling tendency

asciende a = sólo llega a
only amounts to

escoge el suelo patrio
they choose their own country

estío (m)
summer

resaltan las carencias
they highlight the deficiencies

por sí solas
for themselves

les queda un buen trecho
they still have a long way to go

LOS ESPAÑOLES VERANEAN POCO, BARATO Y CERCA

Los primeros datos de la encuesta dejan bien claro que la propensión viajera del español está directamente relacionada con dos aspectos: su situación generacional y su posición económica. Cuanto más jóvenes y cuanto más adinerados, obviamente más viajeros. De igual modo, los habitantes de los grandes núcleos urbanos viajan más que los provenientes del medio rural; y los que residen en la zona centro o norte, más que los que viven al sur. Toda una lección de economía. El ocio y su empleo son cuestión de dinero.

Hasta tal punto afecta el *status* social al veraneo que las diferencias son de uno a tres. El 69 por ciento de las personas de nivel económico alto veranean, frente al 29 por ciento que lo hacen entre quienes tienen lo que asépticamente se califica de nivel económico bajo. En todo caso, los españoles veranean en general poco. Tan sólo un 47 por ciento lo hizo el año pasado. Esas vacaciones se concentran además en el verano, dando por resultado un solo viaje de vacaciones al año en el 62 por ciento de quienes veranean. Sólo el 19 por ciento realiza más de un viaje, cifra que asciende al 6 por ciento y al 7 por ciento para aquéllos que realizan tres o más viajes.

La curiosidad del turista español por el mundo se limita al 10 por ciento que viaja al extranjero en sus vacaciones. El 90 por ciento restante escoge el suelo patrio para descansar y, por mucho que las playas y el sol hispanos sean motivo de seducción planetaria, los españoles prefieren el interior peninsular para pasar su veraneo: el 49 por ciento se fue tierra adentro el año pasado, frente al 37 por ciento que escogió el litoral y el 4 por ciento que se desplazó a las islas Canarias o Baleares.

Turismo individualista. Si se tiene en cuenta que son núcleos urbanos los que proporcionan más veraneantes –el 53 por ciento de sus habitantes– y que dichos núcleos se han formado en las pasadas décadas por el aluvión de la emigración agraria, cabe pensar que *el regreso al pueblo* marca buena parte de la actividad vacacional de los españoles.

Por otra parte, el turismo interior resulta ostensiblemente más barato que el turismo playero. Todo ello explica, también, el hecho de que el 82 por ciento de los españoles organice su viaje de vacaciones de forma particular: tan sólo un 10 por ciento lo hace por agencia.

Un espíritu individualista que también se refleja en el medio de transporte elegido: el 64 por ciento utiliza el coche propio. El 16 por ciento emplea el autocar. Cifras que explican por sí solas los colapsos automovilísticos del estío y resaltan las carencias de las carreteras españolas.

Consecuencia del carácter económico del veraneo hispano es también el tipo de alojamiento mayoritariamente utilizado durante las vacaciones. Más del 50 por ciento utiliza la casa de familiares o amigos y la casa propia, frente al 19 por ciento que va a hoteles, el 13 por ciento que va a casas de alquiler o el 11 por ciento que elige el barato contacto con la naturaleza de los *campings*.

Y, en el caso de los que escogen hoteles, las estadísticas hablan también por sí solas: en torno al 40 por ciento se limita a contratar su alojamiento, un 20 por ciento opta por la media pensión y un 35 por ciento escoge la pensión completa.

Todos al tiempo.

Otro de los rasgos característicos de las vacaciones de los españoles es su escasa distribución en el tiempo. La inmensa mayoría veranea en un mismo período, produciéndose una notable concentración de la demanda turística durante los meses de julio y agosto. Concretamente, el 80 por ciento de los españoles escogen esos dos meses para darse un respiro laboral. Tan sólo un 11 por ciento se decide por septiembre.

La duración de los viajes vacacionales está también en relación con la lejanía –tanto física como económica– del lugar de residencia habitual. De ese modo, el promedio, de 21 ó 22 días, es ligeramente superior entre los mayores de 30 años de edad, y entre los habitantes de las grandes capitales – Madrid y Barcelona– que se desplazan al interior.

Aquéllos que viajan al extranjero y quienes prefieren pasar sus vacaciones en las islas Canarias o en las Baleares acortan sensiblemente la duración de sus viajes. El 31 por ciento no llega a los 15 días de duración en sus vacaciones principales, el 52 por ciento oscila entre los quince y los treinta días y sólo el 17 por ciento las prolonga más de un mes.

A los ciudadanos españoles aún les queda un buen trecho para su plena incorporación europea en materia vacacional: aún está lejos el 64 por ciento de veraneantes de Dinamarca, el 61 por ciento de Gran Bretaña, el 60 por ciento de Alemania, el 58 por ciento de Francia o el 57 por ciento de Italia.

(*Cambio16*, Madrid)

Actividades

1 Comentario

Antes de leer el artículo haz un breve comentario sobre tus propios hábitos vacacionales. Explica, por ejemplo, cuántas vacaciones al año sueles tomar, en qué época del año acostumbras salir, qué sitios prefieres para pasar tus vacaciones, cómo viajas normalmente, dónde te quedas, cuánto tiempo sueles estar fuera, etc.

2 Escoge la respuesta correcta

(a) La mayoría de los españoles sale de vacaciones
    (1) una vez al año
    (2) dos veces al año
    (3) más de dos veces al año.

(b) Los españoles prefieren pasar sus vacaciones
    (1) en la costa
    (2) en el extranjero
    (3) en el interior de España.

(c) La mayoría de los españoles viaja
    (1) a través de agencias de viaje
    (2) de manera independiente
    (3) por medio de organismos de promoción turística.

(d) La mayor parte de los españoles viaja
   (1) en coche
   (2) en tren
   (3) en autocar.

(e) Más de la mitad de los españoles se aloja en
   (1) hoteles
   (2) pensiones económicas
   (3) casas particulares.

(f) En términos generales, los españoles suelen salir de
vacaciones por
   (1) una semana
   (2) dos semanas
   (3) tres semanas.

3 Comentario

Considera el contenido del artículo y compara los hábitos vacacionales de los españoles con los de la gente en tu propio país. Coméntalo con un/a compañero/a, tu profesor/a o con el resto de la clase.

4 Completa

Completa este cuadro con las palabras apropiadas.

el viaje	los viajeros	_____
el turismo	_____	hacer turismo
el verano	_____	_____
la residencia	_____	_____

Ahora, haz una lista de todas las palabras del artículo que tengan relación con el tema de las vacaciones.

5 Completa

Escoge la palabra correcta: por *o* para.

La curiosidad del turista español _____ el mundo, se limita al 10 _____ ciento que viaja al extranjero en sus vacaciones. El 90 _____ ciento escoge el suelo patrio _____ descansar y, _____ mucho que las playas y el sol hispanos sean motivo de seducción planetaria, _____ la mayoría de los españoles, el interior de la Península es el lugar preferido _____ pasar su veraneo.
Tan sólo un 10 _____ ciento organiza su viaje de vacaciones _____ agencia y, en el caso de los que escogen hoteles, sólo un 20 _____ ciento opta _____ la media pensión.
El 80 _____ ciento de los españoles escoge los meses de julio y agosto _____ darse un respiro laboral y tan sólo un 11 _____ ciento se decide _____ septiembre.

Palabras y frases útiles Act.3

salir de vacaciones
hacer turismo
veranear
ir de veraneo
el veraneo
el viaje organizado/las vacaciones
   organizadas
los veraneantes
los viajeros
el excursionista
las agencias de viaje/los tour
   operadores
el camping
irse de camping
la pensión/la media pensión/la
   pensión completa
el hotel/el hotel de lujo/el
   hostal/el parador/el albergue
   juvenil
el centro vacacional
el balneario
el suelo patrio
el ocio/el esparcimiento
pasar las vacaciones en
procedente de
con destino a

Para explicar el problema:
  pasar frío
  la manta
  la habitación ruidosa
  insoportable
  el grifo del agua caliente
Para exigir soluciones:
  solucionar o resolver el problema
  de inmediato, ahora mismo, hoy
  mismo
  una habitación más tranquila
Para excusarse:
  lo siento/lo lamento (mucho)
  siento mucho que…
  perdone Vd.
Para ofrecer soluciones:
  si Vd. quiere/desea…
  si le parece bien…
  ¿qué le parece si…?
  si no le importa…

derecho (m)
law

descanso (m)
rest

ferretería (f)
hardware shop

no falta algún plan
there is always a plan

suspender un examen
to fail an exam

no me queda más que
I have no choice but

Semana Santa (f)
Holy Week

ir de tiendas
to go shopping

espectáculo (m)
show

*Sitges, un popular lugar
de veraneo en la costa catalana*

6 Cara a cara

Improvisa un diálogo con un/a compañero/a en base a esta situación.

Alumno A
Has pasado la primera noche en un hotel en un país de habla española y a causa del frío y del ruido de la calle no has podido dormir. Además, el grifo del agua caliente en el baño no funciona bien y has tenido que lavarte con agua fría. Bajas a la recepción del hotel, te quejas al/a la recepcionista y pides un cambio de habitación.

Alumno B
Eres recepcionista de un hotel en un país de habla española. Un/a turista habla contigo y se queja de la habitación que le has dado. Tú te excusas y tratas de ofrecer una solución. En este momento no tienes otras habitaciones disponibles, posiblemente dentro de dos días, cuando se marchen otros viajeros. Explica la situación e intenta convencer al/a la turista que está muy enfadado/a.

7 Escucha y responde

De vacaciones
Un periodista de una revista dedicada al ocio realizó algunas entrevistas sobre el tema de las vacaciones. He aquí dos de ellas. Estudia primero estas palabras y frases, luego escucha las entrevistas y responde a las preguntas.

Entrevista con José María Riveros, 23 años
1 Responde a estas preguntas.

(a) Why doesn't José María take a long holiday in the summer?
(b) What are his holiday plans for this year?
(c) What will he do if he fails an exam?

2   Mira el texto que sigue, luego escucha otra vez la entrevista con
     José María y completa los espacios en blanco con las palabras
     que faltan.

Pues, la verdad es que no _____ tomar más de dos o tres semanas de
_____ . El resto del tiempo _____ con mi padre que tiene una
_____ y durante el verano necesita _____ , ya que los empleados
_____ a tomar sus vacaciones _____ el verano. Pero en _____
semanas que estoy libre, no _____ algún plan. El año _____ me fui
a Ibiza con _____ amigos. Este año, aún no _____ sé, si no
suspendo _____ examen, quizá me _____ a San Sebastián.
Necesito _____ , ha sido un año muy _____ . Ahora, si suspendo
no me _____ más que olvidarme de las _____ y quedarme en
_____ a estudiar.

Entrevista con Silvia Martínez, 25 años
1   ¿Verdadero o falso?

(a) Hace algunos años Silvia acostumbraba pasar sus vacaciones en
     Marbella.
(b) Las Navidades del año pasado fue con una amiga española a
     Londres.
(c) Nunca había visitado Londres antes.
(d) Silvia ha tenido intenciones de visitar París varias veces.
(e) Una de las cosas que le gusta de Londres son los mercados.

2   Escucha otra vez la entrevista con Silvia y busca en ella las
     palabras y frases que equivalen aproximadamente a las
     siguientes:

     ■ acostumbro
     ■ algunos años atrás
     ■ me gustó mucho
     ■ tengo la intención de
     ■ tomar un descanso
     ■ beber algo
     ■ salir de compras

8   Presentación oral

Haz una breve presentación oral sobre cómo sueles pasar tus
vacaciones, especificando el lugar donde vas, el sitio donde sueles
quedarte, las actividades que realizas y otra información que
consideres de interés. Luego, haz un relato de unas vacaciones
interesantes que hayas tenido.

2

Buen viaje

La industria turística empezó en los años sesenta, con la construcción de miles de hoteles en la Costa Brava, la Costa del Sol y nuevos centros vacacionales como Benidorm. En esa época los españoles en general no gozaban de un nivel de ingresos suficiente para ir de vacaciones ni siquiera en su propio país, aunque la Costa Cantábrica y Baleares siempre han sido populares entre la clase media madrileña. Hoy en día un porcentaje mucho más elevado de la población puede ir de vacaciones, aunque muchos prefieren quedarse dentro de los confines del territorio nacional.

 **Act. 1**

precio asequible (m)
reasonable price

redes ferroviarias (f)
rail networks

DNI (Documento Nacional de Identidad)
national identity card

**ctividades**

1 Preguntas

En tren
Vas a pasar un tiempo largo en España y te gustaría tomar unas vacaciones y viajar dentro y fuera del país. En una revista has encontrado la siguiente información sobre ofertas especiales para viajes en tren.

Lee la información y a medida que lo hagas responde a las preguntas que siguen en la página 57.

Un tren AVE de Renfe

EN TREN

Tradicionalmente y hasta que se masificó el avión y se construyeron las modernas autopistas, el tren fue el medio de transporte más utilizado. Hoy, idealizados por un cierto romanticismo decadente, los trenes ejercen una gran fascinación sobre la gente viajera. Pero la realidad es que los trenes son actualmente un buen medio de transporte, útil, rápido, cómodo y combinándolo bien, de precios asequibles.

Descuentos para jóvenes

Billetes BIJ. Para viajar por las redes ferroviarias más importantes de Europa, los billetes BIJ ofrecen la posibilidad de hacerlo con reducciones de hasta el 30% en segunda clase. Hay que tener menos de 26 años. Con este billete sólo se puede viajar en determinados trenes y días. Para solicitarlo hay que presentar el DNI original o el pasaporte.

Billete INTER-RAIL. Permite circular sin límite de kilometraje durante un mes a los menores de 26 años, y el precio es de 27.090 pesetas. Sobre el precio del billete en España hay una reducción del 50% sobre la tarifa general. Este billete permite hacerse una idea global de muchos países europeos en poco tiempo, pero hay que tener en cuenta que 30 días de validez del billete no significan 30 días de visita turística. Para visitar toda Europa se tiene que prever más de un billete.

Tarjeta INTER-RAIL y Ferry. Permite utilizar las mismas redes ferroviarias que la INTER-RAIL y además da derecho a circular libremente por algunas líneas de Ferry. Las condiciones de edad y tiempo de validez también son las mismas. Precio: 32.510 pesetas.

(a) ¿Qué descuentos ofrecen los billetes BIJ?

(b) ¿Qué edad hay que tener para utilizarlos?

(c) ¿Puedes viajar en cualquier tren?

(d) ¿Qué duración tiene el billete Inter-rail?

(e) ¿Qué descuento especial hay para viajes dentro de España?

(f) ¿Qué ventajas tiene la Tarjeta Inter-rail y Ferry?

Ferrocarriles ecuatorianos

2 Cara a cara

Estás en casa de un/a amigo/a español/a en el Paseo de Recoletos, cerca de la Plaza de Cibeles, y necesitas cambiar dinero.

Alumno A

Le preguntas a tu amigo/a dónde puedes cambiar unos cheques de viaje.

Alumno B

Tu amigo/a necesita cambiar dinero. Mira el mapa que sigue e indícale cómo llegar hasta la casa de cambio más cercana.

Palabras y frases útiles Act.2

seguir todo recto
doblar/torcer a la
   derecha/izquierda
continuar/seguir por la calle…
tomar la primera/segunda calle a
   la derecha/izquierda

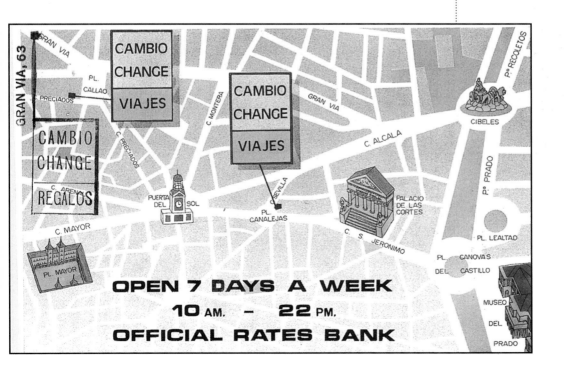

cambiar libras/dólares a pesetas
¿a cómo está el cambio?
cheques de viaje

V Act.4

amistoso
friendly

gama (f)
range

con antelación
in advance

daño (m)
damage

impuesto (m)
tax

carburante (m)
fuel

3 Redacción

En la casa de cambio te acercas a un empleado y le explicas lo que quieres. Escribe el diálogo entre tú y el empleado.

CAMBIO		
	Se vende	**Se compra**
Libra Esterlina	235	229
Dólar de EE UU	148	141
Franco Francés	26	24
Marco Alemán	87	83
Florín Holandés	77	72

4 Preguntas

Alquiler de coches

Como viajarás con un par de amigos, piensas que sería una buena idea alquilar un coche en alguno de los lugares que visitaréis. Este folleto de una empresa de alquiler de coches contiene información que os será de utilidad.

Estudia primero las palabras y frases, luego lee la información sobre reservas y precios y responde a las preguntas.

(a) How long in advance do you have to book?
(b) What is the minimum rental period?
(c) What does the rental price include?
(d) Is personal insurance against accidents included in the price?

EUROPE
ON WHEELS

La mejor inversión
para sus vacaciones en coche

Alquile un coche Hertz, y estará alquilando un coche de la compañía líder en el mundo. Un servicio amistoso, una espléndida gama de vehículos y unas tarifas muy atractivas hacen que Hertz sea la mejor elección para sus vacaciones en Europa.

Reserve su coche con sólo 24 horas
de antelación

Para muchos destinos, usted necesita reservar solamente con 24 horas de antelación al inicio del alquiler. En otros destinos se requieren 7 días de antelación. La duración del alquiler puede ser de un mínimo de 3 días, dependiendo del destino.

Tarifas todo incluido

En las tarifas "Europe on Wheels" todo está incluido —kilometraje ilimitado, Renuncia a Daños por Colisión (Renuncia a Daños por Pérdida en el Reino Unido), e impuestos, están incluidos en el precio. Todo lo que usted paga es el carburante y el Seguro Personal de Accidentes en caso de que lo solicite.

5 Cara a cara

A tus padres les gustaría visitar España este verano y te han pedido que llames al hotel del anuncio haciendo una reserva para ellos.

HOTEL
ROMANA PLAYA

LA MEJOR OFERTA DE VACACIONES EN MARBELLA

DEL 19 DE AGOSTO AL 30 DE SEPTIEMBRE...5.500.—PTAS
(POR PERSONA Y DIA)

* MEDIA PENSION
* HABITACIONES DOBLES
* AIRE ACONDICIONADO
* TV COLOR VIA SATELITE

* FRIGORIFICO
* PRIMERA LINEA DE PLAYA
* CINCO PISCINAS

INFORMACION Y RESERVAS EN EL PROPIO HOTEL O EN SU AGENCIA DE VIAJE.
TELS: 83 80 00/83 82 12.

Alumno A

Llamas al hotel que se indica en el anuncio para reservar una habitación para dos personas desde el 1 al 15 de septiembre. Quieres una habitación con baño y con vista al mar y con media pensión. Verifica si el precio por persona es el mismo que se indica en el anuncio.

Alumno B

Estás trabajando como recepcionista en el Hotel Romana Playa. Una persona llama por teléfono para reservar una habitación. Pregúntale qué tipo de habitación quiere —doble o individual— para cuándo la quiere, si quiere sólo el desayuno, media pensión o pensión completa. El precio que se indica en el anuncio no incluye el IVA (impuesto al valor añadido)*, sobre ese precio hay un recargo del 12 por ciento. Pide los datos a la persona —nombres de los viajeros— y confirma la reserva.

*IVA is Spain's VAT.

La playa de Marbella, Málaga

Act. 6

brisa (f)
breeze

suavizar
to soften, temper

media (f)
average

indumentaria (f)
clothing

sabroso/a
tasty

judías (f/pl)
beans

chivo (m)
young goat

embotellada
bottled

puro (m)
cigar

6 Preguntas

El Caribe reservado para ti

Uno de tus amigos, que va a viajar a la República Dominicana en el Caribe, consiguió la siguiente información en una agencia de viajes. Como su español no es muy bueno, te pidió que estudiaras la información.

Mira primero estas palabras, luego lee la información y responde a las preguntas de tu amigo.

(a) What does the leaflet say about temperatures?
(b) What sort of clothing should I take?
(c) Does it give any information on food? What does it say?
(d) What can you buy there?

PARA HACER LA MALETA

Documentación requerida:
Pasaporte en regla.
Moneda: El peso dominicano
1 dólar USA = 14 Pesos.
Temperaturas: Muy estables todo todo el año, ya que la brisa marina suaviza el clima tropical, la media de la capital oscila entre 23 grados en Enero y 28 en Septiembre, la mínima puede ser de 18 grados.
Indumentaria: Ropa informal de verano durante el día, un poco más formal para la noche en hoteles, restaurantes y casinos.
Corriente eléctrica: 110-120 voltios. Recomendable adaptador a clavija americana.

UNA VEZ ALLI

Diversiones: ¡Todas las que quieras! Espectáculos, resvistas musicales, discotecas y, naturalmente, la contemplación de maravillosos paisajes a la luz de la luna.

Gastronomía: Una cocina muy sabrosa y variada. Una comida típica es la bandera, un plato compuesto de arroz blanco, judías y carne guisada, todo con ensalada y plátano frito. Muy recomendable también el pescado Samana y el chivo de Azúa o de Montecristi.

Bebidas: Muy buena cerveza. El ron, bebida nacional, se bebe sólo o con leche de coco o zumos de frutas y su famosa piña colada.

El agua: Es aconsejable consumir agua embotellada los primeros días.

El sol: Los primeros días el sol caribeño puede hacerte mucho daño si te expones a él durante mucho tiempo sin protección.

Actividades: En los hoteles y los complejos turísticos hay una amplia gama de actividades, tanto para niños como para mayores.

Compras: Muy interesantes. Piedras como la turquesa dominicana, el larimer, artículos de cuero, artesanía en madera, macramé, puros y ron. Ferias de artesanía en Plaza Criolla, calle del Conde, Mercado Modelo, La Atarazana y Casa de Bastidas.

(Club de vacaciones, Torremolinos)

7 Traducción

Tu amigo, que pasará dos semanas en la República Dominicana, donde visitará diferentes lugares, ha recibido el programa de vacaciones y te ha pedido que se lo traduzcas. Este vocabulario te ayudará en la traducción.

 **Act. 7**

trasladar
to take

estancia (f)
stay

pensión (f)
board

facultativo/a
optional

permanencia (f)
stay

recoger
to pick up

alojar
to stay

I T I N E R A R I O

D ebes estar en salidas internacionales del aeropuerto de Madrid/Barcelona el día señalado, 1.º de viaje y presentarte dos horas antes de la hora de salida del vuelo. Viajarás en un avión Boeing 757 de la compañía Air Europa hacia Bangor y Puerto Plata, o en un Boeing 767 de la compañía Spanair, que te llevará directamente, sin escalas, a Puerto Plata.

A la llegada te espera personal de nuestra organización que te trasladará en bus privado al hotel.

En los días intermedios, estancias en los hoteles en el régimen de pensión elegido, atendidos por nuestro personal que te informará, además, de las excursiones facultativas que puedes hacer durante tu permanencia en Santo Domingo.

Si vas a estar 16 días en dos zonas, el 8.º día te recogeremos en el hotel a la hora que te indique nuestro personal para llevarte a la zona dos en el transporte elegido.

A la llegada, te trasladarán al hotel donde estarás hasta el regreso a cambio de zona.

Si hubieras elegido tres zonas, el día 12.º te recogeremos en el hotel para llevarte a la zona tres, a la hora que te indiquen e igualmente en el transporte elegido.

El último día, 8.º ó 15.º, según tu elección, te trasladaremos desde la zona y hotel donde estés alojado al aeropuerto de Puerto Plata, a la hora que te indique nuestro personal, para embarcarte en un Boeing 757 de la compañía Air Europa hacia Bangor y Madrid/Barcelona o en un Boeing 767 de la compañía Spanair, para llegar los días 9.º ó 16.º, en que finaliza nuestro servicio.

(Club de vacaciones, Torremolinos)

---

8 Escucha y responde

Un moderno hotel a su servicio
Escucha este anuncio de un hotel que se acaba de inaugurar en la Ciudad de México y resume, en tu propio idioma, las principales características del hotel y los servicios que éste presta.

9 Redacción

Vas a viajar a México de vacaciones y decides escribir al hotel Vista Hermosa haciendo una reserva. Indica qué tipo de habitación quieres (individual o doble), para cuántas noches y para qué fecha. Pide que te confirmen la reserva y que te indiquen el valor de la habitación.

cordillera (f)
mountain range

frigobar (m)
refrigerator with drinks

alberca (f)
swimming pool (Mexico)

aperitivo (m)
apéritif

baño de vapor (m)
steam bath

sala de convenciones (f)
conference room

joya (f)
jewellery

salón de belleza (m)
beauty parlour

3

Los toros: ¿barbarie o cultura?

El ingreso de España en la Comunidad Económica Europea en enero de 1986 puso otra vez sobre el tapete el controvertido tema de las corridas de toros. Dentro y fuera de España se alzan voces en contra de la llamada «fiesta nacional», por la crueldad que ella implica. Muchos otros, sin embargo –y no sólo españoles– defienden la tradición taurina y se oponen a cualquier legislación que la prohíba o limite.

La trágica muerte de un torero durante una corrida llevó a dos lectores de la revista Tiempo *a responder a un artículo publicado por ese semanario, que llevaba por título «Los toros: ¿barbarie o cultura?» Lee primero estos breves pasajes del artículo. Luego lee las cartas de los lectores.*

3i

tauromaquia (f)
bullfighting

salvajada (f)
a savage or brutal act

está empeñada en
it is engaged in

Los toros: ¿barbarie o cultura?

RITUAL HISPANICO

■ Desde que Fernando VII cerró la Universidad y abrió la Escuela de Tauromaquia, los españoles siempre se han dividido en dos: los que creen que no está aún lejano el día en que la cultura acabe con los toros y los que, por el contrario, piensan que son ya una forma de cultura popular; los que opinan que la fiesta sintetiza los valores de la raza, una actitud ante la vida, un rito religioso y una obra de arte, y los que ven sangre y tragedia, salvajada aburrida, tercermundismo y bajas pasiones.

■ Y la movilización ya ha empezado. En Londres, en el 106 de Jermyn Street, está la sede de la WSPA, la Sociedad Mundial para la Protección de Animales. Esta sociedad, con gran fuerza en Gran Bretaña, está empeñada en una campaña por los más variados medios de comunicación para disuadir a los turistas británicos de asistir a las corridas en ocasión de su visita a España.

■ Y no es sólo esta sociedad proteccionista la que ha adoptado esta postura, otras de Europa están realizando acciones similares. La poderosa Federación Protectora Alemana ha comenzado a lanzar en toda Europa el lema antitaurino «España sí; toros, no», llegando incluso a escribirle al Papa, quejándose al no recibir respuesta alguna, recordando, tal vez, cuando Pío XII condenó en 1950 «toda crueldad innecesaria a la hora de la muerte de un animal».

(Tiempo, Madrid, abreviado)

CARTAS
AL DIRECTOR

La fiesta nacional, en entredicho

La polémica sobre la fiesta nacional sigue siempre viva, sobre todo cuando la tragedia de la muerte de un torero golpea a todos, pues la muerte atroz de los toros diariamente durante la temporada parece que hiere menos la sensibilidad.

Aunque soy enemiga acérrima de las corridas de toros, considero que es intolerable que la UE, a la que tantas concesiones hemos tenido que hacer para que nos admita, sea la que termina de la noche a la mañana con una tradición de tanta raigambre en España. Creo que deben ser los españoles los que tomen una decisión y analicen lo que tiene de arte, de barbarie o de comercio el mundo de los toros, pero con un análisis de personas civilizadas, con la mentalidad que requiere el umbral del siglo XXI. **Briseida Florez**, Las Palmas.

Los toros: ¿barbarie o cultura?

El hecho de que el semanario *Tiempo* plantee la cuestión de si los toros son barbarie o cultura ya resulta sospechoso. A estas alturas y dedicando páginas enteras a la muerte de un matarife muerto por un animal al que él mismo había previamente torturado y matado, ¿no les da vergüenza?

Para dilucidar tan arduo y metafísico dilema ya han hecho incluso una encuesta y el alcalde predica la conveniencia de organizar un referéndum. ¡Como si en el país no hubiera asuntos más serios que resolver!

Ha sido un tinglado comercial miserable (aprovechar la muerte de un desgraciado para hacer propaganda torera; bien pagado, naturalmente). A finales del siglo XX, los españoles no tenemos más remedio que seguir preguntándonos, pobrecitos nosotros: los toros ¿son barbarie o cultura? **Enrique Blanque-Bel**, Marbella (Málaga).

(*Tiempo*, Madrid)

3ii

en entredicho
in question

ser enemigo acérrimo
to be a bitter enemy

de la noche a la mañana
overnight

de tanta raigambre
so deep-rooted

umbral (m)
threshold

a estas alturas
at this stage

matarife (m)
butcher, slaughterer

dilucidar
to solve

tinglado (m)
plot

desgraciado (m)
unfortunate person

ctividades

1 Comentario

(a) Observa lo que dice la autora de la primera carta:

«Aunque soy enemiga acérrima de las corridas de toros, considero que es intolerable que la UE, a la que tantas concesiones hemos tenido que hacer para que nos admita, sea la que termina de la noche a la mañana con una tradición de tanta raigambre en España. Creo que deben ser los españoles los que tomen una decisión...»

¿Estás de acuerdo con lo que dice la autora de esta carta? ¿Por qué sí/no? Comenta tu postura con un/a compañero/a, tu profesor/a o con el resto de la clase.

(b) ¿Qué opinas sobre el tono y contenido de la segunda carta? ¿Estás de acuerdo con lo que dice su autor? Expresa tu opinión al respecto.

corrida de toros (f)
bullfight

espectáculo (m)
show, spectacle

sufrimiento (m)
suffering

arraigada
rooted

aislado
isolated

punto de partida (m)
starting point

Palabras y frases útiles Act.3

Para expresar una opinión:
  (yo) creo/pienso/considero/
  opino que…
  a mi parecer/a mi juicio…
  me parece que…
Para manifestarse a favor de algo:
  estoy de acuerdo en que…
  me parece bien que…
  no veo por qué…
  no hay razón para…
Para manifestarse en contra de
  algo:
  estoy (totalmente/
  completamente) en contra de…
  no me parece bien que…
  no estoy de acuerdo con…
Para dar razones:
  ya que… /puesto que… /dado
  que… /porque…
  debido a… /a causa de…
Para referirse al tema:
  una tradición, una fiesta
  tradicional/nacional
  una diversión, un pasatiempo
  un acto de crueldad
  sufrir, el sufrimiento,
  experimentar sufrimiento

2 Escucha y responde

¿Las corridas de toros deberían suprimirse?
Escucha las opiniones de Carmen y Alvaro, dos españoles, sobre las corridas de toros y después responde a las preguntas.

(a) ¿Por qué piensa Carmen que el espectáculo de los toros debería prohibirse? Indica dos razones.

(b) ¿Qué expresiones utiliza Carmen para expresar lo siguiente? Escucha otra vez.

- no estoy a favor
- lo encuentro violento
- no se justifica de ninguna manera
- con indiferencia
- un espectáculo de este tipo

(c) Resume en tu propio idioma la opinión de Alvaro con respecto al espectáculo de los toros.

3 Debate

Divididos en grupos o con la participación de toda la clase, se abrirá un debate sobre la siguiente cuestión:

¿Deberían prohibirse las corridas de toros y todas las fiestas en que haya crueldad para con los animales, o se debería permitir que continúen, dado que representan una tradición y una forma de diversión?

Los estudiantes podrán expresar libremente sus propias opiniones al respecto, o bien adoptar, entre otros, los siguientes papeles:

A favor de la prohibición:
- Miembro(s) de la Sociedad Protectora de Animales.
- Uno o más profesionales, por ejemplo un/a psicólogo/a, un/a sociólogo/a, un/a profesor/a.
- Miembros del público en general.

En contra de la prohibición:
- Un torero.
- Un/a funcionario/a de la Secretaría de Turismo de España.
- Aficionado(s) a los toros.

4 Redacción

Escribe una carta a un periódico o revista de habla hispana sobre el tema de las corridas de toros manifestando tu postura acerca de esta fiesta tan tradicional en España y en algunos países hispanoamericanos.

4

Preparación biológica y psicológica del deportista

La práctica deportiva, especialmente a nivel profesional, requiere de una adecuada atención al estado físico y mental del deportista. Éste es el tema central de este artículo, que toca, entre otros, aspectos tales como la nutrición y las ayudas farmacológicas en la práctica de los deportes. Antes de leer el texto, comenta con un/a compañero/a o con el resto de la clase los aspectos que consideras clave en la preparación de un deportista. Considera, por ejemplo, factores como la edad, el tipo de alimentación, el peso de la persona, la frecuencia de la práctica deportiva, el tipo de deporte y los factores de riesgo a tener en cuenta, los períodos de descanso y relajación, etcétera. Luego, compara tus propias apreciaciones y las de tu compañero/a con lo que se expresa en el artículo.

Preparación biológica y psicológica del deportista

◆

La práctica deportiva ha dado lugar a una rama de la Medicina que se dedica a estudiar los efectos del ejercicio físico sobre el organismo humano. Al mismo tiempo el deporte de élite se ha convertido en un fenómeno social y económico de enorme magnitud y ello ha hecho entrar en juego el uso y el abuso de productos estimulantes, que pese a su prohibición federativa pueden ser adquiridos con gran facilidad.

El doping se ha convertido en una plaga que se combate cada vez con mayor severidad. Pero por otra parte, ante la necesidad de batir marcas y conquistar medallas, la exigencia de ayuda de atletas y entrenadores a la Medicina del deporte es cada vez mayor.

Lo que las distintas especialidades médicas pueden aportar al deportista de élite es un conjunto de medios que le ayuden a soportar largas y duras sesiones de entrenamiento, sin poner en peligro su salud. Estas ayudas, denominadas ergogénicas, son las nutricionales, las farmacológicas, las fisiológicas y las mecánicas.

El aspecto de la nutrición

El entrenamiento del deportista provoca necesidades de nutrición, al tener que reponer la base de la energía consumida, en cantidad y calidad. El atleta se debe recuperar físicamente para regenerar su capaci-

dad muscular, y para ello es necesario también el descanso correspondiente. En consecuencia, deben planificarse ciclos de entrenamiento, por días, semanas o meses, según el deporte. Y el esquema general debe contemplar el entrenamiento, la nutrición, la reposición muscular y el descanso.

Por lo general, el deportista no realiza nada de esto de la forma adecuada: suele sobreentrenarse y presentar carencias nutricionales, así que el primer paso es el de su educación dietética y deportiva, con el consiguiente cambio de hábitos. Suele echar mano de

4

batir marcas
to break records

entrenador (m)
trainer, coach

aportar
to contribute

reposición (f)
recovery

carencia (f)
deficiency

echar mano de
to make use of, resort to

procurar
to try

oligoelemento (m)
trace element

superar (una marca)
to break a record

reconocimiento (m)
medical examination

despachar
to get through

conllevar
to involve

derrumbamiento (m)
collapse

consagrar esfuerzos
to devote efforts

echar por tierra
to destroy, shatter

declive (m)
decline

suplementación de proteínas, como ayuda permitida, pero las proteínas de una dieta adecuada son más que suficientes para el atleta.

Los productos de farmacia

Antes de decidirse por las ayudas extras, es preciso realizar los estudios correspondientes para ver si el deportista tiene algún tipo de carencias, si los horarios de sus comidas son correctos y si recibe la dieta adecuada. Sólo entonces está justificada la ayuda farmacológica, debiendo procurar que la sustancia que se administre tenga más que demostrada su eficacia, ya que muchas, según se ha comprobado, lo único que hacen es llevar a cabo un efecto placebo (psicológico).

Las ayudas farmacológicas permitidas son las vitaminas, los minerales y los oligoelementos, pero siempre bajo control médico. Existe el peligro de suplementación cuando el deportista se sugestiona y las toma en exceso. Las vitaminas pueden llegar a ser tóxicas por megadosis y se han descrito casos de atletas tan adictos a la Vitamina C que cuando se les suprime llegan a presentar síndrome de abstinencia. Conclusión: este tipo de ayudas

deben ser prescritas por expertos y no conviene automedicarse.

La opinión del técnico

El estrés y las presiones a las que está sometido el deportista de élite hacen que éste pueda convertirse en un enfermo en potencia. El consejo de un médico y la ayuda psicológica que el atleta reciba pueden evitar muchos problemas. La entrada de la ciencia en el deporte ha provocado el actual y espectacular avance del mismo, pero hay que tener en cuenta que este progreso y continuo superar de marcas puede ocasionar transformaciones peligrosas en el organismo.

Someterse a un reconocimiento completo que indique los límites de cada persona antes de comenzar cualquier programa y un apoyo interdisciplinar médico a la hora de la administración de ayudas médicas puede evitar cualquier error.

La importancia de la psicología deportiva

Se acostumbra a proporcionar mucha preparación técnica y, sin embargo, la psicológica se despacha con un par de sesiones. El deporte de élite, por las presiones que conlleva, genera patologías psíquicas y neurosis en

participantes, entrenadores y directivos. Si se tiene en cuenta que una medalla de oro puede equivaler a unos beneficios de 200 millones de pesetas, se comprende el derrumbamiento del deportista que después de consagrar tremendos esfuerzos a su conquista ve cómo el no conseguirla echa por tierra sus ilusiones.

Otro aspecto importante es el declive del competidor de élite. El psicólogo debe ayudarle en su reincorporación a la vida habitual. Por ello, en el campo interdisciplinar, la psicología deportiva está obligada a jugar un gran papel.

Menos deporte de élite y más práctica popular

Los grandes enemigos del deporte son el exagerado mercantilismo que padece y el excesivo enfoque elitista que algunas prácticas deportivas tienen, en lugar de ser considerado como una saludable necesidad para cualquier ser humano. El apoyo psicológico es fundamental para superar determinadas situaciones extremas y la principal ayuda que se puede prestar es la información sobre nutrición, entrenamiento y descanso.

(Por J. G. M. Calín, *Revista de la Salud*, Madrid)

Actividades

1 Preguntas

Responde a estas preguntas en español.

(a) ¿Qué aspectos de la práctica deportiva habías ya considerado antes de leer el artículo? ¿Son similares o diferentes tus apreciaciones a las del texto?

(b) ¿Qué aspectos de la práctica deportiva mencionados en el artículo no habías tenido en cuenta antes de leerlo?

(c) ¿Qué dice el texto sobre el doping?

(d) ¿Qué cuidado debe tenerse con respecto a las ayudas farmacológicas, por ejemplo las vitaminas?

(e) ¿Qué presiones de orden psicológico conlleva la práctica del deporte de élite?

(f) ¿Qué ayuda puede proporcionar un médico al deportista? ¿Y un psicólogo?

2 Comentario

Comenta lo siguiente con un/a compañero/a, tu profesor/a o con el resto de la clase.

(a) ¿Qué deporte/s practicas o has practicado tú?

(b) ¿Qué preparación requiere la práctica de ese/esos deporte/s?

(c) ¿Qué disciplina requiere?

(d) ¿Qué consejo/s le darías a una persona que quisiera dedicarse a la práctica de ese/esos deporte/s?

(e) ¿Te gustaría ser un/a deportista profesional? ¿Por qué sí/no?

3 Así se dice

Toma nota de todos los verbos del texto que lleven la partícula se y escribe el infinitivo correspondiente cuando se trate de un verbo reflexivo.

Ejemplo: se dedica – dedicarse

4 Escucha y responde

Un día en la vida de María Cristina Cáceres

A continuación escucharás una entrevista con María Cristina Cáceres, una conocida nadadora española, sobre su vida diaria y la práctica de este deporte.

Primero estudia estas palabras y frases y después responde a las preguntas.

1 Responde a estas preguntas.

(a) ¿Qué importancia tiene la natación para María Cristina?

(b) ¿Qué hace ella entre las siete de la mañana y la una?

nadador (m)
swimmer

sobresale
it stands out

galardón (m)
reward, prize

aficionado (m)
amateur

entrenar
to train

ligero
light

campeonato (m)
championship

por nada del mundo
not for all the world

Act. 5

DNA
deoxyribonucleic acid

RNA
ribonucleic acid

en vísperas de
on the eve of

anticuerpo (m)
antibody

(c) ¿Qué hace después de la comida?
(d) ¿Qué hace normalmente después de las ocho de la noche?

2   *¿Qué oraciones se han usado en la entrevista para expresar lo siguiente?*

(a) Your name stands out as one of the best known.
(b) That doesn't mean that I neglect other aspects of my life.
(c) I don't usually eat bread.
(d) I usually have a fairly light lunch.
(e) I'll never become so famous.
(f) I wouldn't miss it for the world.

5 Traducción

Traduce a tu propio idioma el artículo siguiente.

EN LA INTIMIDAD DEL GEN

El deporte modifica la expresión de los genes. Ésta es una de las últimas teorías en torno a la influencia que una actividad permanente e intensa puede tener sobre el organismo.

Cada persona tiene un DNA como banco de información. Sus genes, de los cuales proviene toda la información, tienen su expresión a través del RNA. Ésta ejecuta las órdenes dadas por el banco.

El ejercicio, piensan los científicos, modifica la expresión de los genes a través del RNA. Esto se refleja de varias maneras, por ejemplo: los deportistas logran una mayor síntesis de sus proteínas, tienen mayor cantidad de glóbulos rojos juveniles, presentan una composición muscular distinta.

Pero esta información no adquiere carácter permanente. Varía en la medida en que disminuye o se suspende la actividad física. El ejercicio -dicen los fisiólogos- no funciona como una corporación de ahorros: no permite guardar ahorros ni ganar intereses a largo plazo.

Las investigaciones más recientes hacen alusión asimismo a la influencia del deporte en el sistema inmunológico. Científicos rusos afirman haber observado un incremento brusco en la aparición de enfermedades agudas y crónicas. Según ellos, los deportistas enfermarían hasta diez veces más que cualquier persona. En vísperas de competencia o en momentos de alta tensión, las probabilidades serían cincuenta veces mayor.

El estudio menciona la desaparición de anticuerpos e inmunoglobulinas. Advierte, sin embargo, que el fenómeno es pasajero. Durante los períodos menos intensos de entrenamiento las enfermedades se alejan.

(*El Tiempo*, Santafé de Bogotá, Colombia)

4 ART AND CULTURE

This section looks at Hispanic culture from a variety of perspectives: there are interviews with both Spanish and Latin American authors and Pedro Almodóvar, the Spanish film director. The legacy of Spain's varied history is considered, ranging from the role of Spanish as a world language to items representing the Moorish and Jewish aspects of Spain's past. It also looks at the links between the colonial period in Latin America with the present day. Finally there are surveys on popular culture and the theatre, reading habits, and the rise in the use of video.

Cultural background

The key episodes of Spain's extensive history are covered here – the *Reconquista* and *La Conquista*. The Moors arrived from North Africa in AD 711 and were to stay for nearly seven hundred years. They had a significant effect on many aspects of life in the Peninsula, ranging from trade and agriculture to patterns of urban life until their defeat at the hands of the *Reyes Católicos* and expulsion from their last stronghold in Granada. In the same year (1492) the Jewish population (more than 150 000 people) were expelled too, leaving to settle around the Mediterranean. Today half a million Sephardic Jews speak Ladino, a historical survival based on the Spanish of five hundred years ago. The voyages of discovery made by Christopher Columbus also began that year, and for a while Spain had the choice of expanding into North Africa or going in search of wealth in the New World. Places like Mexico and Peru yielded the gold and silver that the Spaniards wanted, but the real wealth lay in a far wider range of mineral resources, like copper in Chile or tin in Bolivia, and the farming activities that developed to support the mines. The Spaniards established major cities – the settlements in California, for example, pre-date the arrival of the Pilgrim Fathers on North America's east coast by almost a century. The colonial cities (founded up until the Wars of Independence broke out in the early nineteenth century) tended to be monumental in scope, built in a regular pattern with rectangular road systems with one or more squares at the heart with churches, cathedrals and government buildings. They were often set at an altitude of around 5000 feet above sea level to take advantage of the eternal springtime climate and less hazardous health conditions. Today many of these cities are being conserved as part of the region's heritage.

Publishing and the media

The other world legacy of the Spaniards, the language, has led to the development of a major publishing industry, with Madrid and Barcelona as the key centres in Spain, and Mexico City and Buenos Aires their counterparts in Latin America. Well over 40 000 new titles appear annually in Spanish, although this is only about two-thirds of the UK total. (Spain's regional languages are still much less represented: some 5000 titles a year in Catalan and just over 1000 in Basque.) Spanish literature is buoyant, with Nobel Prize winners on both sides of the Atlantic.

The Press (despite the apparently heady days of the transition years when papers like *El País* emerged) is in a less strong position. Spain did not go above the UNESCO minimum cultural limit of 100 newspapers sold per 1000 inhabitants until 1992, with an average circulation little more than ten per cent of that for newspapers in Britain. The launch of TV stations for regional languages in the 1980s (*Euskal Telebitza* in 1983 and TV3 in Catalonia in 1984) plus the appearance of seven TV channels in the space of three years up to the early 90s may also have contributed to this situation, and the growth of satellite TV will no doubt provide more competition for the attention of the public.

Control of the media after the Civil War was maintained by censoring stories before they went to press and by enforcing *consignas*, lists of items to emphasise or ignore, depending on the view of the government. In the face of prolonged criticism from abroad, the Spanish Press was directed to maintain public morale by a process of *triunfalismo* – only printing material with a positive slant. *Autocensura*, a process whereby the press would not attempt to print news which was sure to provoke official reaction, came in as part of the 1966 Press Laws (under the direction of Fraga Iribarne). Some publications, the leftist *Triunfo* for instance, deliberately challenged this, and *Cuadernos para el Diálogo* maintained a steady stream of serious and informed articles on items for public concern. Nonetheless, the Press regulations were strictly enforced and could be exceedingly severe, for despite some modifications, sanctions were harsher than before and used more readily: even the extreme right-wing *Fuerza Nueva* once had whole pages removed because of a piece referring to government corruption.

Spanish Cinema

Film has always played an important part in Spanish life, to a much greater extent than theatre. Censorship after the Civil War was not as complete or fierce as might be imagined: (Camilo José Cela was himself a censor in the 1940s, despite the sharpness of some his writing as in *La familia de Pascual Duarte*). Insistence on the use of Spanish materials actually encouraged the development of local films, even if quality suffered. General Franco (who used to watch a film every night) insisted on a 4:1 ratio of foreign films to local productions. The use of hidden parallels, alluding to the shortcomings of the Franco regime, developed some quite remarkable images. A greater sense of *apertura* is apparent from the late 60s and Spanish cinema has grown to a point where it has a strong international reputation.

Famous film-makers include the following (listed with their better-known films): Pedro Almodóvar (*¿Qué he hecho yo para merecer esto?* 1984; *Mujeres al borde de un ataque de nervios* 1988, *Tacones lejanos* 1991). Juan Antonio Bardem (*Muerte de un ciclista* 1955). José Luis Berlanga (*Bienvenido Mr Marshall* 1952; *El verdugo* 1964). Luis Buñuel (most of whose work was done in exile in France, the US and Mexico): *Viridiana* (1961); *Tristana* (1970). Víctor Erice (*Espíritu de la colmena* 1973). Carlos Saura (*La caza* 1965; *Peppermint frappé* 1967; *Cría Cuervos* 1975; *Bodas de sangre* 1980; *Carmen* 1983; *El amor brujo* 1986.)

Ésta es parte de una entrevista con Camilo José Cela, conocido escritor español de la posguerra, nacido en Galicia en 1916. Cela es autor de numerosas novelas, entre ellas La familia de Pascual Duarte *(1942), que marca el comienzo de un nuevo período en la narrativa española moderna. En esta entrevista con Federico Jiménez Losantos, realizada en 1986, cuando el escritor cumple los 70 años, Camilo José Cela recuerda su niñez y los comienzos de su vida literaria.*

Camilo José Cela: setenta años de mucha vida

1

está pegada a
it's right next to

quedó ciego
he was blinded

los contornos (m/pl)
outlines

repasemos
let's review

escribiente (m)
clerk

montón (m)
pile

expedientes (m/pl)
files

colmena (f)
beehive

chisme (m)
gossip

catira (f)
blonde (Venezuela)

no me avergüenzo
I'm not ashamed

Losantos   Usted nació en Iria Flavia, pero no vivía allí.

Cela   No, pero pasaba largas temporadas en la casa de mis abuelos, los ingleses. Bueno, mi abuela era italiana casada con inglés. Y siempre he vuelto allí, a Iria Flavia, que no es el nombre romano de Padrón, como algunos creen, sino una aldea que ahora, claro, está pegada a Padrón. Yo me siento, además, muy campesino. Es bueno ser de algún sitio.

Losantos   ¿Qué personajes de su infancia recuerda usted más?

Cela   Muchos, todos: mis abuelos, mis padres, mis tíos, sobre todo mi tío John Trulock. Fue uno de los fundadores de la RAF y era el héroe familiar. Quedó prácticamente ciego en la primera guerra mundial, por los gases, y pasaba seis meses en Canarias, porque, aunque casi no podía ver, allí distinguía las luces, los contornos, y otros seis meses en Galicia, y luego se iba en un barco de la Armada Real Inglesa. Muy romántico.

Losantos   ¿Cuáles fueron sus primeras lecturas?

Cela   Yo empecé con Buffalo Bill y Dick Turpin, y de allí pasé ya sin transición a leer a Ortega y la generación del noventa y ocho, a eso de los catorce o quince años.

Losantos   ¿Fue un lector precoz?

Cela   Lector precoz y escritor precoz, porque de muy joven ya escribía versos.

Losantos   Repasemos su obra. Todo empieza en mil novecientos cuarenta y dos, si no recuerdo mal, con *La familia de Pascual Duarte*. Un libro que tiene problemas para editarse.

Cela   ¿Por la censura dice usted?

Losantos   No, no, con la edición.

Cela   Ah, eso sí, que no encontraba editor. Vamos, que es que en aquella época no había editores, porque no había papel. Lo publicó Aldecoa en Burgos.

Losantos   Tuvo un éxito inmediato.

Cela   Pues sí. Y me sorprendió mucho, porque yo no pensaba ni editarlo. Lo escribí por entretenerme. Un amigo mío que se llamaba Jacobo me dijo: Publícalo, hombre, que eso está muy bien. Y lo publiqué. Pero por aquella época yo era escribiente del Sindicato Nacional Textil, o sea, el que estaba un poco por encima del portero. Mi oficina estaba en la cocina y era un montón de expedientes al que llamaban archivo.

Losantos   Después del *Pascual Duarte* viene *Pabellón de reposo*, que no tiene tanta fortuna.

Cela   Ningún éxito. Lo saqué en forma de folletón en *El Español*.

Losantos   ¿Y cuándo se decide a

Ortega: José Ortega y Gasset, Spanish philosopher and essayist (1883-1955)
Juan Ramón: Juan Ramón Jiménez, Spanish poet and Nobel Prize winner (1881-1958)

dedicarse profesionalmente a escribir?

Cela Siempre había querido ser escritor. Bueno, para ser exactos, yo no quería ser nada, no quería trabajar, pero quería escribir. Y me decidí del todo haciendo *El viaje a la Alcarria*.

Losantos Tras *El viaje a la Alcarria*, su obra más importante es *La colmena*, de la que ya se ha hablado y filmado mucho. Y, por cierto, hay un chisme a propósito de otra novela posterior, *La catira*. ¿Es verdad que le dieron un millón para escribirla?

Cela El dinero exacto no lo recuerdo, pero sí que me la encargaron con una sola condición: que la acción transcurriera en Venezuela.

Losantos ¿Cuál es el libro al que más cariño le tiene? ¿*La colmena*, quizá?

Cela *La colmena* lo que tuvo fue cinco redacciones, hasta la definitiva. Pero yo quiero a todos mis libros por igual. No me avergüenzo de ninguno, los reedito sin cambios. En mis obras completas no pasará como en las de Juan Ramón, que las cambiaba para modificar una coma; eso es pura histeria. Lo que sucede es que con el paso de los años lo que me interesa de la literatura es ya sólo el proceso de escritura. Que me hacen una edición bonita, y hay buenas críticas, pues mejor, pero lo que me gusta de verdad es escribir. Y todo libro trae algún lector...

(*Diario 16*, Madrid)

Actividades

1 Comprensión

(a) *¿Cuáles son las obras de Cela mencionadas en el texto?*

La familia de Pascual Duarte	Sí/No
El Camino	Sí/No
Si te dicen que caí	Sí/No
Oficio de tinieblas	Sí/No
La zapatera prodigiosa	Sí/No
Viaje a la Alcarria	Sí/No

(b) *¿Qué es lo que piensa Cela de las obras que él mismo menciona?*

2 Resumen

Escribe un breve análisis de cómo Cela ve la tarea de escribir.

3 Se dice así

Repite el párrafo que comienza «Pues sí. Y me sorprendió mucho...» cambiando todo a la tercera persona:
«... porque él no pensaba ni editarlo».

2

Carlos Fuentes

Carlos Fuentes es uno de los autores más insignes de la literatura latinoamericana. Es conocido por la variedad y originalidad estilística de su obra y por sus análisis de la vida (sobre todo urbana) de México y sus largos antecedentes históricos. Sus obras incluyen Los días enmascarados, La región más transparente, La muerte de Artemio Cruz, Las buenas conciencias, Cambio de piel, Terra nostra, Gringo viejo *y* Cristóbal Nonato. El espejo enterrado *es un buen ejemplo de los guiones que ha escrito para la televisión. Este artículo traza su carrera como escritor y analiza unos aspectos de sus obras.*

Ni gringo ni viejo

Ganador del Premio Cervantes en 1987, el escritor mexicano Carlos Fuentes recibe ahora el Menéndez Pelayo

V **2**

vivacidad (f)
liveliness

enmascarados (m/pl)
masked

resumen (m)
summary

museificado
fossilised

alejamiento (m)
distancing

guión (m)
script

espejo (m)
mirror

añadir
to add

tergiversar
to distort

endulzar
to sweeten

desaparición (f)
disappearance

vorágine (f)
vortex, whirlpool

reivindicar
to claim

trascendente
momentous

Cuenta Octavio Paz que en el verano de 1950 recibió en su casa de París a un escritor mexicano de 22 años que venía a saludarle y a mostrarle algunos de sus relatos juveniles. Su nombre era Carlos Fuentes y debió impactar al maestro que comentó la vivacidad de su inteligencia y su «valiente lenguaje literario». Algunos años más tarde ambos dirigirían en su país la colección literaria *Obregón*.

Esta anécdota ilustra los orígenes de uno de los escritores en lengua castellana más notables que ha dado el siglo. En 1954, con un conjunto de relatos titulados *Los días enmascarados* comenzaría su brillante carrera que estaría en primer plano del panorama literario a partir de la publicación en 1959 de su novela *Las buenas conciencias* y, sobre todo, de *La muerte de Artemio Cruz*, en 1962.

Figura fundamental, con García Márquez y Vargas Llosa, del llamado «boom de la literatura latinoamericana», siempre se ha mostrado reticente a considerar esta denominación como algo más que un slogan de marketing comercial. En unas declaraciones hechas a esta revista hace dos años decía: «La novela latinoamericana ya existía antes de esos años, los primeros 60. Lo único que demostramos los escritores que comenzábamos en aquel tiempo es que podíamos captar lectores en cualquier país del mundo y,

por tanto, vivir de nuestra profesión. Hasta entonces, los escritores eran burócratas que tenían que vivir a la sombra del Estado o en la más absoluta pobreza».

Es el mismo escritor el que recuerda que ya sus primeras obras, son «el resumen mítico y crítico de una revolución museificada y devastada por la corrupción». No es casualidad que tanto Carlos Fuentes como Octavio Paz fueran de los primeros que denunciaron ante la opinión pública internacional la matanza de estudiantes de la Plaza de las Tres Culturas del 2 de octubre de 1968, ordenada por el presidente Gustavo Díaz Ordaz.

Criticado frecuentemente por su alejamiento europeo de la realidad política y geográfica latinoamericana, Fuentes ha dejado constancia de su americanismo en producciones como la serie de guiones para televisión de *El espejo enterrado*, financiada por la sociedad estatal del V Centenario y por su sensata y ponderada, pero firme crítica a la celebración de este mismo V Centenario, del que ha dicho que «viene a conmemorar un genocidio y una terrible conquista, pero no hay que cerrar los ojos a ese aniversario ya que, al menos, nos da motivos para reflexionar sobre él». Y añadía: «Los actos correspondientes al V Centenario tienen que ser críticos y no beatos. No sirve para nada tergiversar o endulzar los hechos que

fueron. Lo mismo que no es conveniente desentenderse de la historia con la excusa de que no nos gusta».

Su novela de 1985, *Gringo viejo*, llevada posteriormente al cine, puede considerarse tanto como un reconocimiento a esa otra Norteamérica que se solidariza con las calamidades de su país, como una nueva mirada distanciada, crítica y tierna a la vez, a la revolución mexicana. La recreada aventura final del escritor Ambrose Bierce y su desaparición en la vorágine revolucionaria mexicana resume en buena medida muchos de los enfoques personales de Fuentes.

Desde su curiosidad hacia la cultura precolombina de los pueblos mexicanos, manifestada en la mencionada serie de *El espejo enterrado* hasta una de sus más recientes novelas, *Cristóbal Nonato*, y desde sus primeras reflexiones sobre el papel histórico de la burguesía en *La región más transparente* (1958) hasta *Terra nostra* (1975), la obra de Carlos Fuentes ha recorrido una gran cantidad de tipos, situaciones y clases sociales que han hecho de su producción una de las más interesantes de la novela en habla española. Las palabras protocolarias del jurado del Premio Menéndez Pelayo cobran así un significado especial: «En atención a su trascendente obra en el campo de las letras iberoamericanas y su proyección contemporánea e histórica...»

(*Cambio16*, Madrid)

Octavio Paz (n. 1914)
Poeta y ensayista mexicano que sirvió también como agregado cultural de su país. Autor de *Laberinto de la soledad*, apologia poética del carácter mexicano, y colecciones de poesía como *El arco y la lira* y *Peras en el olmo*.

Gabriel García Márquez (n.1928)
Novelista y cuentista colombiano, entre cuyas obras se destacan *La hojarasca*, *El coronel no tiene quien le escriba*, *Los funerales de la mamá grande*, *El general en su laberinto* e *Historia de un secuestro*. Periodista profesional, ha vivido la mayor parte de su vida fuera de su país, sin olvidar la gran influencia que éste ha tenido en su obra. *Cien años de soledad* contribuye enormemente al desarrollo «del realismo mágico» como tema en la novela y cuento latino-americanos.

Mario Vargas Llosa (n.1936)
Escritor de origen peruano. Sus novelas captan por excelencia los contrastes y complejidades de la sociedad peruana a todos los niveles, sobre todo en Lima, pero en diferentes regiones del país también. Autor de *La ciudad y los perros*, *La casa verde*, *Conversación en la catedral*, *Pantaleón y las visitadoras*, la semi-biográfica *Tía Julia y el escribidor*, *Historia de Maita* y *¿Quién mató a Palomino Molero?* Ha sido candidato presidencial en el Perú, pero se ha nacionalizado español y vive en el extranjero.

Actividades

1 Preguntas

Responde a estas preguntas en español.

(a) ¿En qué año salieron estos libros de Carlos Fuentes?

- Terra Nostra
- La región más transparente
- La muerte de Artemio Cruz
- Gringo viejo

1959   1973   1985   1958   1975   1962

(b) ¿A qué obras de Fuentes, de las incluidas en la lista, se refieren estas críticas?

(1) «El resumen mítico crítico de una revolución museificada»
(2) «Viene a conmemorar un genocidio y una terrible conquista»
(3) «Se solidariza con las calamidades de su país»

- Sus primeras obras
- El V Centenario
- Gringo viejo
- La muerte de Artemio Cruz

(c) Describe brevemente el significado de *El espejo enterrado* y *Gringo viejo*.

(d) ¿Cómo se puede describir en forma breve la producción literaria de Carlos Fuentes?

2 ¿Verdadero o Falso?

Corrige las afirmaciones falsas.

(a) Octavio Paz y Carlos Fuentes se conocieron en 1950.
(b) Fuentes ha escrito slogans para el marketing comercial.
(c) Hubo una exposición cultural en la Plaza de las Tres Culturas el mes de octubre de 1968.
(d) Carlos Fuentes tuvo su aventura final con Ambrose Bierce.
(e) Las publicaciones de Carlos Fuentes son interesantes por la variedad de situaciones y clases sociales representadas.

3

Una entrevista con Pedro Almodóvar

Pedro Almodóvar es uno de los cineastas españoles más conocidos y apreciados en el extranjero por el humor negro de sus películas y por el estudio tanto irónico como cariñoso de la situación de la mujer en la España de hoy. En esta entrevista el autor de éxitos de taquilla como Matador, Mujeres al borde de un ataque de nervios *y* Tacones lejanos *habla de su vida y obra desde una perspectiva personal.*

V 3

se llevan el gato al agua
they bring it off

bicho (m)
creature

en absoluto
certainly

padecer de
to suffer from

empapar
to soak

lo cotidiano
everyday matters

acosado
pestered

tabla de salvación (f)
last resort

«*Debo resultar irresistible para la gente que está loca*»

–¿Está cansado de que le digan que hace un cine de mujeres?

–Es cierto que en mis películas abundan las mujeres y son las que se llevan el gato al agua; los grandes personajes de mis pelis son femeninos. Salvo excepciones como en *Atame* o *Matador*. El universo femenino me interesa más que el masculino y lo desarrollo en el cine. Lo que ocurre es que como debo ser de los pocos directores que habla de mujeres, eso me convierte casi en un bicho raro, cuando creo que debería ser al contrario, es decir, plantear por qué los otros directores escriben tan pocos papeles femeninos. Hay muy pocas películas de mujeres, sobre mujeres, salvo magníficas excepciones como *Thelma and Louise*.

–¿Le habría gustado ser mujer?

–No, en absoluto. Creo que no hace falta preguntarse sobre la femineidad o la masculinidad, ni demostrarlo; es algo que se es o no se es. No hay que darle muchas vueltas. Yo me veo como un hombre y no me veo de otro modo.

–¿Cuándo rueda se entera algo de lo que ocurre a su alrededor?

–¡Qué va!, no me entero de nada. El trabajo de dirigir una película es lo más alienante del mundo. Cuando estábamos rodando *Tacones lejanos* mi hermano me decía que el mundo entero estaba cambiando (por ejemplo, cuando se produjeron los cambios en la Unión Soviética) y veía que allí no nos enterábamos. Y es verdad, se puede hundir el mundo y tú no te enteras.

–¿Le ocurre lo mismo cuando escribe?

–Todo lo contrario. Cuando escribo necesito empaparme de la realidad y de lo cotidiano porque eso es lo que me inspira. Necesito leer el periódico, ver la televisión, saber qué ocurre con los partidos políticos, ir al cine y hablar con mis amigos.

–¿Es una persona con muchas contradicciones?

–Tengo, tengo. Es más, en muchas facetas de mi vida tengo reacciones paradójicas. Por ejemplo, y esto parece un chiste, pero es absolutamente cierto, yo tengo vértigo, probablemente porque por un oído no oigo, y a la vez padezco de claustrofobia, con lo cual necesitaría, al ser claustrofóbico, estar en sitios abiertos, en un piso treintaitantos con el horizonte abierto delante de mí. Sin embargo, al tener vértigo no puedo estar en sitios altos ni abiertos porque me tiro directamente. Y eso es una absoluta contradicción ya que no hay ningún lugar para mí. Vivo en una pura contradicción física.

–¿Se ha sentido alguna vez acosado por algún desconocido que se le haya acercado?

–Sí, sí... Yo debo tener un atractivo irresistible para toda la gente que está loca o que tiene serios problemas mentales. Da la impresión de que les vas a solucionar la vida y que eres su única tabla de salvación, pero eso no es cierto y creo que es injusto, tanto para ellos como para mí.

Mari Pau Domínguez (en *Cambio16*, Madrid)

 **Act. 3**

cineasta (m)
film-maker

director de cine (m)
film director

guionista (m)
script-writer

guión (m)
script

película (f)
film

película de corto metraje (f)
short film

película de largo metraje (f)
feature-length film

rodar una película
to shoot a film

pasar una película
to show a film

estrenar
to show for the first time

éxito de taquilla (m)
box-office hit

Actividades

1 Preguntas

Responde a estas preguntas en español.
(a) ¿Qué dice con respecto al papel de la mujer en sus películas?
(b) ¿Cómo reacciona cuando está rodando una película?
(c) ¿Por qué piensa él que es una persona con muchas contradicciones?
(d) ¿Por qué, piensa, se le acerca la gente?

2 Se dice así

Nota la variedad de frases afirmativas en la entrevista.
- el caso es que
- de hecho
- claro que
- es cierto que
- lo que ocurre es
- es más

La entrevista tiene también un tono ligero e irónico. Toma nota de las frases que indican esto.

3 Cara a cara

Se supone que a ti te gusta el cine y quieres explicarle a un/a compañero/a de clase el porqué, utilizando frases afirmativas como las que aparecen en la lista anterior.

4 Resumen

Pedro Almodóvar es una figura importante en el cine español de hoy. Resume el contenido de la entrevista.

5 Escucha y completa

¿Te gusta el cine?
Escucha estas entrevistas en la calle sobre el tema del cine de hoy y las películas más populares.

Rellena el cuadro siguiente:

Cineasta preferido _____

Películas mencionadas _____

Si la película es buena/mala _____

Por qué le gusta/no le gusta _____

Arabes y judíos en España

El año 1992 no fue un aniversario de importancia sólo para el Nuevo Mundo. El V Centenario también conmemora la derrota de los moros y la expulsión no sólo de éstos sino también de los judíos, los moros con la toma de Granada en el mes de enero de 1492 y los judíos con la expulsión de éstos en el mes de agosto del mismo año. Tanto la cultura árabe como la cultura hebrea alcanzaron altos niveles de desarrollo durante una presencia de más de siete siglos en la Península Ibérica, en áreas tan diferentes como el comercio, la agricultura o la literatura. La riqueza del patrimonio cultural de la península ibérica proviene en gran parte de la difusión de tres culturas muy distintas.

LOS TESOROS DE AL ANDALUS SE EXPONEN EN LA ALHAMBRA DE GRANADA

Riqueza cultural del arte islámico español

 4i

expolio (m)
pillaging

legado (m)
legacy

arquitectónico
architectural

admirados
astonished

percances (m)
setbacks

nazarí
Nasrid (Arab dynasty that ruled Granada from the 13th to 15th centuries)

hiatos (m/pl)
gaps

apogeo (m)
peak

casco de parada (m)
parade helmet

pomo (m)
pommel

empuñadura de marfil (f)
ivory hilt

Circunstancias políticas adversas y la dispersión, en ciertos casos a causa de expolios históricos, de las obras correspondientes a los casi 800 años de presencia árabe en España (del 711 al 1492) han impedido un mejor conocimiento del arte hispanomusulmán. Según los historiadores, España no fue consciente del legado que poseía, sobre todo arquitectónico, correspondiente a esa amplísima época, hasta que los viajeros románticos del siglo XIX no escribieron admirados sobre ellos.

El Metropolitan Museum de Nueva York y el Patronato de la Alhambra, con el patrocinio del Banco Bilbao Vizcaya, reunirán por primera vez en el palacio real nazarí 130 piezas procedentes de 15 países y de 70 instituciones de todo el mundo, bajo el título *Al Andalus: las artes islámicas en España*. Las obras provienen de los lugares más insospechados – Rusia, Oriente Próximo, Marruecos, Nueva York, Italia... y la búsqueda ha sido tan minuciosa que según los expertos españoles será posible contemplar piezas de las que sólo había constancia por escrito y que pudieron estar originariamente en la capital de los Omeyas.

Durante los ocho siglos que permanecieron los árabes en la Península hubo muchos percances políticos y el arte mismo evolucionó extraordinariamente, pero hasta hace pocos años no ha sido posible reconstruir sin hiatos el gusto artístico que va desde el período califal al de los reinos de taifas (siglo XI), y desde la invasión de los almohades y los almorávides (siglos XI y XII) hasta el apogeo de la dinastia nazarí y la expulsión del último de ellos, Boabdil el Chico, de quien, por cierto, se mostrarán dos objetos que supuestamente le pertenecieron: un casco de parada y una espada de pomo redondeado y empuñadura de marfil. Una de las características comunes a los objetos que serán exhibidos en Granada entre el 19 de marzo y el 7 de junio es que fueron concebidos más como objetos utilitarios que como obras de arte llamadas a perdurar. Fue una Edad Media muy distinta a la vivida en Europa. Frente al oscurantismo feudal europeo, los musulmanes de al-Andalus –término con que bautizaron al territorio peninsular conquistado y que quizá derive del nombre beréber dado a los vándalos– crearon un arte exuberante, colores vivos «que representan aspectos del paraíso islámico que, a semejanza de un jardín, describe el Corán», dice Jesús Bermúdez, arqueólogo adscrito al Patronato de la Alhambra.

(El País, Madrid)

4ii

millar largo (m)
a round thousand

litoral (m)
shore

LOS JUDIOS NO SE FUERON

Tras la expulsión en 1492, la cultura judía permaneció en España durante cinco siglos. Dentro de la comunidad judía los actos conmemorativos de 1992, englobados bajo el título Sefarad'92 no se vieron como conmemoración, con lo que eso supone de celebración, sino como un verdadero reencuentro.

La comunidad judía de Madrid es actualmente una de las mejor organizadas dentro de España. Hay un servicio religioso diario, patrocina un colegio en el que se imparten clases especiales de judaismo, posee su propio cementerio en Hoyo de Manzanares, tiene cerca de la sinagoga dos carnicerías kosher en las que se expenden además otros productos elaborados como mandan las leyes de esta religión. Además, mantienen perfectamente organizada la ayuda a necesitados o ancianos judíos que viven en residencias, organizan cursos de verano y seminarios con otras comunidades judías.

En total, son unas 600 las familias integradas en la comunidad madrileña, es decir, unas 2.500 personas censadas, si bien se piensa que puede haber un millar largo de recién inmigrados (sudamericanos sobre todo) que no mantienen contacto con la comunidad. Tras Madrid y Barcelona, la comunidad judía de la Cos-ta del Sol es la más importante actualmente en España. En Málaga deben ser unos 3.000, y otros tantos más repartidos por todo el litoral. Tienen sinagoga en Málaga, en Marbella y en Torremolinos (esta última es una comunidad exclusivamente anglófona). Con menor número de individuos siguen las de Melilla (unos 800), Ceuta (unos 400) y existen otras comunidades menores en Palma de Mallorca, Sevilla, Tenerife y Valencia.

Leonardo Paso (adaptado de *Cambio16*, Madrid)

4iii

a lo largo de
throughout

judería (f)
Jewish quarter/ghetto

herencia (f)
heritage

cábala (f)
secret, traditional Jewish lore

cabalista (m)
member of a cab(b)al

florecer
to flourish

cabalística
cabalistic

Edad Media (f)
Middle Ages

sefardí
Sephardic

papel didáctico (m)
teaching role

Sefarad – la España de los judíos

Para la comunidad judía el año de 1992 no fue una conmemoración sino más bien un verdadero reencuentro, recordando las palabras del Rey Juan Carlos quien había dicho que se echó de este país a unos ciudadanos españoles.

A pesar de la expulsión son muchos los vestigios que la cultura judía dejó en España y que han permanecido vivos a lo largo de todos estos siglos. Aún pueden admirarse algunas sinagogas históricas y numerosas juderías. Pero hay dos ciudades, dos centros importantísimos del pasado judaico que de alguna manera, con su herencia y con sus iniciativas, se han erigido en centros de gravedad del judaísmo: Gerona y Toledo.

En Gerona, el *call* o barrio judío es actualmente uno de los mejor conservados de Europa. En el año 1975, el ayuntamiento abrió el llamado *Centre Isaac el Cec* – en recuerdo de un cabalista de origen provenzal – en el lugar donde estuvo la tercera y última sinagoga de Gerona. Este centro simbolizaba la existencia en la ciudad de una comunidad rica y culta que llegó a contar con un millar de miembros y donde floreció una de las escuelas cabalísticas de la Edad Media.

La judería de Toledo es otra de las mejor conservadas. La calle del Ángel divide la judería alta de la judería baja, donde se encuentran las sinagogas del Tránsito y Santa María la Blanca (hubo diez en el siglo XIV) y restos de unos baños rituales.

Para los judíos, esta sinagoga del Tránsito es todo un símbolo de su pasado esplendoroso: figura en Israel como una de las tres grandes sinagogas históricas de todo el mundo. Junto a la sinagoga hay un museo sefardí que también está en proceso de remodelación. El museo tiene un papel didáctico ya que el 80 por ciento de los visitantes son españoles y solamente un 5 por ciento judíos.

Leonardo Paso
(adaptado de *Cambio16*, Madrid)

Actividades

1 Redacción

Escribe un ensayo de tipo comparativo sobre las relaciones históricas y culturales entre España y el mundo musulmán, utilizando los textos que aparecen aquí y en las páginas 22, 23, y 25.

2 Informe oral

¿Qué es lo que se recomienda a los visitantes?

> Para evitar la concentración de visitantes en las salas de la Alhambra, los organizadores han ideado un curioso sistema de visita consistente en que las entradas se venderán el día de su utilización y el público tendrá que especificar la hora de visita, que se producirá cada 30 minutos, entre las 9 y las 21 horas. El circuito de la exposición es distinto al de la visita ordinaria del monumento.

3 Traducción a la vista

Lee el texto «Los judíos no se fueron». Traduce a tu propio idioma el párrafo que empieza «En total, son unas 600...»

4 Se dice así

Observa el uso de adverbios y expresiones de tiempo en estos textos, por ejemplo en Los tesoros de Al Andalus*:*
- los casi 800 años de presencia árabe
- hasta hace pocos años
- desde... hasta...

Haz una lista de otras palabras y frases similares que aparezcan en los textos anteriores.

Ahora clasifica los siguientes adverbios y expresiones de tiempo bajo las categorías (a) pasado (b) presente (c) futuro.

- ahora
- en la actualidad
- pasado mañana
- hoy en día
- dentro de poco
- anteayer
- hoy
- en breve
- hace mucho tiempo
- en el futuro

- pronto
- actualmente
- la semana que viene
- ayer
- dos años atrás
- en aquel tiempo
- próximamente
- recientemente
- en tres meses más

La Alhambra de Granada

5 Presentación oral

Explica en qué consiste la base histórica de la comunidad judía en España y cómo es hoy en día.

5

La ciudad colonial en América Latina

Los artículos que forman parte de las actividades que siguen informan sobre varios aspectos de la fundación de las ciudades coloniales en América y los daños causados por los cambios urbanos en los años recientes.

ctividades

1 Traducción oral

Lee estos párrafos sobre la construcción de las ciudades coloniales en América y traduce a la vista.

Act. 1

propios y extraños
their own people and others

quedarse
to remain

Act. 2

arrasar
to demolish

desaparición (f)
disappearance

conjuntos urbanos (m/pl)
urban centres

vivienda (f)
housing

bienes muebles (m)
personal property

escultura (f)
sculpture

orfebrería (f)
gold and silverwork

La ciudad colonial en América Latina

Una de las grandes contribuciones de España a la América Latina de hoy son las ciudades coloniales. En todos los países se ve la influencia de los primeros pobladores europeos y la organización administrativa de la época colonial. Se han conservado muchos aspectos artísticos de aquellos tiempos, aunque hoy en día muchas ciudades han cambiado radicalmente como consecuencia del proceso de modernización y la presión demográfica.

En los primeros 80 años de presencia española en América se fundaron más de 250 ciudades, controlándose un territorio de casi 20 millones de kilómetros cuadrados, desde el paralelo 30 de latitud Norte al paralelo 35 de latitud Sur.

Se fundaba y se edificaba antes que nada por obligación y por derecho. Por obligación frente a la Corona y por derecho frente a los demás, propios y extraños (sobre todo propios). Pero también se fundaba y se edificaba para existir, para ser vecino de una ciudad, para satisfacer ambiciones, para evangelizar... En definitiva, los españoles fundaban y edificaban para quedarse y formar parte de las tierras descubiertas. Este espléndido patrimonio común, tan irrenunciablemente nuestro, presenta un crecimiento físico y demográfico relativamente lento hasta casi los años cincuenta de nuestro siglo.

María Luisa Cerrillos
(en *El País*, Madrid)

2 Comentario

Ahora estudia este artículo que comenta los daños causados por los cambios urbanos en diferentes países de América Latina en los años recientes. Comenta las medidas propuestas y adoptadas para resolver esta situación.

Recuperar el pasado

Es a partir de esta década cuando se produce una ruptura entre las ciudades y sus centros. El progreso de los años sesenta arrasa con la armonía y el respeto de las distintas épocas históricas, desarrollando en poco más de 15 años un proceso de sustitución, demolición y ruptura que conduce en muchos casos a la desaparición total de los centros históricos de las ciudades (como en el caso de Caracas) o a la mutilación grave, y en muchos casos irreversible, de sus conjuntos urbanos (Lima, Bogotá, El Salvador, etcétera).

Esta realidad preocupante, y el convencimiento de que el patrimonio histórico es, además de un bien cultural un derecho prioritario de la sociedad, y que la protección y recuperación de este derecho es una obligación que debemos compartir y un camino perfecto para recorrerlo solidariamente, para identificar nuestras propias raíces y para aprender a reconocernos, es, en su esencia, el origen del Programa de Preservación del Patrimonio Cultural de Iberoamérica.

El programa, realizado conjuntamente con la Agencia Española de Cooperación Internacional, la Dirección General de Bellas Artes y Archivos, la Dirección General de Relaciones Culturales y el Instituto Nacional de Empleo, desarrolla en la actualidad tres grandes líneas de trabajo que se complementan y apoyan entre sí: revitalización de centros históricos, restauración de monumentos y escuelas taller. Se incorporará también, a lo largo del proceso, la financiación de aquellas obras y proyectos concretos de revitalización de edificios históricos y espacios urbanos que atiendan a las necesidades de equipamiento colectivo de cada núcleo histórico, con el fin prioritario de mejorar la calidad de vida del conjunto, viviendas, dispensarios médicos, centros culturales, mercados, plazas, parques. Hasta la fecha, todas las instituciones españolas han destinado 1,77 millones de pesetas a los programas de revitalización y restauración, interviniendo en más de 59 obras en 17 países de Iberoamérica, generando una inversión local por parte de las instituciones iberoamericanas de 1,1 millones de pesetas en otras treinta obras más.

Los planes de rehabilitación integral han dado lugar a 13 oficinas de centro histórico en las que trabajan en la actualidad 160 profesionales iberoamericanos, de los que aproximadamente 100 son técnicos superiores (88 arquitectos), y el resto, técnicos de apoyo. Los trabajos de restauración de monumentos responden a intervenciones sobre edificios aislados de indiscutible valor, generalmente de uso religioso o institucional, que en muchas ocasiones a su importancia como edificios históricos añaden valiosas colecciones de bienes muebles (pintura, escultura, orfebrería, etcétera), que también son objeto de restauración, realizándose intervenciones en 13 países, con un total de 28 obras: misiones jesuíticas (Argentina y Paraguay), convento de San Francisco de Popayán (Colombia), convento de San Francisco (Quito, Ecuador), templo número I de Tikal (Guatemala), casona de San Marcos (Lima, Perú), etcétera, estando previsto iniciarse seis obras más en cuatro nuevos países (Cuba, Honduras, Uruguay y México).

(*El País*, Madrid)

---

3 Resumen oral

Lee este informe sobre la creación de talleres en América Latina para conservar el patrimonio histórico. Explica en qué consiste el proyecto.

Patrimonio y conservación

En noviembre de 1990, el Ministerio de Trabajo y Seguridad Social, a través del Instituto Nacional de Empleo (Inem), y la Secretaría de Estado, a través de la Agencia Española de Cooperación Internacional y el Quinto Centenario, firmaron un convenio de cooperación para la puesta en marcha en Iberoamérica de un programa de escuelas taller de similares características al que funciona actualmente en España.

La identidad de criterios frente a la protección del patrimonio y el complemento de los objetivos del programa de preservación del patrimonio cultural de Iberoamérica y el programa de escuelas taller en Iberoamérica, la incorporación solidaria del Inem y su apuesta decidida por las escuelas taller en Iberoamérica nos van a permitir poner en marcha, sobre nuestro programa de obras, 17 escuelas taller, que darán formación a 1.256 alumnos iberoamericanos, enseñándoles a trabajar en oficios relacionados con la recuperación del patrimonio –albañilería, forja, pintura, cantería, carpintería, etcétera– con una inversión por parte del Inem de más de 2,1 millones de pesetas en los tres años de vida previstos para las escuelas. Las escuelas taller actualmente en marcha están localizadas en León (Nicaragua), Ciudad Bolívar (Venezuela), San Juan y Ponce (Puerto Rico), Santiago (Chile), Asunción (Paraguay), João Pessoa (Brasil), Quito I y II (Ecuador), La Habana (Cuba), Cuzco y Lima (Perú), Antigua (Guatemala), Potosí (Bolivia), Cartagena de Indias (Colombia), Portobelo (Panamá) y México (México).

(*El País*, Madrid)

Act. 3

convenio (m)
agreement

puesta en marcha (f)
launch

taller (m)
workshop

albañilería (f)
bricklaying

forja (f)
foundry work

cantería (f)
stone cutting

inversión (f)
investment

Traduce a tu propio idioma este trozo de un discurso pronunciado en la inauguración de un taller en Santiago de Chile patrocinado por este proyecto.

Act. 4

encuentro (m)
encounter

patrimonio cultural (m)
cultural heritage

lazos personales (m/pl)
personal links

exigir
to demand

valioso
worthwhile

Sumergidos por fin en esta conmemoración, encuentro, descubrimiento, celebración, coincidencia, todos los que hemos puesto lo mejor de nosotros mismos para dar forma y consolidar el programa de preservación del patrimonio cultural de Iberoamérica tenemos muy claro que el 92 ha sido una espléndida excusa para organizar un equipo de trabajo compacto y solidario, comprometido por profundos lazos personales con el patrimonio y con nuestros compañeros de Iberoamérica, que exigen de nosotros mucho más que nuestra dedicación como técnicos, convencidos del gran valor de lo que estamos haciendo, y dispuestos todos a seguir trabajando en el futuro en este valioso proyecto.

(*El País*, Madrid)

5 Cara a cara

¿Por qué conservar los vestigios de un pasado colonial? Presenta una de estas opiniones opuestas:

Opinión A
- Restos de un pasado glorioso
- Un hecho histórico. Hay que aceptar el pasado
- Patrimonio cultural
- Forma parte de la historia de la nación
- Hay que conservar el medio ambiente

Opinión B
- Un estorbo al progreso
- No hay que vivir en un museo
- Las necesidades urbanísticas de la vida moderna
- Lo que quiere la gente en realidad

Santiago de Chile

6 Redacción

Escribe un ensayo de unas 300-350 palabras sobre el tema de La Ciudad en América Latina, sus raíces históricas y los problemas urbanísticos de hoy.

6

La lengua también es patrimonio cultural

La lengua también es patrimonio cultural. Las lenguas de las llamadas autonomías históricas, o sea el vascuence y el catalán, han adquirido mucho prestigio aunque más a nivel regional que nacional o internacional. El Documento de Valladolid pretende reconocer el estatus del español como lengua de difusión mundial. El segundo texto conmemora la publicación en 1492 de la primera gramática española.

EL DOCUMENTO DE VALLADOLID

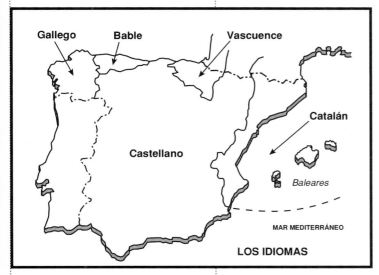

La lengua española es el mayor tesoro que, compartido por una veintena de naciones, permite entenderse a más de cuatrocientos millones de personas.

Es la fuerza que da cohesión, que aglutina y hace sentirse próximos a seres de varios continentes, de muy diversos pueblos, pareceres y mentalidades; a gentes que piensan, sienten y viven en español.

La convivencia en numerosas variedades muestra creciente vitalidad y es garantía de unidad y de entendimiento entre todo el mundo hispánico.

Una lengua que se ha formado y forjado a lo largo de su compleja historia en contacto con otras, entre razas y pueblos distintos de una y otra orilla del Atlántico –ése ha sido su sino– enriqueciéndose de ellas y enriqueciéndolas, ha aprendido a convivir respetuosamente con los demás. Y ésa ha de seguir siendo su trayectoria: respetar y ser respetada, convivir con las otras lenguas y unir a las gentes y a los pueblos.

Ineludible obligación de todos los hispanohablantes es cultivar con esmero este patrimonio, perfeccionarlo, potenciarlo y difundirlo por todo el mundo.

Inexcusable parece programar unas sólidas y coordinadas planificaciones lingüísticas en todo el ámbito hispanohablante que impulsen su difusión.

Una lengua como la nuestra, de las más habladas, ha de ser oficial de derecho y de hecho en todos los foros y organismos internacionales.

Debe incrementarse la difusión del español donde no sea lengua nativa, así como la dedicación a su estudio y conocimiento.

Háganse campañas importantes de expansión del español. Créense más centros e instituciones eficaces que lleven nuestra lengua por todo el mundo y apoyemos los ya existentes.

Foméntense las publicaciones en español.

Procuremos entre todos reafirmarla como prestigiosa lengua de cultura, como medio de intercambio científico y económico y de comunicación internacional.

Cuiden los medios de comunicación su expresión lingüística, pues son espejo en que se miran muchos hablantes.

Procuren los Gobiernos la enseñanza y la difusión de la lengua española como importante recurso económico.

Y, ante todo, hagamos que nuestra lengua común refuerce, más allá de las palabras e intenciones, la unión y cooperación entre los pueblos de habla española. Valladolid y Castilla y León se sienten orgullosas de su lengua y convocan al mundo hispánico a honrar sus raíces.

(El País, Madrid)

1 Se dice así

Observa el uso del subjuntivo para formar el imperativo para poner en marcha una acción:

Procuremos entre todos reafirmarla como prestigiosa lengua. Cuiden los medios de comunicación su expresión lingüística.

Y nota también cómo se agrega el pronombre reflexivo:

Foméntense las publicaciones en español.

Hay otras formas también para expresar lo que se debe hacer:

Ha de seguir siendo su trayectoria. Una lengua como la nuestra... ha de ser oficial de derecho. Debe incrementarse la difusión del español.

Además hay varias formas estilísticas que expresan también necesidad o una acción que hay que seguir:

Ineludible obligación es cultivar este patrimonio. Inexcusable parece programar unas sólidas y coordinadas planificaciones lingüísticas.

2 Preguntas

(a) ¿Qué es lo que pretende hacer el Documento de Valladolid?
(b) ¿Quiénes lo han expedido?
(c) ¿Qué es lo que se propone a nivel internacional?
(d) ¿Qué se debe hacer en los países de habla no nativa?

3 Resumen

Explica brevemente por escrito (entre 90 y 100 palabras) la importancia de la Gramática de Nebrija en el desarrollo del español como lengua mundial.

Act. 3

imprenta (f)
printing press

editar
to publish

catedrático (m)
professor

fraile (m)
friar

eje (m)
axis

tirada (f)
print run

aislamiento (m)
isolation

acotación (f)
note in the margin

puño y letra
handwriting

El otro descubridor

Hace 500 años se publicó la primera «Gramática Española» de Antonio de Nebrija.

En 1492 España descubrió un nuevo mundo; ese año, el 18 de agosto, en una imprenta de Salamanca, la lengua española descubrió su primera gramática, la de Antonio de Nebrija, que era también la primera que se editó sobre las lenguas romances (neolatinas) que se hablaban en el viejo continente.

«Quinientos años después, el único hecho que no se discute de aquella época en España y América es nuestra lengua común,» dijo Antonio Roldán, catedrático de lingüística general por la Universidad de Murcia. «La Gramática de Nebrija sirvió como norma gramatical a los frailes españoles para describir y conservar las lenguas amerindias, desde el quechua al aymará, que se encontraban a su paso. La espada, la cruz y el idioma, los tres ejes de la colonización hispana en las Américas.»

Antonio Quilis, encargado de la transliteración, o sea la traducción, de la edición especial de la Gramática que se publicará en una tirada facsímil, sostiene que hoy no puede hablarse de un mejor español acá o allá por el otro lado del Atlántico. «Los arcaísmos que se conservan en América son legítimos y obedecen al aislamiento de amplias regiones.»

El libro de referencia para la nueva edición viene de la Biblioteca Colombina de Sevilla que donó Hernando Colón. El libro se conserva íntegro y en perfecto estado, con una inmejorable calidad en su letra gótica y con acotaciones de puño y letra del propio Hernando Colón. *(El País, Madrid)*

La cultura popular

Al parecer, los españoles gozan de una vida cultural muy amplia y rica. El teatro es popular, sobre todo en Madrid y Barcelona, el cine es un elemento primordial en la vida social de muchos españoles, y hay librerías y galerías de arte no sólo en las ciudades principales de España sino también en muchos lugares turísticos. Son sorprendentes, entonces, los resultados de una encuesta sobre la cultura popular y los niveles de participación de la población española en diferentes actividades culturales en general.

 7i

asistir
to attend

afición (f)
hobby, pastime

facilitar
to provide

aficionado (m)
fan

zarzuela (f)
popular opera

acudir a
to attend

superar
to exceed

feria del libro (f)
book fair

citar
to quote

adepto (m)
follower, supporter

varón (m)
male

suscitar
to arouse

La mitad de las personas no ha asistido jamás a un espectáculo teatral

El espectáculo de contenido cultural más popular en España es el cine: el 80% de los españoles ha ido alguna vez. En segundo lugar se sitúa el teatro, pero la mitad de los españoles no se ha sentado jamás frente a un escenario, según el estudio del Grupo Metis. Los museos tampoco gozan del favor especial de los mayores de 18 años, de los que sólo el 28% ha pisado uno en el período mencionado. Son unos pocos más –el 36%– los que, en el mismo plazo, han visitado algún monumento histórico.

Entre las prácticas culturales que se realizan fuera del hogar, el estudio analiza la afición y frecuencia de asistencia a los espectáculos públicos y las visitas a monumentos. Del análisis de las informaciones facilitadas por los entrevistados se extrae una primera conclusión: existen aficionados a determinadas manifestaciones culturales que nunca las han presenciado en directo.

Éste es el caso, por ejemplo, de la ópera, la zarzuela o el ballet. Más del 12% de los ciudadanos es aficionado a la ópera, pero sólo el 7% ha acudido alguna vez en su vida a una representación; la proporción de quienes lo hicieron en los meses analizados es todavía inferior: el 1,4%. En el cine y el circo se produce un fenómeno inverso. Es decir, son más las personas que han asistido alguna vez a algunos de estos espectáculos que los que se declaran aficionados a los mismos.

Las mujeres entre 18 y 21 años constituyen, en términos generales, el grupo de población que asiste con mayor frecuencia a los espectáculos públicos. Existen, naturalmente, excepciones. Éste es el caso, por ejemplo, del cine y los toros, en los que los hombres superan a las mujeres, especialmente en las franjas de edad superiores a los 24 años. Otra excepción se da en los conciertos de rock, donde los jóvenes menores de 24 años superan a las chicas.

(*El País*, Madrid)

1 ¿Verdadero o falso?

Corrige las afirmaciones falsas.

(a) El 80% de los españoles ha ido una vez al cine.
(b) El teatro se sitúa en el mismo lugar que el cine.
(c) Más personas han visitado monumentos que museos.
(d) Las mujeres son superiores a los hombres en cuanto al cine y a los toros.
(e) Más chicos que chicas menores de 24 años van a los conciertos de rock.

Un concierto de música clásica

2 Informe

Lee este artículo y luego rellena el cuadro que sigue con el porcentaje correspondiente.

Asistencia de público	%
Visitas a museos	____
Centros culturales	____
Estudios de idiomas	____
Estudios de música	____
Estudios de informática	____

Museos

Bajo el título *visitas a monumentos y otras prácticas culturales* se analizan las que se realizan a museos y salas de exposición, a parques zoológicos y de atracciones y a ferias del libro, por citar algunas.

La actividad que cuenta con mayor número de adeptos es la visita a monumentos de interés histórico o artístico. El 75% de la población adulta ha realizado alguna visita de este tipo en su vida, y el 35,6% lo ha hecho al menos en una ocasión en los 12 meses analizados por el estudio. «Hecho natural», señala el informe, «si se tiene en cuenta la profusión de monumentos que existen en nuestro país y que muchos de ellos son edificaciones religiosas, frecuentadas por la población por otros motivos».

Los museos españoles fueron visitados en los meses de referencia por el 28% de la población; proporción «elevada», según señala el informe, si se tiene en cuenta que esta actividad «no puede efec-

Prácticas culturales fuera del hogar	Son aficionados %	Han asistido alguna vez %	Han asistido últimos 12 meses %
Teatro	**48,5**	**49,0**	**13,9**
Ópera	12,5	7,0	1,4
Ballet	**15,8**	**8,0**	**1,7**
Zarzuela	26,1	16,0	2,7
Cine	**76,8**	**81,6**	**39,0**
Bailes regionales	36,8	35,5	17,7
Toros	**30,8**	**31,2**	**8,7**
Circo	35,1	40,0	5,4
Espectáculos variedades	**26,9**	**20,4**	**5,1**
Música clásica	26,5	17,5	6,8
Música popular	**34,0**	**24,7**	**10,3**
Conciertos rock	22,6	19,8	12,6
Conciertos jazz	**8,9**	**5,9**	**2,7**

tuarse, como en el caso de los monumentos, pasando simplemente por la calle, sino que requiere una intencionalidad mayor en su realización.»

Hasta los 24 años, son también las mujeres las más activas en este campo de actividad. Desde la mencionada edad y hasta los 45 años, los hombres y las mujeres visitan con la misma asiduidad museos y monumentos. En las edades más avanzadas se incrementa la presencia masculina, lo que en el informe se justifica en el hecho de que a los varones les llega la jubilación y disponen, por tanto, de más tiempo libre; circunstancia que no se da en las mujeres, especialmente en las amas de casa «que no interrumpen con la edad su tarea doméstica».

El 12% de la población acude con cierta regularidad a los centros culturales. Las casas de cultura, seguidas de los ateneos, los llamados hogares del pensionista son los centros a los que acude un mayor número de personas. En este caso, los varones son mejores clientes que las mujeres, diferencia que se incrementa con la edad.

Son pocos los españoles que al margen de su actividad académica o profesional realiza estudios complementarios. Los idiomas extranjeros –el 4% de la población realizó algún curso en el período estudiado–, la música –0,7%– y la informática –3%– son las materias que suscitan mayor interés.

(El País, Madrid)

---

3 Resumen

Explica en forma breve la aportación del museo a la vida cultural de España.

4 En tus propias palabras

Lee el artículo. ¿Qué significan las frases que siguen?

Act.4

fechado
dated

índice de lectura (m)
reading index

vivienda (f)
household

tenencia de libros (f)
book ownership

encuesta (f)
survey

librería (f)
bookshop

franja (f)
segment

señalar
to indicate

El 63% de los adultos no compra ningún libro al año

El estudio, fechado en enero de este año, analiza el resultado de 15.000 entrevistas a ciudadanos mayores de 18 años efectuadas a domicilio. No existe un trabajo precedente de similares características, lo cual impide conocer la evolución de los hábitos culturales de los españoles excepto en dos casos: el índice de lectura y el equipamiento de los hogares. Las viviendas españolas (11.311.000) tienen en la actualidad una media de 145 libros, 12 más de los que tenían en 1985. Pero existen todavía 1,7 millones de hogares –el 15% del total– en los que no hay ninguno. El ligero incremento que registra la tenencia de libros no se refleja en el índice de lectura que permanece estable: sólo dedica algún tiempo a la lectura el 56% de la población adulta; el 42% no lee jamás. El resto no sabe o no contesta. El 63% de los españoles mayores de 18 años no compró ningún libro en los 12 meses anteriores a la encuesta, realizada entre el 16 de octubre y el 19 de noviembre del pasado año. Los que sí pasaron por la librería –y por caja–, es decir, el 37%, adquirieron una media de 9,9 volúmenes.

Con Madrid a la cabeza, Cataluña, el País Vasco, Asturias, Cantabria, La Rioja y Navarra, por este orden, son las comunidades autónomas en las que la proporción de compradores fue mayor; en todas ellas se superó la media nacional. En la parte baja de la tabla figuran las de Andalucía, Castilla-La Mancha y Extremadura. En las franjas medias de edad, es decir, entre 25 y 65 años, hombres y mujeres compraron en proporciones similares. Hasta los 24 años, fueron las mujeres quienes más libros adquirieron, y a partir de los 65 años, los hombres.

Las bibliotecas tampoco son visitadas con exceso por la población adulta. Sólo el 11% utilizó alguna en el último año, y es «frecuente», según señala el estudio, que quienes van lo hagan para leer sus propios libros. El 10% solicitó algún libro en préstamo.

(El País, Madrid)

(a) el índice de lectura
(b) las viviendas españolas
(c) el ligero incremento
(d) se superó la media nacional
(e) en las franjas medias de edad

5 Presentación oral

Prepara una presentación oral sobre el uso del vídeo actualmente en España.

Act. 5

audición (f)
hearing

grabaciones (f/pl)
recordings

emisión de películas (f)
showing of films

ordenador (m)
computer

equipo de alta fidelidad (m)
hi-fi

desconocer
to be unaware

microsurco (m)
microgroove

contabilidad (f)
accounts

Vídeo

Entre las prácticas culturales que se desarrollan en el hogar, el documento elaborado incluye la audición de grabaciones musicales, la emisión de películas en el vídeo y el uso del ordenador.

El número de domicilios españoles que dispone de equipo de alta fidelidad ha registrado en los últimos años un incremento notable: cuatro millones largos lo tienen. Integrado en este equipo, o como aparato independiente, el lector de discos compactos ha sido instalado en más de un millón de hogares. Pero una de cada cuatro personas que tienen este aparato no lo utiliza jamás: unos porque no tienen ningún disco compacto, y otros porque desconocen si hay alguno en casa. Muchos españoles, por tanto, han adquirido su primer equipo de música o han sustituido el viejo por uno nuevo y mejor. Pero éste no les lleva, según muestra el

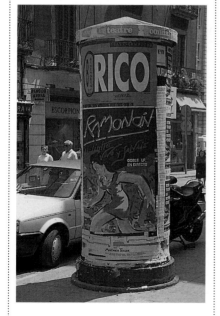

Es «un hábito frecuente» alquilar películas de vídeo.

Muchos españoles prefieren el rock.

liza jamás y sólo el 19% lo hace a diario; en casete lo hace el 24% de los 23 millones que disponen del correspondiente aparato. La musica melódica, el rock y la clásica son, por este orden, las que prefieren quienes disponen de un equipo de reproducción en su domicilio. La emisión de películas en el vídeo es «un hábito frecuente», señala el estudio, entre quienes disponen de este aparato en casa.

El parque de vídeos ha sufrido desde 1985 un notabilísimo incremento, y ya lo tienen el 40% de los hogares, en los que viven casi 14 millones de personas. De éstas, casi la mitad ve películas grabadas entre una y cinco veces a la semana. La mayoría de los hogares españoles ha mejorado su equipamiento cultural desde 1985. Las casas en las que se dispone de televisor en color son ahora más de 10 millones –lo que equivale a un incremento del 43,5%– y las que lo tienen en blanco y negro suman poco menos de dos millones –lo que implica un descenso del 64,5%–; las que tienen cámara de vídeo son 452.000 –con una subida del 185%–, y las que cuentan con ordenador, 1.357.000. Más de cuatro millones de personas tienen ordenador en casa; pero sólo la mitad de ellas lo utiliza. Y ¿qué hacen con su ordenador los ciudadanos que lo tienen? El 13% lleva la contabilidad doméstica, el 40% escribe, el 34% lo dedica a usos profesionales y el 58% juega.

(*El País*, Madrid)

estudio, «a emprender una práctica de renovación y ampliación de sus colecciones.»

La penetración del lector de discos compactos en los hogares españoles es inferior al de otros aparatos, pero la minoría de familias que dispone de él –aproximadamente el 10% del total– es la que, proporcionalmente, más participa en el mercado del disco. Los hogares españoles con equipo tienen una media de 65 discos microsurco, 29 compactos y 51 casetes, incluyendo en esta última cifra las grabadas en casa. Uno de cada cuatro de los ciudadanos que tienen discos o compactos en su casa –14 millones– no los uti-

6 Se dice así

¿A qué se refieren los pronombres en estos ejemplos?

(a) Existen todavía 1,7 millones de hogares en los que no hay ninguno.
(b) La Rioja y Navarra son las comunidades autónomas en las que la proporción de compradores fue mayor.
(c) En la parte baja de la tabla figuran las de Andalucía y Castilla.

Busca tres ejemplos más en el texto anterior e identifica a qué se refieren.

7 Traducción

Traduce al español el párrafo en la página 70 que empieza «Control of the media...».

5 EDUCATION AND WORK

The texts in this section look at education and the labour market from a personal point of view, and give you a chance to compare the experience of young Spaniards with people in other countries.

Education

The need for a trained and educated workforce with suitable skills has led to a wide range of developments within the Spanish education system. Education required significant updating and legislation in order to provide Spain with the infrastructure to compete fully in Europe. The *Ley General de Educación* was set up in 1970, and modernised with new university regulations in 1983, and the *LODE (Ley Orgánica de Derecho a la Educación)* for compulsory schooling in 1985. Further changes, to come into effect by the end of the decade, were announced in 1990 with the *LOGSE (Ley Orgánica de Ordenación General del Sistema Educativo)*. This is designed to increase nursery provision, widen the scope of secondary education and make it more accessible, and provide a more technical slant to training. The old system was based on *EGB (Educación General Básica)* for pupils aged six to 14, followed by a two-year *Bachillerato*, or the less prestigious and more vocational route of *Formación Profesional*, with a one-year course for University entrance (the *COU – Curso de Orientación Universitaria*). This has been superseded by a system placing greater emphasis on wider access, greater take-up rates and vocational training which will be more on a par with academic pathways. Primary education is for pupils aged six to 12 and secondary for those from 13 to 16. Spain has an extensive creche and kindergarten system for children of pre-school age, much of it private, but increasingly funded by local authorities.

Legislation passed in 1991 provided for a higher proportion of young people to take a variety of routes into further and higher education that should give them sufficient qualifications to be employable. At the same time serious pressures built up within the university system, with increasing numbers of students, and subjects which were so popular that they simply led to increased unemployment among young professionals. *Homologación*, the move to ensure that all lecturers were properly qualified, caused a great deal of stress as staff were vetted to ensure that they were properly qualified. Nor were tensions confined to teaching staff. In January 1987 two-and-a-half million students went on strike, demanding reductions in fees, greater student representation and the abolition of university entrance examinations. The action led to an eighteen-point programme offering more places and assistance with fees. Numbers at university have risen to well over 900 000 – almost triple the number at the time of Franco's death. Closer co-operation with other European institutions has given Spanish students a wider experience of different styles and methods of teaching and learning, and raised questions of standards of facilities and compatibility between courses in different member states of the EU.

Work

Unemployment has always been a serious problem in Spain, even when taking the outflow of migrant workers into account. Peripheral areas such as Galicia, Extremadura and Andalusia have usually been the hardest hit. Traditional systems of land tenure, seasonal employment, and the switchover to crops requiring a small, skilled labour force are typical factors in rural areas where over a third of the population was employed at the beginning of the 1960s. By 1991 this figure was down to 12 per cent (in line with other Mediterranean producers), which is considerably more than the two per cent of workers employed on the land in Britain. Industry has been prone to fluctuating demand and the effects of inflation, besides which, industries (located typically in Catalonia, Madrid and the Basque Country) had the artificial advantage in Franco's time of a large pool of mainly unskilled migrant workers from the south, who could be used to keep wages low. Unemployment has not been confined, however, to the unskilled. Long-term unemployment showed a decline from 1995, although new jobs tended to be short-term or seasonal by nature.

Membership of the European Community was, rightly, anticipated as a major shift that would radically alter the labour market in Spain. Freedom of movement for Spanish nationals came into effect at the beginning of 1992, but it was assumed that movement would become two-way, especially for young professionals. The choice of Spain as a focus for particular industries is a trend that is also likely to have an effect on patterns of employment and in the development of particular skills. Spain has an increasing number of suppliers and manufacturers in the field of aerospace, for example, building on expertise acquired in the manufacture of microchips, a skill which dates back to the location in Spain of companies manufacturing space-invader machines in the early 80s.

Government policy via the *Instituto Nacional de Industria*, which controlled nationalised concerns, also sought to encourage more effective companies. It was divided in two in 1992 with the more viable activities (about half) being shifted into a privatised holding company called *Teneo*. EU policy with regard to Small and Medium Enterprises (SMEs = *PYMES – pequeñas y medianas empresas*) has also had an effect on business planning. The government launched a scheme in 1989 to encourage the growth of smaller firms by encouraging research and development, promoting closer co-operation with the rest of Europe, and simplifying bureaucratic procedures. At the same time the process of *reconversión industrial*, whereby Spain shed twilight industries and made itself more competitive, was extremely painful, for certain regions and industries in particular. The heavy industry of the Basque Country was a case in point, with lengthy confrontations in places like Bilbao between the police and local shipworkers. Between 1984 and 1987 industrial reconversion had led to the shedding of 71 000 jobs – and that was only 85 per cent of the target. No fewer than 150 000 firms closed within two years of Spain's joining the Community, unable to operate without the protection of tariff barriers, and unable to modernise in time.

At European level, further cuts have had to be made in areas like fisheries, where Spain has the largest fleet in the EU. The decline in fish stocks has led to repeated attempts to reduce the size of the sector, and has led Spain into conflict with countries as far apart as Morocco and Canada over access to fishing grounds.

Note
The treaty of Rome (1956) established the European Economic Community (EEC), known as the Common Market. This became the European Community (EC) with the admission of Greece, Portugal and Spain in 1986. Since 1992 the correct term has been the European Union (EU).

Recuerdos del pasado

Una buena parte de nuestras vidas la pasamos dentro de las aulas de una escuela, instituto o universidad. Al final del día, cuando llega la edad adulta y el momento de iniciar una carrera profesional o de integrarnos al mundo del trabajo, casi inevitablemente miramos hacia atrás. Algunos lo haremos con una mezcla de alegría y nostalgia, otros quizá con tristeza y pesar o acaso indiferencia. Tú también has pasado ya algunos años de tu vida como estudiante y habrás conocido mucha gente: compañeros y compañeras de clase, profesores, algún amigo o amiga especial… ¿Qué recuerdas de aquellos momentos del pasado? Comenta con un/a compañero/a y/o con tu profesor/a tus propias experiencias. Considera, por ejemplo, algunos de los siguientes aspectos:

- ¿Recuerdas tus primeros años de colegio? ¿Qué piensas ahora de ellos?
- Tu primer día de clase, ¿lo recuerdas aún? ¿Cómo fue?
- ¿Recuerdas a algunos de tus profesores y compañeros/as en especial? ¿Qué te hace pensar en ellos?
- ¿Cómo pasabas tu tiempo libre en aquel entonces? ¿Tenías algún amigo o amiga especial con quien compartías tus ratos libres?
- ¿Qué clases te agradaban más? ¿Por alguna razón en especial?
- ¿Cumplías con gusto tus obligaciones y deberes, o sentías más bien fastidio?
- En general, ¿crees que tus años de colegio han sido años felices? ¿Por qué?
- ¿Qué piensas de tu situación actual? ¿Estás contento/a de ser todavía estudiante? ¿Por qué?
- ¿Te agrada el lugar donde estudias? ¿Y las asignaturas o la carrera que haces?
- Y el día de mañana, cuando dejes el colegio o el lugar donde estudias, ¿lo mirarás con nostalgia o te sentirás contento/a de no estar más allí?

Lee ahora este breve pasaje en que José Luis, un muchacho de Granada, relata su primer día en un colegio.

Recuerdos del pasado

Tenía 15 años cuando empecé el bachillerato. Mis padres me enviaron a un colegio religioso de Granada, de mucho prestigio, pero a la vez con fama de tener profesores muy estrictos. Yo no estaba muy seguro si el colegio me gustaría. Estaba acostumbrado a la vida en la vieja escuela donde había hecho mis estudios de enseñanza básica. Yo hubiese querido ir con mi primo Javier al instituto de la calle de La Alhambra, pero mi padre insistió y no había quien se le opusiera.

Aún recuerdo el primer día de clase. Llegué allí con un poco de retraso. Nunca me ha gustado levantarme temprano. Me senté en la primera o segunda fila, no recuerdo. Los que habían llegado antes habían ocupado los asientos de atrás. A mi lado había un chico de pelo rizado y ojos verdes a quien no conocía. Me miró con cierta curiosidad pero no dijo palabra. Detrás de mí se oía el murmullo de algunas voces…

Recuerdo que era una clase de matemáticas, la asignatura que menos me gustaba. El profesor era un hombre bajo, de unos cuarenta años, de voz profunda y mirada severa. Llevaba unas gafas muy gruesas y su traje un tanto gastado estaba manchado de tiza.

En aquel momento explicaba un problema. Traté de demostrar interés y de concentrarme en lo que decía. Pero mis pensamientos estaban en otro lugar y en otra persona. Pensaba en Carmen, a quien había conocido aquel verano en la casa de campo…

1

bachillerato (m)
advanced secondary course

enseñanza básica (f)
primary education

retraso (m)
delay

fila (f)
row

pelo rizado (m)
curly hair

gastado
worn out

manchado de tiza
stained with chalk

Actividades

1 Preguntas

Responde a estas preguntas en español.

(a) ¿Por qué no estaba seguro José Luis si el nuevo colegio le gustaría?
(b) ¿Dónde y con quién se sentó el primer día de clase?
(c) ¿Cómo describe José Luis al profesor?
(d) ¿Por qué no podía concentrarse en la clase José Luis?

2 En tus propias palabras

Reemplaza las palabras y frases en cursiva por otras de igual significado en el mismo contexto.

(a) *A la vez.*
(b) *Yo hubiese querido* ir con mi primo Javier.
(c) *No había quien* se le *opusiera.*
(d) Llegué allí *con un poco de retraso.*
(e) Me miró con cierta curiosidad, pero no dijo *palabra.*
(f) Su traje *un tanto* gastado.
(g) *Traté de* demostrar interés.

3 Se dice así

Observa el uso del pluscuamperfecto de indicativo en esta oración del texto.

«Estaba acostumbrado a la vida en la vieja escuela donde *había hecho* mis estudios de enseñanza básica.»

(a) Haz una lista de otras oraciones del pasaje que contengan la misma forma verbal (el pluscuamperfecto de indicativo).

(b) Pon estos verbos en la forma correcta del pasado: el pretérito (por ej. *hice*) o el pluscuamperfecto de indicativo (por ej. *había hecho*), según corresponda.

De vuelta al colegio

(1) Cuando entré la clase ya (comenzar).
(2) Después de que Antonio dejó el colegio (trabajar) un tiempo con su padre.
(3) Ellos no (estar) nunca en Granada. Aquélla era su primera visita.
(4) Al regresar allí después de unos años noté que la vieja escuela (desaparecer).
(5) Luego de que el profesor se marchó Pablo (acercarse) a uno de sus amigos.
(6) Elena y yo no (verse) desde hacía muchos años. Parecía muy cambiada.

4 Se dice así

Observa detenidamente el lenguaje del texto.

(a) El uso del imperfecto en la descripción, con referencia al pasado.
Tenía 15 años cuando…
Yo no *estaba* seguro…
Estaba acostumbrado a la vida…

(b) El uso del imperfecto para describir a una persona con referencia al pasado.
El profesor *era* un hombre bajo…
Llevaba unas gafas muy gruesas…

(c) El uso del pretérito en la narración.
Llegué allí con un poco de retraso.
Me *senté* en la primera o segunda fila.

Busca y toma nota de otros ejemplos del texto que ilustren los usos anteriores.

5 Redacción

Relata por escrito algunas de tus propias experiencias como estudiante. Las preguntas de la página 91 te ayudarán a ordenar tus ideas y el texto que acabas de leer te podrá servir como modelo si es necesario.

6 Escucha y responde

Los años de colegio
Un estudiante, Alfonso Silva, 21 años, de Granada, fue entrevistado por una periodista acerca del tema de la educación.

Antes de escuchar la entrevista con Alfonso, estudia estas palabras usadas en el curso de la conversación.

(a) Escucha la entrevista y al hacerlo toma nota de los puntos principales. Luego resume en inglés, en aproximadamente 100 palabras, las ideas más importantes expresadas por Alfonso.

(b) ¿Qué opinas sobre la educación en tu país y en tu colegio en particular? ¿Y de tus profesores en general? Haz una lista de los aspectos que consideras positivos y negativos y presenta tus ideas oralmente al resto de la clase.

(c) Tus ideas y las de tus compañeros servirán de base para un debate sobre el mismo tema. ¿Estás de acuerdo con las ideas expresadas por tus compañeros? ¿Por qué sí/no?

derecho (m)
law

resaltar
to emphasize, stress

destacar
to emphasize

destinar
to assign

equipo (m)
equipment

ordenador (m)
computer

química (f)
chemistry

física (f)
physics

suspendí
I failed

no me puedo quejar
I can't complain

2

Estudiantes extranjeros en España

El número de estudiantes extranjeros que viene a España a cursar distintos estudios ha aumentado considerablemente en los últimos años. El artículo que sigue analiza esta situación. Al leerlo toma notas sobre estos puntos principales.

- Objetivos generales de diferentes grupos de estudiantes extranjeros que vienen a España.
- Requisitos que tienen que cumplir los estudiantes extranjeros que desean cursar estudios universitarios completos en España.
- Aspectos negativos que ven en España algunos de los estudiantes.
- Incentivos y atractivos que encuentran los estudiantes norteamericanos en España.
- Tipo de estudios que hace la mayoría de los estudiantes extranjeros que viene a España.

 2

carencia (f)
lack

convalidar (estudios)
to authenticate

superar la prueba de selectividad
to pass the entrance examination

aprobar selectividad
to pass the entrance examination

carreras técnicas medias (f)
technical courses lasting two or three years

estar de moda
to be in fashion

acogedor
warm, friendly

ha de tener en cuenta
it has to take into account

andar de un lado para otro
to go from one place to another

poder adquisitivo (m)
purchasing power

surgió como cuenta
it started as follows

expediente (m)
(school) record

Estudiantes extranjeros en España

Alrededor de unos 60 000 estudiantes extranjeros vienen a España cada año. Sus objetivos –másters, doctorados, licenciaturas, cursos de bachiller superior– giran en torno al aprendizaje del español.

ESPAÑA ESTÁ DE MODA

Los objetivos de los jóvenes extranjeros que vienen a estudiar a España varían en función de los países de que proceden. Fernando Peral, director de Intercambios y Becas del Ministerio Español de Asuntos Exteriores, explica esta diferencia: «Los jóvenes procedentes de países de Europa o de Estados Unidos no realizan estudios completos en España, sino que vienen por un año, hacen aquí un curso y luego vuelven a su universidad; sus estudios en nuestro país les sirven para sumar puntos en su currículum. Por el contrario, los estudiantes suramericanos, africanos o de otros países del Tercer Mundo cursan aquí estudios completos; la causa puede ser la carencia de determinadas carreras en sus países de origen o el bajo nivel de las mismas. Estos estudiantes tienen que convalidar bachillerato y superar la prueba de selectividad, que al igual que a los alumnos españoles, es lo que les cualifica para ingresar en nuestra Universidad. Cuando no consiguen aprobar selectividad se les aconseja que opten por las carreras técnicas medias (que no requieren selectividad) y que,

muchas veces, les son más útiles por el grado de desarrollo de estos países, que las carreras superiores».

Si analizamos detenidamente el motivo que atrae a los estudiantes europeos y norteamericanos a venir a España, se llega a la conclusión de que nuestro país «está de moda», aun a pesar de sus deficiencias. Hans Peter Siebenhaar es un estudiante alemán de 26 años que está en España para poder completar un Máster sobre el desarrollo y evolución de la televisión europea; en este punto le interesa la actual situación de los medios de comunicación en España y su proyección sobre Suramérica. Hans Peter opina que «España es un país muy interesante y Madrid es la mejor capital de Europa para divertirse y salir de noche; además, el carácter abierto y acogedor de los españoles hace que sea muy fácil adaptarse. Sin embargo, la información oficial sobre estudios está muy mal organizada. La Universidad española tiene que colaborar más y ayudar a los extranjeros, ha de tener en cuenta que nosotros somos una especie de pequeños embajadores que volvemos a nuestros países hablando bien o mal de nuestra experiencia. Personalmente tuve que investigar mucho y andar de un lado para otro para conseguir la información que quería; una vez hecho esto, todo fue muy bien, los profesores son muy accesibles y siempre me ayudan si lo necesito. La relación con mis compañeros españoles es maravillosa.»

Jennifer Packer, californiana que estudia español en Madrid, también comparte la idea de Hans Peter: «Me encanta España, pero hay algo que me molesta y es que hay mucha burocracia, si quieres hacer alguna cosa tienes que ir a un montón de sitios para solucionarlo.» «El programa de la Universidad de California en España está aumentando muchísimo en número por causas muy diversas, entre ellas, es que España constituye un gran atractivo para la sociedad norteamericana posiblemente por la gran diferencia cultural, por esos contrastes tan amplios que se dan entre ambos países.»

Uno de los alumnos de la Universidad de California en España es Lea Brabo; su deseo de estudiar en España surgió como cuenta: «Yo vine a España el verano pasado y estuve aquí dos meses y me gustó tanto que me propuse volver y aprender español bien, así que aproveché este programa para pasar un año en Madrid, aunque para disfrutarlo tienes que tener una buena nota en tu expediente y superar un proceso de selección.»

(Juana Escobar, *Carta de España*, Madrid)

ctividades

1 Escoge

Escoge la respuesta correcta.

(a) Los norteamericanos vienen normalmente a España para
　(1) hacer estudios superiores.
　(2) realizar cursos de un año.
　(3) seguir carreras técnicas medias.

(b) Los estudiantes del Tercer Mundo vienen normalmente a España porque
　(1) les resulta más barato que en sus países.
　(2) no existen ciertas carreras en sus países.
　(3) los estudios son más fáciles que en sus países.

(c) La prueba de selectividad es un examen de ingreso a la universidad
　(1) para todos los estudiantes extranjeros.
　(2) para los estudiantes suramericanos y africanos.
　(3) para estudiantes españoles y extranjeros.

(d) Uno de los aspectos negativos que los estudiantes mencionan con relación a España es
　(1) la burocracia de los funcionarios.
　(2) el alto coste de los estudios.
　(3) la dificultad de comunicarse con los profesores.

2 Presentación oral

Haz una presentación oral en español, de aproximadamente cinco minutos, sobre el contenido del artículo. Usa tus notas y tus respuestas al Ejercicio 1.

3 Cara a cara

Improvisa un diálogo con un/a compañero/a en base a esta situación.

Alumno A

Eres periodista y estás escribiendo un reportaje para una revista española sobre los estudiantes extranjeros en España. Prepara una guía de entrevista, incluyendo preguntas relativas al lugar de origen del entrevistado, la actividad que realiza en su país de origen, las razones por las cuales ha decidido estudiar español, su impresión sobre España y los españoles, su impresión sobre el curso, los profesores y sus compañeros, sus planes para cuando termine el curso. Incluye otras preguntas que te parezcan apropiadas. He aquí tu primer/a entrevistado/a.

Alumno B

Estás en España haciendo un curso de español para extranjeros y eres entrevistado/a por un/a periodista de habla hispana que está haciendo un reportaje para una revista sobre los estudiantes extranjeros que vienen al país. Responde a sus preguntas de la forma más completa posible.

4 Escucha y responde

Un estudiante español en Inglaterra

Inglaterra es uno de los países que mayor número de estudiantes extranjeros atrae dentro de Europa. Una gran parte de ellos viene a aprender la lengua. Otros vienen para seguir estudios secundarios o universitarios. En esta entrevista escucharás a Víctor, estudiante español que realiza estudios en Londres.

Estudia primero estas palabras y frases usadas en la entrevista.

(1) *Escucha el texto de la grabación y responde por escrito a estas preguntas.*
  (a) ¿Cuánto tiempo ha vivido Víctor en Inglaterra?
  (b) ¿Cuándo vino por primera vez a Londres?
  (c) ¿Cuál es la principal razón por la que vino Víctor a Inglaterra?
  (d) ¿Hablaba inglés antes de venir?
  (e) ¿De qué manera piensa que le puede servir el inglés en el futuro?
  (f) ¿Qué razón secundaria tuvo para venir a Inglaterra?

(2) *Escucha nuevamente la entrevista y pon especial atención a lo que dice Víctor sobre su adaptación a Inglaterra y sobre aquello que más le gusta. Luego indica si las siguientes afirmaciones son verdaderas (V) o falsas (F).*
  (a) Víctor tuvo problemas de adaptación debido a
    (i) su escaso conocimiento de la lengua.
    (ii) las diferencias sociales y de costumbres entre España e Inglaterra.
    (iii) el clima, que le parecía muy frío.
  (b) Con respecto a la educación, Víctor manifiesta que en Inglaterra
    (i) tiene muchas ventajas y desventajas.
    (ii) es mejor que la educación en otros lugares.
    (iii) hay mayores oportunidades y variedad de cursos.

perfeccionar
to improve

medianamente
fairly

de hecho
in fact

hasta el fondo
thoroughly

echar de menos
to miss

no descarto
I don't rule out

Estudiantes españoles en una clase de inglés

3

Cómo encontrar
el primer empleo

El artículo que sigue hace un breve análisis de la situación laboral entre los graduados universitarios españoles. Busca en el texto esta información.

- El nivel de jóvenes graduados sin trabajo en relación a la media nacional entre jóvenes sin estudios universitarios.
- Las carreras con mayor salida laboral.
- Las carreras con menor salida laboral.
- Importancia relativa de los idiomas.
- Areas profesionales en que se da el mayor y menor número de parados.
- La situación de la mujer profesional.

COMO ENCONTRAR EL
PRIMER EMPLEO

El paro, uno de los problemas que más preocupa a los jóvenes españoles

3i

salida laboral (f)
job prospects

parados (m)
unemployed

paro (m)
unemployment

media (f)
average

informática (f)
computer science

filosofía y letras (f)
humanities

derecho (m)
law

sector sanitario (m)
health sector

La búsqueda del primer empleo es una de las cosas que más preocupa a los jóvenes españoles, como seguramente lo es para el resto de la juventud europea. La obtención de un título universitario no es garantía de trabajo, pero sí aumentará las posibilidades de acceso al mundo laboral.

Según los datos de una encuesta realizada por la empresa Edis entre estudiantes españoles, y corroborado en una entrevista con la revista *Cambio 16* por el Secretario de Estado de Universidades e Investigación, «el índice de paro entre los universitarios es de dos veces menor que la media nacional entre jóvenes de su misma edad sin estudios superiores. Es decir, a pesar de esa frase que circula que la Universidad es una fábrica de parados, se puede asegurar que tener un título universitario es un pequeño seguro contra el paro.»

Ahora, las carreras con mayor salida laboral –según revela la encuesta– corresponden a idiomas, informática y tecnología en general. Aunque saber uno o más idiomas sin tener ninguna otra especialización no es garantía absoluta de empleo. Las empresas requieren individuos con una formación integral. Así, un ingeniero o técnico con conocimientos de idiomas extranjeros tendrá posiblemente menos dificultades para encontrar su primer empleo que aquél que no los tenga.

Según los datos obtenidos en la encuesta, en España el mayor número de parados se da dentro de las profesiones tradicionales, tales como filosofía y letras, medicina, derecho, biología, mientras que el menor número de parados lo encontramos en las áreas de ingeniería técnica de comunicaciones, náutica, ingeniería de caminos, canales y puertos, tecnología del sector sanitario, física, matemáticas, etc.

Tal como ocurre en otros sectores del mundo laboral, la mujer graduada encuentra más dificultades que el varón para obtener un empleo, y el paro es, en términos relativos, superior en las mujeres que en los hombres.

(Cambio 16, Madrid)

ctividades

1 Completa con la información correcta

Lee otra vez el artículo si es necesario y completa estas frases con la información que se da en el texto, usando tus propias palabras si lo deseas.

(a) La obtención de un título universitario no es garantía de trabajo, pero sí _____

(b) El índice de paro entre los universitarios _____ la media nacional entre jóvenes de su misma edad sin estudios superiores.

(c) Las carreras con mayor salida laboral corresponden a _____

(d) En España, el mayor número de parados se da dentro de _____

(e) El menor número de parados lo encontramos en _____

(f) Si comparamos el desempleo entre hombres y mujeres, éste es, en términos relativos, superior _____

2 Completa

Completa este cuadro con cada actividad o profesión. Sigue el primer ejemplo.

la profesión	el profesional
la universidad	
la tecnología	_____
la ingeniería	_____
el derecho	_____
la medicina	_____
la biología	_____
la física	_____
la ciencia	_____
la empresa	_____

Palabras y frases útiles Act.3

Para señalar los resultados de una encuesta o investigación
según la encuesta/
la investigación...
según los datos obtenidos...
la encuesta revela/demuestra que...
ha quedado demostrado que...

Para expresar resultados porcentuales
un 10/20/30 por ciento de...
más del 50 por ciento.../más de la mitad...
casi el 35 por ciento.../casi la tercera parte...
la mayoría de.../la mayor parte de...
del total de... (sólo) un 5 por ciento...

Para expresar datos que se contraponen
mientras que...
en cambio...
sin embargo...

Para comparar
si comparamos...
en comparación con...
más... que... (positivo)
menos... que... (negativo)
tan... como... (igualdad)

3 Redacción

Escribe un breve artículo de tres párrafos basado en la información que dan estos gráficos. Los datos corresponden a la encuesta realizada por la empresa Edis entre jóvenes graduados de ambos sexos.

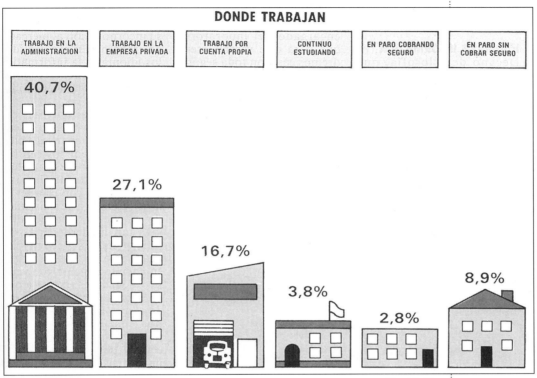

DONDE TRABAJAN

| TRABAJO EN LA ADMINISTRACION | TRABAJO EN LA EMPRESA PRIVADA | TRABAJO POR CUENTA PROPIA | CONTINUO ESTUDIANDO | EN PARO COBRANDO SEGURO | EN PARO SIN COBRAR SEGURO |

40,7% — 27,1% — 16,7% — 3,8% — 2,8% — 8,9%

(*Cambio16*)

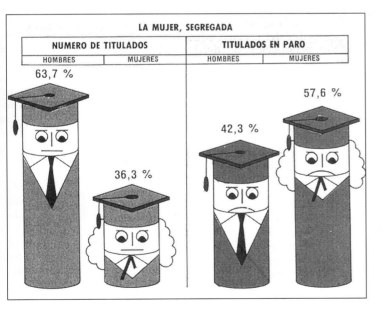

LA MUJER, SEGREGADA

NUMERO DE TITULADOS		TITULADOS EN PARO	
HOMBRES	MUJERES	HOMBRES	MUJERES
63,7 %	36,3 %	42,3 %	57,6 %

(*Cambio16*)

3ii

perfil (m)
profile

conceder una beca
to give a scholarship

4 Traducción

Traduce a tu propio idioma el pasaje que sigue.

Actualmente se valora al profesional que se sabe adaptar a los cambios, que posee creatividad, imaginación e intuición, que participa en la modificación o en la innovación de los procesos que se le presentan; con una capacidad mental para aprender nuevas técnicas o métodos; con una inteligencia práctica que sepa criticar, analizar, valorar y actuar y, muy importante: sepa relacionarse para trabajar en equipo o comunicar con los demás, sepa reaccionar en determinadas circunstancias diciendo la palabra adecuada en el momento oportuno. Éste es el perfil, tanto del universitario como del técnico del futuro, pero que ahora ya se pide, tanto para conceder una beca como para contratar en un empleo. Es preferible tener una visión global del bosque que un conocimiento detallado de los árboles.

(Cambio16, Madrid)

5 Carta a una amiga

Ángela, una chica española, le escribe a su amiga Gloria en Inglaterra.

Madrid, 24 de junio de 1997

Querida Gloria:

Te escribo para darte una gran noticia: ¡Acabo de conseguir mi primer empleo! Desde hace una semana trabajo en una revista juvenil como ayudante de uno de los redactores. Tú sabes que mi sueño es llegar a ser periodista y la experiencia que pueda obtener aquí será un primer paso antes de ir a la universidad. Incluso me han dicho que puedo seguir trabajando aquí mientras estudio. ¿No te parece fantástico?

La gente con que trabajo es muy simpática y mi jefe... ¡es guapísimo! El horario tampoco está nada mal. Por la mañana trabajo hasta la una y por la tarde de cuatro a ocho.

Hoy he ido con Manuel, mi jefe, a hacer unas entrevistas en un club juvenil. ¡Si me hubieras visto! El material que hemos recogido se publicará dentro de un par de semanas. Te mandaré un número de la revista cuando salga. Me gustaría que me dieras tu opinión.

Siento mucho que no puedas venir a Madrid. Me habría encantado que hubieses pasado el verano conmigo. A pesar de que estoy trabajando, habría podido salir contigo por la noche y te habría presentado algunos de mis compañeros de trabajo. Es pena, pero entiendo que también tendrás trabajar y ahorrar un poco de dinero para próximo año.

Quisiera pedirte un favor. ¿Podrí enviarme dos o tres revistas juveniles d tipo que lee la gente por allí? Me gustar sacar algunas ideas y ver si podemo utilizarlas aquí. Mi inglés ha mejorad bastante y no creo que tenga problema en lee ese tipo de material. En todo caso, lo que m interesa son los temas más que los detalle de los artículos. Si quieres que yo te enví algo desde aquí, dímelo.

¿Sabes quién ha preguntado por ti? Alfonso, aquél que conocimos en el Café Gijón. Si hubieses visto la cara que puso cuando le conté que no venías. Creo que le gustaste mucho.

Escríbeme Gloria, no seas vaga, y cuéntame algo de tu trabajo de verano. Pásalo bien y no trabajes mucho. Cuando veas a Paul dile que aún estoy esperando que me conteste.
Recuerdos a tu familia.
Un abrazo

Ángela

En España, como en otros países, el paro afecta principalmente a la juventud

6 Preguntas

Responde a estas preguntas en español.

(a) ¿Por qué le ha escrito Ángela a Gloria?
(b) ¿Por qué es tan importante para ella el trabajo que ha conseguido?
(c) ¿Qué dice de la gente con que trabaja? ¿Y de su jefe?
(d) ¿Por qué siente Ángela que Gloria no pueda venir a Madrid?
(e) ¿Qué favor le pide Ángela a Gloria?

7 Se dice así

Observa el uso del condicional compuesto en estas oraciones de la carta.
Me **habría encantado** que **hubieses pasado** el verano conmigo.
Habría podido salir contigo por la noche.
Te **habría presentado** a algunos de mis compañeros de trabajo.

Usa el condicional compuesto para indicar lo que Ángela y Gloria habrían hecho si Gloria hubiera venido a Madrid. Aquí tienes un ejemplo.

Ir al cine: *Habrían ido* al cine.

(a) Salir a bailar.
(b) Ir a la piscina.
(c) Pasear mucho.
(d) Charlar muchísimo.
(e) Volver al Café Gijón.
(f) Ver a Alfonso.
(g) Hacer muchas cosas.

Para describir el trabajo

El trabajo consiste en…
Tengo que…
Soy el/la encargado/a de…
Estoy a cargo de…
Soy asistente/ayudante de…
Trabajo con…

Para hablar de planes, inquietudes y aspiraciones

Me gustaría…/Me encantaría…
Pienso…
Espero…
Mi sueño es…/Mi meta es…

quehaceres (m/pl)
chores

adobe (m)
sun-dried brick

huerto (m)
orchard

regar
to water

maleza (f)
weeds

trepar
to climb up

puesto (m)
stall

regateando
bargaining

lo instaba
I urged him

---

8 Redacción

Imagina que has conseguido un trabajo de verano o tu primer empleo. Has decidido escribir una carta a un/a amigo/a de habla española contándole sobre lo que haces o harás. Describe tu trabajo, tus compañeros, tu horario, tus planes para el futuro, tus inquietudes y aspiraciones, etcétera. Da otra información que creas necesaria para completar la carta.

9 Escucha y responde

Mi primer trabajo

Alfonso Díaz, un chileno de 32 años, hace un relato oral sobre su primer empleo.

Estudia estas palabras y frases que facilitarán tu comprensión y después responde a las preguntas.

(a) What does Alfonso say about his family?
(b) How did he get his first job and who did he work for?
(c) What was there at the back of the house?
(d) What were Alfonso's duties?
(e) What did doña Flor do when she went shopping at the market?
(f) What did don Alberto talk about while Alfonso worked in the orchard?

Vuelve a escuchar la narración y escribe las palabras y frases que se han utilizado para expresar lo siguiente.

(a) Todavía no había dejado el colegio.
(b) Personas de mucha edad.
(c) Jamás dijo cuántos años tenía.
(d) Me informó.
(e) Lo oía con mucha atención.
(f) Lo animaba a que continuara con sus relatos.
(g) Tuve que marcharme.

Escuelas Menores, la Universidad de Salamanca

5

La entrevista

En este breve artículo se analiza la importancia de la entrevista de trabajo y se dan algunos consejos prácticos para presentarse a ella.

La entrevista

 5

jamás mientas
never lie

descalificar
to disqualify

tener ganas de
to be willing to

plantear problemas
to create problems

blanda
limp (handshake)

aseado
clean

sin pararse
without overdoing it

seriedad (f)
seriousness

dote (f)
talent, gift

relacionarse
to get on with people

informe psicométrico (m)
psychological report

perfil (m)
profile

examen grafológico (m)
handwriting examination

El curriculum vitae es el primer filtro para encontrar empleo. El segundo y más importante es la entrevista personal, que suele llevarse a cabo con el empresario (empresas medianas y pequeñas), el jefe de personal (empresas mayores) y cada vez más a través de agencias especializadas en selección de personal, en donde, entre otras cosas, la posibilidad de «una recomendación» es prácticamente nula.

Fernanda de Elena lleva diez años realizando entrevistas. Lo primero que dice es: «Jamás mientas. Un profesional detecta en la hora de entrevista si el candidato incurre en contradicciones y si miente u oculta datos importantes. Lo cual le descalificaría de inmediato.»

En una entrevista «se intenta averiguar que esa persona es agradable, que puede relacionarse con facilidad, que es sencilla, que tiene ganas de hacer cosas y si se trata de su primer empleo, que tiene capacidad de aprendizaje y se adaptará al ambiente de trabajo de la empresa», informa Fernanda de Elena.

«Hay una falsa impresión de que las empresas sólo cogen a los altos, guapos y listos», dice Fernanda de Elena. Sin embargo, muchas veces un aspirante excesivamente brillante puede perder ante una «persona normal», ya que el primero puede plantear muy pronto problemas de remuneraciones, ascensos, etc.

Aunque parezca mentira, pequeños fallos de todos conocidos se repiten una y otra vez cuando los aspirantes se entrevistan con el posible empleador. Por ejemplo, el de estrechar la mano dándola blanda, sin energía. «Eso demuestra que no se tiene una gran capacidad de decisión.» ¿Por qué la gente, que sabe eso, cae una y otra vez en ese error tan infantil? La psicóloga de Elena piensa que el momento de la entrevista crea tal nivel de tensión en el entrevistado que sus defensas le abandonan.

Consejos prácticos pueden ser éstos: vaya aseado, sin pasarse; no se presente «bañado» en colonia; vístase clásico; sepa exactamente qué puesto tiene que cubrir: si es, por ejemplo, de ingeniero de investigación tiene que dar impresión de seriedad y capacidad de concentración. Pero si es para un puesto de ingeniero jefe de ventas, tendrá que demostrar sus dotes de relacionarse con facilidad. La entrevista se complementa casi siempre con un informe psicométrico obtenido después de realizar una serie de tests. Los más empleados son los que miden el perfil de la personalidad, el de capacidades e incluso un examen grafológico.

(Cambio16, Madrid)

COMO SUPERAR UNA ENTERVISTA

FIRMEZA

Fundamental el primer contacto con el entrevistador/empleador: dé la mano con firmeza.

DISCRECION

No se lance a hablar como un torrente. Deje que inicie la conversación el entrevistador.

PREGUNTE

No sólo el entrevistador quiere saber cosas de usted. Usted tiene que demostrar que quiere saber cosas de la empresa. Pregunte.

DINERO

No exija en el primer empleo. Más bien pregunte por las posibilidades de promoción dentro de la empresa.

Actividades

1 Completa con la información correcta

Completa estas frases con información del artículo.

(a) En las grandes empresas la entrevista suele llevarse a cabo con _____

(b) En una empresa pequeña o mediana la entrevista suele llevarse a cabo con _____

(c) En una entrevista se intenta averiguar _____

(d) En el caso del primer empleo, se intenta averiguar _____

(e) Un aspirante excesivamente brillante puede perder ante una «persona normal», ya que el primero _____

(f) El estrechar la mano, dándola blanda demuestra que _____

(g) Para el momento de la entrevista la psicóloga aconseja que los entrevistados _____

(h) La entrevista se complementa casi siempre con _____

2 Identifica las palabras o frases adecuadas

¿Qué palabras o frases se han utilizado en el artículo para expresar lo siguiente?

(a) Normalmente se realiza con el dueño de la empresa.
(b) Nunca digas una mentira.
(c) Le eliminaría inmediatamente.
(d) Se trata de indagar.
(e) Es capaz de aprender.
(f) Existe una idea errada.
(g) Salarios.
(h) Promociones.
(i) Comete repetidamente esa falta.
(j) Sin exagerar.

3 Resumen

Resume en español, en aproximadamente 150 palabras, las principales ideas del artículo.

4 Cara a cara

Improvisa un diálogo con un/a compañero/a en base a esta situación.

Alumno A
Eres el jefe de personal de un hotel que está reclutando gente extra para el verano. El personal no necesita necesariamente experiencia, pero tendrá que dominar por lo menos dos o tres idiomas, entre ellos el inglés, ya que se trata de atender al gran número de turistas de habla inglesa. Uno de tus entrevistados hoy es precisamente una

persona de habla inglesa que domina bastante bien el español. Haz una lista de preguntas para averiguar, entre otras cosas, acerca de: los estudios de la persona, los idiomas que habla, la razón por la que desea este puesto, su experiencia en otros trabajos (no necesariamente similares), su capacidad para relacionarse, su capacidad para aprender, para hacer cosas, etc. Al final de la entrevista le explicarás las condiciones de trabajo (horas de trabajo diarias o semanales, horario de trabajo, remuneración, etc.). Pídele su teléfono y dirección para comunicarle el resultado de la entrevista.

Alumno B

Durante las vacaciones de verano has decidido trabajar en España para mejorar tu español. Te interesa el sector de turismo y en un periódico español has visto un anuncio donde piden personal para un hotel, con conocimientos de idiomas extranjeros. Prepárate para la entrevista. Tu entrevistador te pedirá información personal (nombre, edad, estado civil, de dónde eres), además de información sobre tus estudios, las razones por las cuales deseas este trabajo, tu experiencia en otras actividades laborales, etc. Trata de dar una imagen positiva. Les interesa alguien que pueda relacionarse fácilmente y que esté dispuesto a cooperar y a aprender. Prepara algunas preguntas para el final de la entrevista (mostrar interés por el lugar de trabajo y por la actividad puede ser un incentivo).

SEGURIDAD

Mire a los ojos de su empleador. No baje la mirada ni mire a la pared.

5 Se dice así

Observa que para dar consejos o hacer recomendaciones se utiliza frecuentemente la forma del imperativo. Así, en el artículo se dice: vaya aseado, vístase clásico, sepa exactamente qué puesto tiene que cubrir.

(a) Haz una lista de todas las formas del imperativo que se dan en «Cómo superar una entrevista».

(b) Aquí tienes otros consejos prácticos, esta vez en la forma del infinitivo, utilizado también para dar consejos y hacer recomendaciones. Estúdialos y luego transforma cada infinitivo a la forma imperativa correspondiente a Vd.

NATURALIDAD

Siéntese con naturalidad. No esté tenso. Afloje los músculos. Esté alerta, pero relajado.

   (1) Ser puntual.
   (2) No demostrar timidez.
   (3) Actuar de forma natural.
   (4) Ser sincero.
   (5) Evitar responder sólo con un «sí» o con un «no».
   (6) Responder a todas las preguntas del entrevistador.
   (7) No decir más de lo necesario.
   (8) No dar información falsa.
   (9) Hacer preguntas al entrevistador cuando sea necesario.
 (10) Mostrarse interesado.

6 Se dice así

Recuerda que el imperativo tiene también formas familiares, positivas y negativas. Pon los verbos del ejercicio 5(b) en la forma imperativa correspondiente a tú. Por ejemplo:

Ser puntual. **Sé** puntual.

DESPEDIDA

Una entrevista puede arreglarse con una buena despedida. Puede preguntar cuándo le darán una respuesta. No presuma de que tiene otras muchas ofertas.

(*Cambio16*, Madrid)

6

La mujer en el trabajo

La transformación social que España ha venido viviendo desde la segunda mitad de la década de los setenta ha cambiado considerablemente la imagen que en este país se tiene de la mujer y ha contribuido a aumentar la participación femenina en el mundo laboral. El artículo que se presenta a continuación toca el mismo tema. Lee el texto y toma notas de los puntos principales.

V 6

estampida (f)
stampede, explosion

yugo (m)
yoke

perfilarse
to take shape

con recelo
with distrust

piloto de turismos en circuitos
(m/f)
racing driver

desconfiados
suspicious

bombera (f)
firewoman

tratar de igual a igual
to treat as an equal

cartera (f)
postwoman

LA MUJER EN EL TRABAJO

MAS DIFÍCIL TODAVÍA

En los últimos diez años la presencia de la mujer en el trabajo se ha consolidado. Como si de una estampida se tratase muchas mujeres han salido de sus casas, y aunque pueda parecer contradictorio han buscado en el yugo del trabajo su liberación.

Junto al avance espectacular en el número de mujeres incorporadas al mundo laboral se perfila un cambio cualitativo en cuanto al tipo de actividad que realizan. Sin embargo, su presencia en muchos campos es escasa y en algunos nula.

Y es que, aunque se habla de esta década como la década de la mujer, todavía siguen existiendo problemas y dificultades para acceder a determinados puestos de trabajo. Profesiones que tradicionalmente han sido consideradas como «sólo para hombres» ven con recelo la llegada de la mujer.

Pero la igualdad no se consigue sólo con decirlo, y aunque casi todas dicen encontrarse muy a gusto con su trabajo, también señalan dificultades que les vienen por su condición, «por el hecho de ser mujer te rechazan e ignoran tu capacidad como profesional», afirma María José Revaldería, piloto de turismos en circuitos, y añade con satisfacción: «Al principio no se preocupaban de mí, pero cuando empecé a conseguir mejores puestos, algunos, los más desconfiados, han llegado a pedir que verificaran mi motor.»

Cuando Magdalena Rigo accedió a su puesto de bombera en Palma de Mallorca, tuvo que trabajar duro para que se le considerara como a uno más. «Les chocaba ver a una mujer allí con ellos, pero sólo fueron los primeros días, después empezaron a tratarme de igual a igual.» Los recelos le vinieron a María del Carmen Muñoz, cartera, más de gente de la calle que de los propios compañeros. «Algunas veces se acerca un señor que me dice: ‹¡Qué vergüenza, con el paro que hay y que esté una mujer trabajando! Lo único que hacéis es quitar puestos de trabajo a los hombres›.»

Juana Iglesias

(*Cambio16*, Madrid)

Actividades

1 Se dice así

Estudia la forma cómo está estructurado el texto «Más difícil todavía».

(a) ¿Qué oración del primer párrafo contiene la idea central?
(b) En el segundo párrafo hay dos ideas que se contraponen. ¿Cuáles son? ¿Qué palabra clave sirve para introducir esta contraposición?

(c) ¿Qué ideas se contraponen en el tercer párrafo? ¿Qué palabra se ha usado para expresar esta contraposición? Y en el cuarto párrafo, ¿cuáles son las ideas opuestas?

(d) Si tuvieras que dar un subtítulo a los dos últimos párrafos del artículo, ¿qué subtítulo le darías? ¿Por qué?

2   Se dice así

Observa el uso del imperfecto de subjuntivo en estas oraciones.

Como si de una estampida se **tratase** muchas mujeres han salido de sus casas.

… los más desconfiados han llegado a pedir que **verificaran** mi motor.

… tuvo que trabajar duro para que se le **considerara** como uno más.

Pon el verbo en la forma correcta del imperfecto de subjuntivo.

(a) Elena tuvo que trabajar mucho para que la firma la (ascender).
(b) Carmen le pidió al gerente que le (dar) un aumento de sueldo.
(c) La firma quería que ellas (aceptar) el nuevo contrato.
(d) Las mujeres pedían que se (terminar) con la discriminación.
(e) Si yo (poder) me cambiaría de trabajo.
(f) Su jefe le pidió que (cambiar) de idea y que no se (ir).

3   Redacción

Estudia los gráficos en la página 108 que ilustran parte de los resultados de una encuesta sobre la mujer en la sociedad española, realizada por el Instituto ECO para la revista Cambio 16. *Luego, escribe un comentario de aproximadamente 250–300 palabras sobre los principales aspectos que has podido observar en ellos. Incluye unas breves líneas con tu propia opinión sobre el tema.*

4   Debate

La información del texto y de los gráficos anteriores servirá como punto de partida para un debate sobre la situación laboral de la mujer, partiendo de la propia experiencia de los estudiantes, es decir, de su propio país. A lo largo del debate se podrán establecer comparaciones con la situación española. Estas preguntas servirán de guía para la discusión.

■   ¿Creéis que existe verdadera igualdad de oportunidades para el hombre y la mujer en el campo laboral en vuestro país?

■   ¿Qué ejemplos podéis dar de igualdad/desigualdad?

■   Si consideráis que existen situaciones de desigualdad, ¿a qué las atribuís?

■   ¿Qué medidas podrían tomarse a nivel oficial para lograr un mayor equilibrio entre hombre y mujer en lo que a oportunidades de trabajo y remuneraciones se refiere?

■   ¿Qué podría hacerse a nivel de las escuelas, institutos y/o universidades para cambiar las actitudes de discriminación para con la mujer?

Palabras y frases útiles Act.3

En lo que se refiere a…/En lo que respecta a…/Con respecto a…

Frente a la pregunta…/Al preguntárseles si…/qué opinaban…/qué pensaban/cuál era su opinión…

La mayoría…/La mayor parte/Un 42 por ciento…dice (dijo) que…/manifiesta (manifestó) que…/expresa (expresó) que…/considera (consideró) que…/opina (opinó) que…/está (estuvo) de acuerdo en que…

Se puede/podría concluir que…/Como conclusión se puede decir que…

A mi juicio…/En mi opinión…/Yo opino que…/pienso que…/considero que…

Palabras y frases útiles Act.4

la igualdad/la desigualdad entre…

tener los mismos derechos

tener las mismas oportunidades

el acceso a los puestos de trabajo

las oportunidades de ascenso o de promoción

los altos ejecutivos o directivos suelen ser…

discriminar, la discriminación, sentirse discriminado/a…

la liberación femenina, los movimientos de liberación

las feministas, el feminismo

el machismo, los machistas

DIEZ AÑOS DESPUES

MUJER Y TRABAJO

	1997 %	1987 %
Trabajan fuera de casa	42	41
Les gusta su trabajo	76	74
Trabajan por necesidad	38	38
Porque les gusta	19	18
Ambas cosas	41	40
Seguiría trabajando aunque tuviera solucionadas sus necesidades económicas	67	66

LO QUE MAS PREOCUPA

¿Cuál es su principal preocupación en estos momentos?

	1997 (%)	1987 (%)
Su familia	36	28
El futuro	22	13
El trabajo	16	11
La violencia	12	9
El dinero	6	9
La situación del país	5	24
El amor	3	4
Otros	1	1

FEMINISMO

¿Los movimientos feministas contribuyen a la liberación de la mujer?

	1997 (%)	1987 (%)
Sí	48	49
No	44	37
No contesta	8	14

IGUALDAD SOCIAL

	1997 (%)	1987 (%)
La mujer tiene igualdad social con el hombre:		
Si	16	26
No	84	74
Motivos de la desigualdad social:		
El machismo	45	20
Falta preparación de la mujer	10	20
Los prejuicios	11	9
Mentalidad tradicional	9	—
Leyes actuales	8	13
La familia	3	3
Otros	2	3
No contesta	4	5
Hubiera preferido ser hombre en vez de mujer:		
Si	7	17
No	91	75
No contesta	2	8

(*Cambio16*, Madrid)

5 Escucha y responde

Cosas

Dos mujeres, Ana Rodríguez, ingeniera, y Elena Morales, gerente de una cadena de supermercados, hablan con un periodista sobre el tema de la mujer.

Las preguntas que se hicieron a las dos entrevistadas fueron las mismas:

- ¿Cuál ha sido el principal reto que como profesional o trabajadora le ha impuesto su condición de mujer?
- El hecho de ser mujer, ¿en qué medida le ha beneficiado o perjudicado en su trabajo?
- ¿Su mayor satisfacción y su mayor frustración en el trabajo, cuál ha sido?

reto (m)
challenge

obviada
not taken into account

un arma de doble filo
a double-edged situation

gerencial
managerial

En América Latina la mujer aún ocupa un lugar marginal en la sociedad. En la foto, un grupo de obreras chilenas en una empresa de exportación de fruta

Ana Rodríguez

Estudia primero las palabras y frases usadas en la entrevista con Ana Rodríguez y después responde a las preguntas que siguen.

(1) Escucha la respuesta de Ana a la primera pregunta y responde por escrito a estas preguntas.

(a) ¿Qué piensa la gente en España con respecto a la profesión de ingeniero?

(b) ¿Estás de acuerdo tú con ello? Expresa tu propia opinión.

(c) Según Ana, ¿qué dificultades encuentra la mujer profesional en los comienzos de la carrera?

(d) ¿Cuál ha sido el principal reto para Ana?

meta (f)
goal

tontería (f)
nonsense

realizarse
to fulfil one's goals or hopes

destacarse
to stand out

pareciera
it would seem

con suavidad
gently

tendiendo a
being inclined to

cuestionarlo todo
to be critical of everything

(2) Escucha la respuesta de Ana a la segunda pregunta y completa los espacios en blanco con la información que ella da.

(a) Existe cierta desconfianza en el potencial que una mujer pueda desarrollar en una empresa, tal vez por el hecho de que _____

(b) Eso nos perjudica en el sentido de que _____ y no pasar de allí.

(c) Como beneficios, el ser mujer _____ en el aspecto personal.

(3) En su respuesta a la tercera pregunta, ¿qué palabras utiliza Ana para expresar estas ideas? Transcríbelas.

(a) Especialmente cuando realizo un trabajo que ha sido difícil para mí.

(b) Es una satisfacción en el sentido profesional.

(c) Cuando recién comencé a trabajar.

Elena Morales
Antes de escuchar la entrevista con Elena Morales, estudia estas palabras y frases usadas en la conversación.

(1) Escucha la respuesta de Elena a la primera pregunta y di si estas afirmaciones son verdaderas (V), falsas (F) o no se mencionan en la entrevista (N). Responde por escrito.

(a) Pensar que el hombre y la mujer tienen igual capacidad me ha parecido una tontería.

(b) Elena comprende el hecho de que la mujer no tenga acceso a ciertos sitios.

(c) El hombre tiene más posibilidades de éxito que la mujer en cualquier lugar o carrera.

(2) Resume en tu propio idioma la respuesta de Elena a la segunda pregunta.

(3) Completa este pasaje con las palabras dichas por Elena.

En todos los _____ donde me he _____ mi trabajo siempre ha sido _____. Frustraciones no las he _____, pero sí hay ciertos _____ que me afectan, como por ejemplo el _____ de que en muchas _____ para hacer valer la autoridad que se _____ en un puesto, se deba deformar la _____ personalidad, tendiendo a _____ de la gente en todo momento, a _____ una actitud defensiva y a _____ a cuestionarlo todo.

6 Traducción: Spain and the European Community

Traduce al español el segundo párrafo de la introducción desde «Legislation passed … » hasta « … properly qualified». (pág. 89)

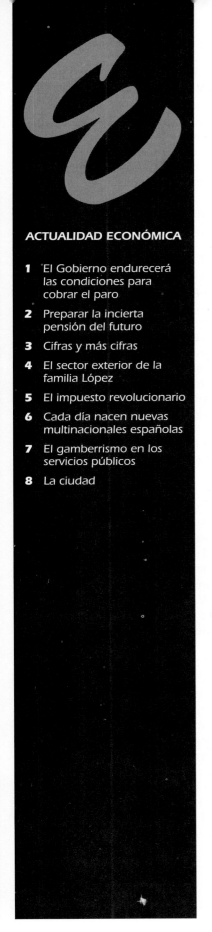

⑥ THE ECONOMIC SITUATION

Articles in this section cover a range of topics of an economic nature and focus on specific ranges of vocabulary. Unemployment, pensions and personal finance, the balance of payments and multinationals are covered, as well as the broader themes of urban difficulties and renewal in the context of Spain and Latin America.

Unemployment

Employment was seen as a priority by the Socialists when they came to power in 1982. The goal was to create 800 000 new jobs over four years, with training schemes to match. No-one seriously thought that the government could fulfil such a promise and unemployment remains at one of the highest levels among the advanced OECD countries, even in a country where (although the figures are rising) less of the adult population, and less of the female population in particular, is in the labour force than in other European countries. It is particularly serious amongst the young and in certain regions.

Industrial relations

Increasing industrial unrest in the early 1970s was based on the demand not only to be able to organise into trade unions but to organise into independent ones. The 1938 *Fuero del Trabajo* had established the concept of the *sindicato vertical*, mainly as a measure to enable the government to maintain strict control over its labour force and their activities. There were 28 *sindicatos verticales* in all, covering both management and shop floor. Representation at national level was through seats in the *Cortes*, of which 150 out of 570 were allocated. Representatives were elected at local and provincial levels as well, but in each case a parallel representative was appointed by the government, who could veto his elected colleague. Workers' councils were obligatory for any enterprise employing more than fifty people: members were elected by shop stewards, each of whom represented 25 employees. The Communist *Comisiones Obreras (CC.OO)* began to operate in a clandestine fashion from the 1950s and established credibility as more representative organisations. The *UGT (Unión General del Trabajo)* grew in the 1960s and 70s in tandem with the *PSOE* and played an important part in the transition. In 1974 there were over 2000 strikes, involving over half a million workers, which was all the more remarkable as strikes were deemed to be illegal. Striking, under earlier legislation, had been considered on a par with sedition, although a distinction was recognised between strikes that were politically motivated, and labour conflicts which were not. Key workers could even be conscripted into the army and therefore subject to military law, a technique used as late as May 1976. Industrial unrest, however, continued well into the transitional period – 1979 was the worst year in a decade for hours lost in strike action.

Las reivindicaciones sindicales de 1977

Economic changes

Although the emphasis in the immediate post-Franco era was on political change, economic questions began to take on increasing significance. The reorganisation of public affairs also affected the economic system, and serious unemployment, rising inflation and a balance of payments deficit became matters for urgent action. But the measures needed had to be based on consensus – the mood of the times demanded no less. General agreement was essential for any government measures to work.

In 1977 representatives from all parliamentary parties met the Prime Minister at the Moncloa Palace in Madrid, in an attempt to reach basic agreement on solutions to the economic crisis. The employers' confederation (the *Confederación Española de Organizaciones Empresariales*) also took part in what came to be known as the *Pacto de la Moncloa*. Economically it was not entirely successful as industrial growth remained low, and unemployment high, but it paved the way for other package-type agreements notably the *Acuerdo Económico y Social* of 1984, based on an element of consensus. Thereafter, the stringent policies adopted by the government to enable Spain to meet the convergence criteria for her to participate fully in the European Union created discord with the unions, and the inability of the government to broker further agreements between employers and trade unions was a severe setback to economic growth and recovery. It remains to be seen whether Spain will be able to meet the required targets of a public deficit of 60 per cent, inflation at less than three per cent, and long-term interest rates within ten per cent.

Attempts have been made to diversify away from traditional areas of economic activity, even though some (such as tourism which employs one million people) have enormous potential – twenty million people went to see the Seville exhibition in 1992. Others (such as the wine industry) have learned to modernise and compete successfully abroad. Spain is a popular destination for foreign investment, with Ford in Zaragoza, General Motors in Valencia and Volkswagen with its SEAT link-up in Barcelona. Cars account for a quarter of all exports, making the country Europe's number four car producer.

The urban landscape has changed to reflect and accommodate the new activities. Barcelona carried out extensive re-building works prior to the 1992 Olympics, and Málaga has set out (with EU assistance) to develop the first of Spain's planned science parks as a focus for hi-tech investment in the southern Mediterranean region in areas such as laser technology, micro-electronics and telecommunications. Unfortunately, Spain has not been exempt from urban problems, with particular regard to personal safety, petty crime and street violence. The return of the old *serenos*, the night watchmen, offers more than a revival of an old Spanish custom – it provides for a higher level of security at night, and reduces the numbers of car stereos being stolen from overnight car parks.

El Gobierno endurecerá las condiciones para cobrar el paro

Corren malos tiempos para los españoles que de una u otra forma viven gracias a las subvenciones oficiales. El Gobierno no está dispuesto a que el Estado continúe pagando el subsidio de desempleo a quienes no lo merecen, y ha anunciado medidas restrictivas que afectarán además a los jornaleros del Plan de Empleo Rural. Mientras los ministros realizan planes para ocupar a miles de parados y a los objetores de conciencia, la patronal intenta que se reforme también el sistema de pensiones.

 1

subvenciones (f/pl)
subsidies

subsidio de desempleo (m)
unemployment subsidy

medidas restrictivas (f/pl)
restrictive measures

jornalero (m)
day worker

objetor de conciencia (m)
conscientious objector

patronal (f)
the employers' side

desfavorecido
disadvantaged

cañadas reales (f/pl)
traditional drover's roads

vías pecuarias (f/pl)
cattle trails

tareas de restauración (f/pl)
restoration tasks

prestación social sustitutoria (f)
alternative social service

encuesta (f)
survey

registrado en el paro
registered unemployed

vincular
to link up

El Gobierno endurecerá las condiciones para cobrar el paro

Si usted se encontrara en paro y formase parte del millón y medio de ciudadanos españoles que perciben el subsidio de desempleo, ¿estaría dispuesto a coger el pico y la pala y realizar un trabajo que beneficie a la comunidad? Si su respuesta es negativa, ¡cuidado!, porque soplan malos vientos para todo aquél que perciba una ayuda económica procedente de los fondos públicos sin que exista una contraprestación que la justifique, al menos de una manera convincente.

Dispuesta, como parece, la nueva Administración a no gastar en balde una sola peseta, ya son tres los ministerios que han anunciado medidas para controlar al máximo el dinero que el Estado invierte en los ciudadanos más desfavorecidos, cuando no en los que pretenden eludir el servicio militar. Dichas medidas se podrían clasificar en varios tipos: imaginativas, conflictivas y coercitivas, como por ejemplo las tareas de restauración de las cañadas reales que podría llevar a cabo la gente en paro a través del Instituto Nacional de Empleo, los 600.000 jornaleros beneficiarios del PER o los objetores que, según el ministro,

tienen que empezar «una prestación social sustitutoria». Ya están en marcha otros proyectos en este sentido como los 124.000 kilómetros de vías pecuarias que cruzan España de norte a sur.

Según datos de la Encuesta de Población Activa actualmente hay cerca de 2.300.000 españoles registrados en el paro, de los cuales casi 1.500.000 son beneficiarios de prestaciones por desempleo. El Partido Popular ha anunciado su intención de potenciar las políticas activas de empleo, vinculando así el cobro del seguro de paro al cumplimiento de unas condiciones determinadas. Algunas de estas condiciones, según fuentes del Ministerio de Trabajo, apuntan a la permanente realización de cursos de formación y al hecho de que los parados tendrían que aceptar un empleo adecuado a sus características profesionales y a su situación económica. Así, el Gobierno pretende efectuar la reinserción de los desocupados en el mercado laboral, a la vez que avanzar en el control de las bolsas de fraude a la Seguridad Social.

(Revista *Tribuna*, Madrid)

Actividades

1 Preguntas

Contesta las siguientas preguntas en español.

(a) ¿Qué significan Inem y PER?
(b) Explica cómo son las medidas anunciadas por los ministerios.
(c) ¿Cómo espera el Gobierno fomentar políticas activas de empleo?
(d) ¿Cuáles son las consecuencias deseadas?

2 Presentación oral

Explica en qué consisten las propuestas del Gobierno para la reforma del Plan de Empleo Rural, poniendo la forma correcta del verbo.

Propuestas para reformar el PER
- que (dejar de) ser un coladero de dinero público
- que (no acceder) al PER los ciudadanos que injustificadamente (rechazar) otras ofertas de trabajo
- que (acabarse) con el fraude existente en la actualidad
- que (reducirse) el gasto público de un billón de pesetas

Lee estos apuntes sobre la situación de los objetores con respecto al mercado de trabajo y luego haz una presentación tomando en cuenta estos datos:

Los objetores de conciencia
- Actualmente hay 365 000 objetores de conciencia reconocidos. Sólo 47 000 de ellos realizan la prestación social sustitutoria.
- Se ha anunciado que la mili será suprimida a medio plazo.
- Ya casi nadie desea hacer la mili.
- Ha vuelto a subir el número de objetores.
(Más de 18 000 solicitudes en dos meses, según el ministerio.)
Este contingente de jóvenes podría ser una solución a por lo menos una parte de los problemas en el campo.

3 Traducción

(a) Traduce el párrafo «Si usted se encontrara... convincente».
(b) Traduce al español.

A picture of unemployment
Unemployment has always been a serious problem in Spain, even when taking the outflow of migrant workers into account. Traditional systems of land tenure, seasonal employment, and crops requiring a small, skilled labour force are all contributory factors in rural areas, whilst industry has been prone to fluctuating demand and the effects of inflation. Unemployment is not confined to the unskilled. It is also high among young professionals: this is the result partly of over-production from universities, as well as insufficient careers guidance, and the reluctance of employers to take on staff before they have done their military service, or to consider applicants unless they already have some experience or further qualification.

2

Preparar la incierta
pensión del futuro

La principal conclusión de todos los datos que siguen es que conseguir una pensión de jubilación no siempre es fácil. Que, además, ésta sea suficiente para mantener un nivel de vida adecuado, similar al que se tenía durante la vida laboral, es aún más difícil. De ahí la necesidad de ahorrar.

Preparar la incierta pensión del futuro

Pensiones. Ultimamente se habla mucho sobre ellas. Y no para bien. Un día se oye y se lee que es imposible mantener el actual sistema de prestaciones. Al día siguiente se dice que éste está asegurado, al menos a corto plazo. Una semana más tarde se habla de la necesidad de revalorizar las pensiones. Horas después se garantiza su nivel adquisitivo. Pasan tres o cuatro días y se trata de convencer al público de la necesidad de variar el sistema de cálculo de las prestaciones de jubilación. Los sindicatos contestan poco después que no se debería variar.

Hay demasiadas dudas e incógnitas sobre la viabilidad del actual sistema de prestaciones de la Seguridad Social que, por sí mismas, deberían animarnos a todos a ahorrar con vistas al futuro. Pero si estos temores no fueran suficientes, existen otros motivos de carácter monetario que deberían llevarnos todos a la misma conclusión de ahorro.

• La pensión máxima actualmente establecida es de 276.000 pesetas brutas mensuales, repartidas en 14 pagas. Ahora bien, si una persona en su vida laboral gana más de esa cantidad, ¿podrá aceptar un recorte sustancial de su nivel de renta cuando llegue a los 65 años de edad?

• ¿Y qué pasa en el caso de un trabajador que ha contribuido siempre en el máximo, que a precios de hoy le daría una base de más de 300.000 pesetas, cuando el máximo permitido es de sólo 276.000?

• En realidad, para conseguir el ciento por ciento de la pensión correspondiente es necesario no sólo haber cumplido los 65 años, sino también haber cotizado a la Seguridad Social durante 35 años. ¿Quién tiene hoy por hoy garantía de que su vida laboral se extenderá a lo largo de tantos años?

• Según un portavoz de la Seguridad Social de Vizcaya, nadie que no supere los 15 años de cotizaciones a ese organismo tiene derecho a pensión.

• Más del 10 por ciento de la población española cuenta con 65 o más años, y el proceso de envejecimiento de la población es irreversible y se extenderá por los próximos 30 ó 40 años. Para hacer frente al descenso paulatino de la natalidad y el cada vez mayor número de jubilados, la sociedad y las instituciones públicas deben concentrar sus esfuerzos.

(*El País*, Madrid)

Actividades

1 Se dice así

Observa el uso de vocablos y frases relacionados con el tiempo. Busca los ejemplos siguientes en el texto:

- últimamente
- un día... al día siguiente
- una semana más tarde
- a lo largo de tantos años
- horas después
- pasan tres o cuatro días

Nota cómo se habla de cierta edad o período de tiempo:

- cuando llegue a los 65 años de edad
- es necesario haber cumplido los 65 años de edad
- haber cotizado durante 35 años
- nadie que no supere los 15 años de cotizaciones

2 ¿Verdadero o falso?

Corrige las afirmaciones falsas.

- *(a)* Hay que pagar por lo menos 14 veces para recibir la pensión.
- *(b)* Cientos de personas pagan a Seguridad Social.
- *(c)* Hay que tener 15 años para contribuir.
- *(d)* En teoría es posible contribuir por encima del máximo previsto.
- *(e)* Todos tenemos que ahorrar para el futuro.

3 Resumen

Las reclamaciones del sector
Éstas son las reclamaciones principales de los expertos que trabajan en el campo de las pensiones. Utilizando frases como, por ejemplo, hay que..., se debe..., es preciso..., es menester..., *explica lo que quieren.*

- *(a)* (Tener acceso) a los fondos antes de la edad de jubilación en situaciones excepcionales, como el paro de larga duración.
- *(b)* (Incrementar) el tope de un millón de pesetas al año en las contribuciones personales.
- *(c)* (Posibilidad de superar) el límite del 15 por ciento de desgravamen de impuestos para la gente mayor.

4 Redacción

Utilizando estos textos y el vocabulario de la página anterior, explica en unas 150 palabras por qué es tan importante hoy en día ahorrar para la jubilación.

3

Cifras y más cifras

Los textos que siguen a continuación muestran cómo se utilizan cifras y estadísticas en español.

3i

cifra (f)
figure

población ocupada (f)
employed population

empleo indefinido (m)
long-term unemployment

empleo temporal (m)
temporary work

a tiempo parcial
part-time

ejercicio (m)
financial year

saldo (m)
balance

índice (m)
index

Tasas de paro

La población ocupada ha crecido casi en un 3%, lo que ha supuesto la creación de unos 300.000 empleos, frente a la pérdida de 108.000 el año pasado, mientras que el paro caía en más de 100.000, según la Encuesta de Población Activa (EPA). Pero si es cierto que ha aumentado el empleo indefinido (2,7%) no hay que olvidar tampoco que el empleo temporal ya afecta a más del 35% de los contratados, y que más de 900.000 trabajadores tienen contratos a tiempo parcial, lo que supone un crecimiento del 18%. La tasa de paro afectaba a 3,5 millones de personas, el 33,7% de la población activa.

(*Anuario El País*, Madrid)

La Bolsa

Durante los tres primeros meses del ejercicio pasado, la inversión extranjera –que supone un 50% del total de las operaciones en la Bolsa española– mostró un claro signo vendedor con un saldo neto negativo de casi 40.000 millones de pesetas, que llevó al índice general de la Bolsa de Madrid a situarse en los niveles mínimos del año con una pérdida del 7% a finales de marzo.

(*Anuario El País*, Madrid)

EL TURISMO LA PRIMERA INDUSTRIA NACIONAL

Un año más, el turismo sigue siendo la gran arma para compensar el déficit comercial español. España recibió 61 millones de visitantes el año pasado, y esta cifra supone un aumento del 7,3% sobre la cifra del año anterior. Los ingresos fueron de 2,8 billones de pesetas (alrededor de 19.000 millones de dólares), lo que significa que el turismo se ha convertido en el motor de la economía, y España en la cuarta plaza mundial, según afirmó el miércoles 25 el secretario general de Turismo.

(*El País*, Madrid

3ii

cuadrar
to balance

suma total (f)
the sum total

renta (f)
profit, yield

cuenta (f)
account, bill

inversiones (f/pl)
investments

extranjero
foreign, overseas

disminución (f)
reduction

activos (m/pl)
assets

LA BALANZA DE PAGOS

RECORDEMOS que la balanza de pagos no es más que un «balance» o registro contable de las transacciones económicas de los residentes de un país con el exterior durante un período de tiempo y que, como todos los balances contables, tiene que cuadrar.

Esto significa que la suma total neta de transacciones por cuenta corriente (exportaciones menos importaciones de bienes y servicios y transferencias de renta) debe corresponder a la suma total neta de las transacciones por cuenta de capital (la suma de inversiones extranjeras en España, menos las inversiones españolas en el extranjero, más los créditos netos del extranjero a España), más la disminución de las reservas exteriores (esto es, de los activos frente al exterior).

(*Cambio16*, Madrid)

El puerto de Almería

ctividades

1 Se dice así

Estudia el uso de las frases que se emplean para comentar y discutir cifras y estadísticas:

- ha crecido casi en un 3%
- Pero si es cierto que ha aumentado el empleo indefinido (2,7%) no hay que olvidar tampoco que...
- lo que significa que el turismo se ha convertido en...

Observa el uso del verbo suponer *en este contexto:*
- lo que ha supuesto la creación de...
- lo que supone...
- esta cifra supone un aumento del 7,3%
- que supone un 50% del total...
- lo que supone un crecimiento del 18%

Observa también el uso de las preposiciones con las cifras:
- ha crecido casi en un 3%
- frente a la pérdida de 108 000 el año pasado
- el paro caía en más de 100 000

Busca otros ejemplos en los textos que aparecen en esta sección.

2 Escucha y completa

Hablando de dinero

Escucha cómo se habla de cifras en español, rellenando los espacios en blanco.

(a) La energía ha bajado en un _____ con respecto al mes anterior.

(b) El aumento de precios el último mes ha sido del orden del _____, la mitad del registrado en diciembre del año anterior.

(c) Podemos situar la inflación en lo que va de año en el _____, sin contar la inflación subyacente, aquélla que no tiene en cuenta ni la energía ni los alimentos frescos, que debe quedar en un _____, lo que supone también un buen dato.

(d) No tengo las cifras para _____ a la mano, pero podemos ver en _____ que el índice de precios sigue siendo alto en comparación con otros países. Francia, por ejemplo, ha cerrado el año _____ con una tasa del _____.

(e) Con los datos de noviembre, últimos hechos públicos, la diferencia con la media comunitaria era de _____ puntos, la más reducida de los últimos años y muy alejada del _____ que se registró en diciembre de _____.

3 Preguntas

Responde a estas preguntas en español.

(a) Haz un resumen del sector turístico español, sus ingresos y la cantidad de visitas.

(b) ¿Qué son las transacciones por cuenta de capital?

4 ¿Verdadero o Falso?

Corrige las afirmaciones falsas.

(a) La inversión extranjera subió en un 50%.

(b) La Bolsa mostró un claro signo vencedor.

(c) Hubo una caída en la bolsa en los tres primeros meses del año.

5 Traducción

Traduce a tu propio idioma la definición que se da de la balanza de pagos en la página 118.

4

El sector exterior de la familia López

Esta explicación de cómo funciona el sector exterior de la economía compara los gastos nacionales con los gastos familiares.

El sector exterior de la familia López

4

sueldo (m)
income

préstamo (m)
loan

realizar
to carry out

solicitar
to request

ahorrar
to save

desembolso (m)
outlay

suceder
to happen

superávit (m)
surplus

aumento (m)
increase

incapaz
incapable

acometer
to tackle

asemejarse a
to be similar to

Para entender mejor esta relación contable, imaginemos que queremos elaborar la balanza de pagos de la familia López. Los López compran ropa y comida y de vez en cuando van al cine (importaciones de bienes y servicios). Cuando el sueldo y las rentas de su supercuenta (exportaciones de bienes y servicios y transferencias de renta) no les dan para llegar a fin de mes, tienen que sacar dinero del banco o pedir un préstamo: es decir, el saldo positivo de su balanza por cuenta de capital, incluida la variación de reservas, debe ser igual al saldo negativo de su balanza por cuenta corriente.

Pero además de este significado meramente contable, hay un significado económico en la balanza de pagos, que se descubre trascendiendo esta mera igualdad contable y poniendo en relación componentes de cada una de las subbalanzas.

Para seguir con la analogía de la familia López, aunque contablemente fuera lo mismo, evidentemente no tiene el mismo significado que los López deban pedir un préstamo bancario para realizar un viaje de placer a Indonesia, que el que deban solicitarlo para comprar una vivienda o para instalar un negocio porque no han podido ahorrar lo

suficiente para cubrir el desembolso requerido.

Lo mismo sucede con los países: algunos déficits de la balanza por cuenta corriente son preocupantes, porque los superávits de la balanza por cuenta de capital están financiando meramente un aumento del consumo, y otros déficits de la balanza por cuenta corriente son déficits «sanos» porque lo que se está financiando con ayuda del ahorro exterior es un proceso de inversión muy rentable que el país es incapaz de acometer sólo con ahorro interno. Como veremos, el caso de España se asemeja más bien a este último.

(*Cambio16*, Madrid)

ctividades

1 Preguntas

Responde a estas preguntas en español.

(a) ¿Te parece acertada la comparación entre la economía nacional y el presupuesto familiar de la familia López?

(b) ¿Qué es lo que ilustra cada ejemplo que sigue a continuación?
   - (1) el sueldo y las rentas de su supercuenta
   - (2) tienen que sacar su dinero del banco
   - (3) realizar un viaje de placer a Indonesia

2 Cara a cara

En grupos pequeños o en parejas, preparad una serie de preguntas y respuestas basadas en esta ilustración de lo que es la balanza de pagos, aprovechando sobre todo la cantidad de explicaciones, empezando con «porque».

3 Escucha

Mi situación económica

Escucha estas discusiones entre jóvenes españoles sobre el tema de su situación económica, cómo pueden vivir, las oportunidades que ven en el futuro. ¿Cómo ven el futuro estos españoles? Jaime es estudiante y tiene 22 años; Pilar es secretaria de dirección y trabaja en Madrid; y Rosario es contable, está casada y tiene dos hijos mayores.

4 Debate

(a) ¿Son optimistas o pesimistas con respecto al futuro? Toma nota de lo que dicen. Explica el porqué.

(b) Compara la situación que ellos presentan con las posibilidades que hay para la gente joven en otros países, como el tuyo.

5 Escucha y escribe

Escucha otra vez y toma nota del vocabulario relacionado con los temas económicos, sobre todo en el campo personal.

6 Escucha y completa

(a) Escribe los detalles con respecto a la situación económica de Jaime, Pilar y Rosario.

(b) ¿Y qué es lo que piensan hacer en el futuro?

5

El impuesto revolucionario

Este programa de Radio Nacional de España trata el tema del llamado impuesto revolucionario, tema que combina las finanzas con el terror.

V5

seguro de vida (m)
life insurance

cuantía (f)
amount

pagar a plazos
to pay by instalments

en el anonimato
anonymously

vizcaíno
from Biscay

chantaje (m)
blackmail

extrañarse
to be surprised

recaudar
to collect

cambiar de domicilio
to move house

broma pesada (f)
a poor joke

estar en juego
to be at risk

rogar
to ask

secuestrar
to kidnap

timorato
faint hearted

cobarde (m)
coward

acudir
to turn up

ctividades

1 Escucha y responde

Escucha el programa y responde a estas preguntas en español.

(a) Explica cómo el grupo separatista ETA exige dinero a empresarios e individuos en el País Vasco.
(b) ¿Cómo reaccionó el primer empresario cuando recibió la carta de ETA?

2 Redacción

Escucha otra vez y escribe un informe sobre cómo se desarrolló el sistema de recoger dinero para el llamado impuesto revolucionario.

3 Escucha y escribe

Escucha lo que dice Juan Alcorta y toma nota de los verbos que utiliza.

Las alternativas que me quedan son: primera, _____ y _____ por ahora; segunda, _____ , _____ y _____ un descuento a través de los intermediarios: tercera, _____ , _____ ; cuarta, no _____ , no _____ , no _____ y _____ , poco o mucho.

4 Informe oral

Escucha la última entrevista con el empresario anónimo y explica en tu propia lengua a un periodista extranjero qué es lo que se dice.

5 Traducción a la vista

Traduce este fragmento de otra entrevista.

Yo me acuerdo de una anécdota, yo creo que es triste, pero merece la pena contarla; cuando el chantaje revolucionario empezó a extender a otras profesionales liberales, un conocido médico del País Vasco se extrañaba y llegó a manifestar: «¿Cómo me piden a mí dinero, si yo no tengo obreros?» Quiere decir, había una cierta relación entre esta forma de extorsión y el hecho de tener una empresa, tener obreros trabajando.

Con la adhesión de España a la Comunidad Europea se ve una nueva actitud de parte de los empresarios españoles, aunque no buscan siempre los mercados muy grandes.

Cada día nacen nuevas multinacionales españolas

Los nuevos tiempos imponen sus modas y ante la llegada del mercado único europeo, son numerosos los empresarios españoles convencidos de que la mejor forma de luchar contra las multinacionales es situarse a su mismo nivel, salir a competir fuera de nuestras fronteras, y montar industrias y oficinas en otros países. Son, en definitiva, las nuevas multinacionales españolas que se multiplican de día en día.

De Muller es una firma vinícola localizada en Tarragona, que entre otras características disfruta la de facturar un 35 por ciento de su producción total en vinos de Misa, sector en el que es líder mundial. Su mercado tradicional es el inglés y hace ya algún tiempo decidió establecerse en Rochester (Gran Bretaña) mediante la inversión de 20 millones de pesetas. Luego ha ido añadiendo dinero, sobre todo a través de la reinversión de beneficios. La intención de la compañía es netamente expansionista, aunque para ello es imprescindible contar con el elemento humano adecuado. En este momento la plantilla de la multinacional tarraconense en Rochester es de diez personas, número que puede quedar ampliado a quince en el futuro. De Muller S.A. puede competir perfectamente con sus colegas inter-

nacionales tanto a nivel tecnológico como de precios.

En Miranda de Ebro se asienta la firma Tecny-Farma S.A., que factura al año del orden de 600 millones de pesetas en forma de mobiliario para farmacia, productos de farmacia hospitalaria y guantes de pvc. Para diversificar su actividad decidió implantarse a través de locales e instalaciones alquiladas en Bélgica, Francia y Portugal. Dice el director gerente de la compañía que el motivo de haber elegido estos países se debe a que son países latinos, con culturas similares a la española y también con mayor facilidad de penetración y con una interesante aportación tecnológica. Los resultados conseguidos hasta ahora son los previstos. La política expansionista al exterior se mantendrá en el futuro dada la propia definición de la compañía, marcadamente internacionalista tanto a nivel exportador como importador. La plantilla en el extranjero dependerá del nivel de desarrollo que se alcance en el futuro; a medio plazo puede establecerse una estructura humana superior a las 20 personas.

Kidiqap S.A. fabrica lápices de colores y materias colorantes para la producción de aquéllos. Hace diez años la empresa descubrió casi por casualidad una tecnología

propia que entonces era pionera a nivel mundial, pero se dio cuenta de que el mercado español podía absorber entre 20 y 25 toneladas de productos, cifra mínima para montar una industria seria dentro de esa especialidad. Entonces los dueños decidieron internacionalizar la fabricación, conscientes de que el futuro de la empresa dependía de la venta del producto a todo el mundo, y sobre todo a países de alta tasa de natalidad, porque los niños son los principales clientes del producto. Y se convirtió en líder mundial dentro del sector. Ya tiene un cliente en Israel al que vende entre 30 y 40 millones de pesetas al mes en materia prima. En Argelia posee el 100 por ciento del mercado de lápices de colores de plástico. Allí la firma vende la materia prima y los argelinos la manufacturan. La planta industrial quedará concluida en junio próximo. La fábrica es propiedad argelina pero la dirección técnica y la de marketing corresponderán a la empresa española durante los próximos diez años. Dentro de dos años la planta podrá exportar y se espera vender el producto a toda Africa.

(Fomento de la producción, Barcelona)

V 6

imponer
to impose

vinícola
wine-producing

disfrutar de
to benefit from

facturar
to turn over

inversión (f)
investment

beneficios (m/pl)
profits

adecuado
sufficient

tarraconense
from Tarragona

asentarse
to be based

mobiliario (m)
equipment

alquilar
to rent

plantilla (f)
labour force

a medio plazo
medium term

por casualidad
by chance

cifra (f)
figure

tasa de natalidad (f)
birth rate

materia prima (f)
raw material

Actividades

1 Se dice así

Observa los gentilicios en este texto, vocablos que indican el lugar de origen:

Por nacionalidad:

Argelia	argelino
España	español
Inglaterra	inglés
Austria	austríaco

Por región:

Europa	europeo
África	africano
Asia	asiático

Por región española:

Andalucía	andaluz
Aragón	aragonés
Asturias	asturiano
Cataluña	catalán
Galicia	gallego
Navarra	navarro

Por ciudad:

de Tarragona	tarraconense

¿De dónde serían estas personas?
(1) madrileño
(2) cordobés
(3) bilbaíno
(4) neoyorquino
(5) londinense

2 Preguntas

Responde a estas preguntas en español.

(a) ¿En qué consiste el plan de desarrollo para cada compañía?
(b) ¿Por qué decidió Tecny-Farma diversificar en el extranjero?
(c) ¿Y Kidiqap?
(d) ¿Cómo es el negocio de Kidiqap en Argelia?

3 Presentación oral

Se supone que estás trabajando en una feria de muestras y que representas a una de las compañías mencionadas arriba. Prepara una pequeña presentación sobre ella, explicando qué es, qué es lo que produce, cómo ha crecido, y qué es lo que propone hacer en el futuro.

El lema «Bajo Franco vivíamos mejor» recuerda el hecho innegable que la seguridad ciudadana era menos problemática que hoy día. No toma en cuenta, sin embargo, la represión que tomaba tantas formas y el hecho de que en otra época había menos peligro en la calle y en todo el mundo.

7

gamberrismo (m)
hooliganism, vandalism

escalofriante
shocking

rotura (f)
destruction

mobiliario (m)
furnishings

apedreamiento (m)
stoning

destrozo (m)
destruction

contenedor de basura (m)
litter bin

empresa de seguridad (f)
security firm

red (f)
network

ejercicio (m)
financial year

truco (m)
trick

avería (f)
breakdown

diversión (f)
amusement

El gamberrismo en los servicios públicos

Con Franco vivíamos mejor

Los datos son escalofriantes. El gamberrismo y los actos vandálicos contra los servicios públicos han costado en el pasado año en España más de 8.000 millones de pesetas. La rotura intencionada de mobiliario urbano, el apedreamiento de convoys ferroviarios, destrozos en cabinas telefónicas, incendios en contenedores de basuras, entre muchas otras variantes de actos vandálicos, son hoy una de las mayores preocupaciones de los ayuntamientos y de las empresas que prestan servicios públicos.

Los datos que se manejan en nuestro país son aproximados, dado que nadie sabe a ciencia cierta el daño económico que suma año tras año el vandalismo en España. Para Renfe, los gamberros son un auténtico calvario, que año tras año le suponen una sangría económica muy considerable. La magnitud de los mismos es tal que le llevó a crear hace dos años una dirección general de seguridad que se encargase exclusivamente de este tipo de tareas. Además, contrató a varias empresas de seguridad para que le ayudasen en la prevención y represión de este tipo de acciones. Otro ejemplo es todo lo que sufre diariamente Telefónica. La red de aparatos telefónicos instalados en la calle supera las 39.000 unidades. En el pasado ejercicio los trucos y daños realizados por los gamberros fueron los causantes de más de 105.000 averías, lo que ocasionó a la compañía un coste superior a los 360 millones de pesetas.

(Fomento de la producción, Barcelona)

Actividades

1 Busca la palabra adecuada

gamberrismo	celebración	pertenencia
cercanos	índole	situados

El vandalismo no es sólo _____ de los desclasados sociales sino que incluso se han detectado graves situaciones entre gente pudiente. Así por ejemplo, los parques públicos _____ en la zona alta de Barcelona son los más castigados por el_____ . Los momentos en los que se producen más actos de esta _____ son los fines de semana y en lugares relativamente _____ a centros de diversión juvenil, como por ejemplo discotecas. Asimismo, la _____ de manifestaciones y grandes concentraciones de gente son temidas por los responsables de los distintos servicios públicos.

2 Cara a cara

(a) Comenta con un compañero/a el problema del gamberrismo en tu país, sus causas y posibles soluciones.

- ¿Cómo se puede reducir el problema del vandalismo, sobre todo en la gran ciudad?
- ¿No es nada más que una consecuencia del urbanismo moderno, donde los individuos se sienten perdidos en un medio ambiente que no consideran suyo?

(b) ¿Y qué diferencia hay entre las gamberros que hacen daño al lugar donde viven y el problema del gamberrismo entre turistas extranjeros? Lee este extracto de un artículo sobre el problema de los indeseables en los lugares populares de veraneo en las costas e islas de España.

El problema del gamberrismo entre turistas extranjeros

Una buena parte de los indeseables que vienen a España para las vacaciones provienen de las organizaciones de hinchas de fútbol británicos, cuya violencia incontrolada se ha hecho tristemente famosa en toda Europa. Se trata, en la práctica, de asociaciones delictivas de borrosa ideología nazi y un gusto sádico por la violencia gratuita y la destrucción.

Pero junto a ellos, imitándolos, un buen número de ciudadanos grises, de extracción social baja y nivel educativo casi inexistente, soporta todo el año el agobio de trabajos aburridos, climas gélidos y represión de costumbres. España y el verano les ofrece la posibilidad de desmelenarse a fuerza de grandes cantidades de cerveza a precios económicos. Y junto a esto, la existencia de una policía que, a diferencia de la de sus países, tiene fama de actuar con lenidad con los turistas.

Benidorm, en la costa levantina, es uno de los centros predilectos utilizados por ingleses, holandeses y nórdicos para hacer el gamberro. La antigua aldea pesquera alicantina es hoy el centro hotelero con mayor número de plazas de Europa, después de Londres y París. Y los tour operadores ofrecen vacaciones en Benidorm a precios ridículos para el nivel de ingresos de los europeos del norte. Ofertas que son aprovechadas por sectores sociales de bajo nivel de ingresos económicos.

(*Cambio16*, Madrid)

Act. 2

gamberro (m)
hooligan

gamberrada (f)
act of hooliganism

hincha (m)
football fan

borroso
vague

agobio (m)
burden

gélido
frozen

desmelenarse
to let one's hair down

alicantino
from Alicante

3 Preguntas

Responde a estas preguntas en español.

(a) ¿Qué es lo que quiere decir el lema «Bajo Franco vivíamos mejor»?
(b) ¿Es acertado decirlo?
(c) ¿Por qué son «escalofriantes» los datos?
(d) Explica la situación con respecto a Renfe.
(e) ¿Y Telefónica?

4 Informe oral

El segundo artículo critica muy severamente a los turistas extranjeros que visitan las costas e islas de España. Explica qué es lo que dice.

5 Cara a cara

Discute con un/una compañero/a la fama que tiene el turista de portarse mal en el extranjero. ¿Crees que ésta es una imagen válida?

6 Informe

Escribe un ensayo de 300-350 palabras sobre el tema del gamberrismo, basado en los datos presentados aquí.

8

La ciudad

Las ciudades de América Latina han crecido enormemente en los últimos treinta años. La Ciudad de México y San Pablo en Brasil se sitúan entre las ciudades más grandes del mundo. El premier texto trata de los problemas que acarrea este crecimiento y que hay que solucionar. En el segundo texto el alcalde de Barcelona puntualiza lo que ha ganado Barcelona a largo plazo por haber sido la sede de los Juegos Olímpicos en 1992.

 8

medio ambiente (m)
environment

escasez (f)
shortage

agua potable (f)
drinking water

alcantarillado (m)
main drainage

recursos naturales (m/pl)
natural resources

agotado
exhausted

préstamos (m/pl)
loans

azufre (m)
sulphur

combustibles alternativos (m/pl)
alternative fuels

contaminación (f)
pollution

suministro (m)
supply

abastecimiento (m)
supply

PROBLEMAS URBANOS EN AMÉRICA LATINA

Uno de los problemas más serios en América Latina es el deterioro del medio ambiente y de las condiciones de salud a lo cual se suma el aumento de la población y la escasez de servicios básicos. El Banco Interamericano de Desarrollo ha concentrado sus recursos en proyectos destinados a ayudar a que las ciudades más afectadas puedan enfrentar la serie de problemas ambientales, incluyendo contaminación del aire, falta de vivienda y agua potable, el deficiente sistema de alcantarillado y la recolección y depósito de la basura. En muchas zonas urbanas, los recursos naturales han sido sobreexplotados y agotados y existen pocos parques y áreas para el recreo.

Tradicionalmente el banco ha ayudado a mejorar las condiciones de vida en los centros urbanos mediante préstamos globales para proyectos múltiples de trabajos públicos, créditos globales para instituciones de desarrollo y cooperación técnica. Un préstamo de 100 millones de dólares anunciado recientemente servirá para apoyar una campaña para disminuir la contaminación del aire en la Ciudad de México, la que no es, sin embargo, el único lugar en América Latina que sufre este problema. La topografía y las condiciones climáticas exacerban la concentración de los elementos contaminantes, como en el caso de Santiago de Chile, Río de Janeiro y San Pablo. Las estrategias para reducir la contaminación incluyen controles antes de la combustión (como gasolina con una concentración baja de azufre, combustibles alternativos como gas natural o biogas); controles después de la combustión, como uso de convertidores catalíticos en los automóviles; y conservación de la energía por medio del uso del transporte colectivo.

La contaminación del agua es otro problema que acompaña el rápido crecimiento de la población urbana en la región. Las enfermedades transmitidas mediante el agua son todavía la principal causa de muerte infantil. El promedio regional de 54 muertes por cada mil nacimientos se debe en parte al deficiente suministro de agua potable y servicios sanitarios. Cerca de 37 millones de habitantes urbanos carecen del mínimo acceso a los sistemas municipales de distribución del agua. Sólo el 75% de la población urbana tiene acceso al agua mediante tuberías y otro 13% tiene un acceso razonable a lugares de abastecimiento público. Más del 90% del agua residual de la región se descarga sin tratamiento previo. El préstamo del BID por 450 millones de dólares servirá para un proyecto de control de contaminación de aguas en San Pablo, Brasil. Se beneficiará alrededor de un millón de personas, mediante la mejora de los servicios sanitarios de las viviendas y la construcción de instalaciones para el tratamiento de las aguas residuales.

(*Terra Viva*, Río de Janeiro)

1 Preguntas

Responde a estas preguntas en español.

(a) ¿En qué ha concentrado sus recursos el BID?
(b) ¿A qué se va a dedicar el préstamo de 100 millones de dólares?
(c) ¿Qué es lo que tienen en común Santiago, Río y San Pablo?
(d) ¿Cómo se puede controlar la contaminación?

2 Informe oral

Prepara un breve informe sobre el problema de la contaminación del agua para las nuevas poblaciones urbanas en América Latina.

EL GRAN CAMBIO DE BARCELONA

Barcelona ha hecho un gran cambio. Este cambio tiene muchas caras. Unas son muy visibles, como las Rondas, la Villa Olímpica o el Anillo Olímpico de Montjuic. Otras son menos conocidas para el conjunto de los barceloneses o para los visitantes de la ciudad, pero perfectamente apreciadas en cada distrito y en cada barrio. Hemos recuperado el mar con el gran cambio de la fachada marítima. Pero podemos ver también ese cambio en la sierra de Collserola, en Ciutat Vella –el barrio antiguo de la ciudad– y en las llamadas áreas de nueva centralidad.

Barcelona ha extendido su centro con la proyección de ejes comerciales, deportivos y culturales en diferentes distritos. Nuevas o renovadas ramblas enorgullecen barrios que carecían de espacios urbanos para el paseo, se han creado más de 150 parques y plazas mientras que las esculturas en la calle han dejado de ser patrimonio del centro. Este conjunto de actuaciones ha supuesto un mayor equilibrio de la ciudad y ha contribuido a acortar diferencias entre zonas que sufrían un grave deterioro urbanístico y otras zonas que en anteriores épocas habían sido las únicas beneficiadas de los cambios urbanos. Todos esos cambios no han sucedido en el vacío ni han dejado de generar, en sí mismos, cambios también en la ciudad, en el marco social y económico donde se originan nuestras actitudes de ciudadanos. Ha habido crecimiento económico en los últimos cuatro o cinco años, después de una larga crisis que nos había llevado a un paro superior al 20 por ciento. Ahora en Barcelona estamos entre el 8 y el 9 por ciento. Los precios del suelo y de los pisos han subido rápidamente en estos últimos cinco años, despues de diez (1974-1984) de caída insensible pero real y muy considerable. Ahora volvemos a ver un proceso de disminución de los precios reales, de los activos inmobiliarios, forzado por un aumento considerable de la oferta, en gran medida olímpica, como las operaciones de las villas olímpicas del Poblenou, Vall d'Hebron, Eixample Maritim, Montigala, los nuevos hoteles... y la concomitante expansión de los centros comerciales y terciarios en los ejes de nueva centralidad.

La ciudad ha mejorado, ha crecido. Los barceloneses compran más,

8

fachada (f)
façade

enorgullecer
to make proud

carecer de
to lack

eje (m)
axis

peatón (m)
pedestrian

sacar provecho de
to derive benefit from

viajan más, alteran quizás su ubicación. Algunos se van, otros vienen. Nuevas actividades económicas, culturales y comerciales vienen a llenar, o a provocar los vacíos dejados. Los que vienen y los que se van de la ciudad son personas de composición social diversa. Y la apertura de las rondas y túneles contribuye a aumentar los movimientos en los dos sentidos. La entrada en servicio de las rondas también nos permite ensayar en el interior de la ciudad una nueva concepción de la movilidad con el objetivo de tener unas calles menos colapsadas, más humanas, en las cuales el peatón sea el más beneficiado.

El incremento de la calidad de vida ciudadana, el aprovechamiento cultural y económico del impulso generado por los Juegos Olímpicos y la presencia de la ciudad de Barcelona en Europa son tres de nuestros principales retos para después del 92. Después de la exposición pública mundial de Barcelona, Barcelona será cada vez más un punto de mira cultural y económico. Y de ello sacaremos provecho. Ya lo estamos sacando, porque en estos momentos, existen numerosos proyectos en plena realización que tienen su objetivo en el año 2000.

Pasqual Maragall,
Alcalde de Barcelona

(*Cambio16*, Madrid)

Anilla olímpica de Montjuic, Estadio Olímpico de Barcelona

ctividades

3 Preguntas

Responde a estas preguntas en español.

(a) ¿En qué consisten los beneficios para Barcelona?
(b) ¿Ha habido beneficios sólo para el centro de la ciudad?
(c) ¿Y cómo ha beneficiado en el campo económico?
(d) ¿Ha crecido en qué sentido?
(e) ¿Qué retos se presentan en el futuro?

4 Informe oral

Explica a una persona que no conoce Barcelona lo que ha dicho el alcalde. ¿Hay beneficios para una ciudad tener los Juegos Olímpicos?

7 HEALTH AND THE ENVIRONMENT

The themes of health and the environment are interlinked in many ways. These texts look at the topics from the point of view of the individual rather than the government, covering points such as diet, drinking and eating habits (not to mention smoking, which seems deeply engrained in the Spaniards). Environmental themes also appear, with particular regard to urban locations, again with a personal perspective.

Health

One advantage of EU membership for Spain (and possibly an unexpected one) has been greater protection for the consumer, and the implementation of European rulings on various aspects of modern life such as food hygiene and personal wellbeing. The awful episode of the *atípica* first reported in 1981, in which over 20 000 people were permanently injured and hundreds died as a result of consuming adulterated cooking oil, not only indicated what could happen if proper protective measures did not exist, but also how poorly protected people were against such outbreaks. It is perhaps ironic that whilst steps (such as health warnings on cigarette packets) have been taken to protect the individual, the wider availability of soft drugs legally through the easing of government regulations has quite possibly put people at greater risk than hitherto.

AIDS shows similar patterns to other Western countries, and is concentrated particularly among drug users. With around 35 000 cases of full-blown AIDS, Spain has marginally fewer people affected than France as a percentage of all known cases, which still places it within the top ten of countries affected. (Britain on the same scale is in 20th position.) The pattern across Spain is very varied, with almost half the total located in Madrid and Barcelona, with pockets mainly in coastal areas such as Málaga, Valencia and the province of Vizcaya.

Environment

Greater concern for the environment reflects the way in which Spain's move into the European mainstream has had a beneficial effect on everyday life and how Spanish expectations and attitudes tend to reflect concerns elsewhere. There have been movements for many years to protect some of the rarer species of animal in the Iberian Peninsula, ranging from the brown bear to the Iberian mongoose, and Spain was one of the first countries in the world to establish proper national parks with *Ordesa y Monte Perdido (Aragón)* in 1918, although relative to size it still has less space earmarked for conservation than Holland. Autonomous governments have been particularly active in creating and protecting open spaces – the *Picos de Europa* (which have long been a tourist destination) were only protected by law in 1995.

Apart from the ten national parks, there are also over 350 designated areas of outstanding natural beauty coming under such categories as the *área natural de especial interés* and the *enclave natural*, all of which make up about five per cent of the total land surface of the country. It is intended to triple this figure in response to the EU's Natura 2000 network. Over seven million people visit the parks each year and Spain is aware of the tourist attraction of areas of outstanding beauty, which can attract visitors away from the overcrowded coasts and draw them into areas which have a lower concentration of tourism. Another technique (which also relies on environmental balances) is the development of ski resorts, of which there are over two dozen, principally in the north of the country, and large numbers of golf courses. This is not to say that environmentalists can be complacent in Spain – matters for concern are raised regularly in the Press, and problems such as urban traffic appear in this section.

Spain is also vulnerable to certain kinds of ecological disaster, such as the major forest fires that can be the scourge of a hot summer. Long summer droughts can make these worse, exacerbated by an estimated 20 per cent decline in rainfall this century. This has become more noticeable since about 1970, and supplying the needs of the 50 million visitors that arrive each year has hardly helped, despite the development of reservoirs. Drought and forest fires are factors which make desertification a very real problem in up to half the country, with about 15 per cent severely affected already.

It is not surprising for a major tourist destination that the authorities should have become sensitive to attitudes elsewhere in the community. The EU practice of the blue flag on beaches to indicate reasonable levels of hygiene and environmental concern is a clear example. In 1990, for example, just over 12 per cent of beaches scored zero, a low figure given the heavy use in summer and the natural consequences of millions of visitors packed into the coastal strips at a time of year when fresh water can be at a premium.

Nor is pollution confined to the beach. Measures have been taken to reduce the problem, with some success. Water supplies and rivers have been cleaned up, although it is only recently that the size of the leak from a nuclear power station outside Madrid in November 1970 has been acknowledged. (80 litres of radioactive liquid got into the river Manzanares, and thence into the Jarama and Tagus rivers, and out to the Atlantic.) Madrid, with its narrow streets and emissions from vehicles and oil-fired central heating systems, has had a problem for nearly thirty years, which was offset by careful planning under the celebrated mayor of the 1980s, Enrique Tierno Galván. There has been less progress in the reduction of noise levels, where the situation in two-thirds of major towns is described as serious. Recycling, and the setting up of *contenedores de vidrio*, has become as much part of the urban landscape as in other European cities, but the fires at the enormous open dumps only a few miles away from major *Costa del Sol* resorts show that a lot remains to be done.

La España beoda

El artículo que sigue analiza el problema que presenta el creciente consumo de alcohol entre los españoles. Antes de leer el texto considera estas preguntas y comenta las posibles respuestas con tus compañeros.

- ¿Crees que el consumo de alcohol constituye un problema en tu país?
- ¿Entre qué grupos sociales y a qué edades se da con más frecuencia esta tendencia a la bebida?
- En tu opinión, ¿qué factores llevan a la gente a beber en exceso?
- ¿Qué consecuencias puede tener, crees tú, el excesivo consumo de alcohol para la salud?
- ¿Qué consecuencias sociales suele tener?
- ¿Existen asociaciones dedicadas a ayudar a los alcohólicos en tu país? ¿Qué sabes sobre ellas?

Si no tienes información al respecto, consulta en tu comunidad y luego informa a tus compañeros sobre lo que has podido averiguar.

Ahora, lee los tres primeros párrafos del artículo donde se plantea el problema. A medida que los leas escribe las respuestas a éstas y otras preguntas que encontrarás a continuación.

(a) ¿Cómo califica el autor del artículo a la sociedad española? ¿Por qué?
(b) ¿Qué lugar ocupa España dentro de Europa en lo que a consumo de alcohol se refiere?

La España beoda

Por lo menos veintiséis millones de ciudadanos consumen cotidianamente alcohol en este país. España es una sociedad alcohólica, y los españoles beben, según los parámetros europeos, de manera desmedida y creciente.

Según las estadísticas, veintiséis millones de españoles consumen alcohol cotidianamente

Tras largos años de lucha, España ha conseguido pasar a ocupar la primera posición en el ranking de bebedores de la Unión Europea, desplazando a Francia, un país que adoptó eficientes y eficaces medidas de prevención contra el alcoholismo para borrar su nombre del primer lugar de la lista de bebedores europeos.

La imagen que muchos visitantes extranjeros se llevan de los españoles es la de individuos reunidos multitudinariamente en bares –existen más de 200.000 pegados unos a otros en cualquier punto de España– que sostienen copas en la mano. Hay más bares en España que en el resto de toda Europa, y éstos no están poblados, precisamente, por bebedores de leche.

La tendencia a beber ha aumentado de manera creciente en ciertos grupos.

beoda
drunk(en)

cotidianamente
daily

de manera desmedida
in excess

sostener una copa
to hold a glass

borrar
to erase

se ha disparado
it has shot up

combinado (m)
cocktail

ingreso (m)
income

abstemio (m)
teetotaller

chaval (m)
boy

chiquillo (m)
boy

mareado
drunk

desencadenó
it gave rise

alternar
to mix with people

caer desmayado
to faint

puestos en marcha
started

*La publicidad contribuye al
creciente consumo de alcohol*

(c) ¿Cuáles son esos grupos?

(d) ¿Cómo reacciona la sociedad española ante ellos?

En el pasaje que sigue encontrarás la información.

La tendencia a beber es claramente ascendente. En España el consumo de alcohol se ha disparado entre los adolescentes, los jóvenes y las mujeres. Según el psiquiatra Joaquín Santo Domingo Carrasco, experto en temas de alcoholismo, existe «un verdadero proceso de alcoholización en la juventud». La imagen de grupos de jóvenes o adolescentes pasándose la litrona (botella de cerveza) en cualquier ciudad o pueblo de la geografía española, o consumiendo combinados (bebidas de alta graduación alcohólica mezcladas con cualquier tipo de refresco) en discotecas y bares, es asimilada fácilmente por la sociedad y generalmente no produce rechazo, a diferencia de lo que ocurre en la mayoría de los países de Europa del norte.

El consumo de alcohol es más frecuente entre personas con mayor nivel de estudios e ingresos. Entre los que tienen estudios medio-superiores se da una mayor proporción de bebedores frecuentes, el 59 por ciento, y menos de abstemios, el 21 por ciento. En el grupo de ingresos mensuales superiores a las 150.000 pesetas aparece un mayor número de bebedores frecuentes, el 61 por ciento, y el menor de abstemios, el 17 por ciento.

(e) ¿Cuál es la magnitud del proceso de alcoholización entre la juventud y entre las mujeres?

(f) ¿Cuáles son algunas causas que llevan al mayor consumo de alcohol en estos grupos?

Las respuestas las encontrarás en los párrafos que siguen.

Los datos que actualmente manejan los especialistas en relación al proceso de alcoholización de la juventud han alarmado a la Organización Mundial de la Salud: entre el 30 y el 39 por ciento de los jóvenes españoles bebe a diario, y el 45 por ciento lo hace los fines de semana. Cada vez hay más muchachos de quince años luchando contra su enfermedad en organizaciones como Alcohólicos Anónimos, cuando hace diez años la media de edad en esta misma organización oscilaba entre los cuarenta y

los sesenta años.

El doctor Basurte Cisneros, experto en alcoholismo, opina que una nueva generación de alcohólicos españoles puede estar en marcha. «…El acceso de un chaval de diez años al alcohol en España es muy frecuente. Incluso se considera simpático que un chiquillo beba para luego verle mareado. En los hogares los chicos toman cerveza como una costumbre más y se sigue despachando alcohol a los menores con toda impunidad…»

José P.L. tiene veintidós años, es técnico en electrónica e intenta acudir a diario a Alcohólicos Anónimos. Su caso ilustra el drama del alcoholismo en la juventud española, porque son muchos los casos como el suyo. José, que sigue sin abandonar la bebida, es alcohólico de fin de semana. Comenzó a beber a los diecisiete años para superar ciertos problemas psíquicos. Actualmente, al llegar el sábado, bebe hasta caer al suelo. «El servicio militar desencadenó mi alcoholismo. Bebía para alternar y alegrarme. Ahora soy un alcohólico intermitente, un bebedor de sábados. Durante la semana no pruebo la cerveza, pero al llegar el sábado es como un infierno, bebo hasta caer desmayado.»

Según estadísticas recientes 600.000 mujeres son alcohólicas en este país. Hace diez años había una por cada diez hombres adictos a la bebida. En la actualidad la proporción está en una mujer por cada tres varones. El 60 por ciento de esas 600.000 alcohólicas son amas de casa que llegan a la bebida, según el psiquiatra Basurte Cisneros, «por las mismas formas de imitación de la igualdad hombre-mujer, su incorporación al trabajo en forma masiva y el radical cambio de costumbres que ha experimentado el país en los últimos años».

Pese a este negro panorama, en España siguen sin existir planes de prevención contra el alcoholismo a nivel nacional, como los puestos en marcha por Francia, Alemania o Italia. Por el contrario, los fabricantes y comerciantes de alcohol duplican anualmente sus inversiones en publicidad.

(*Cambio16*, Madrid)

ctividades

1 Comentario

¿Qué comparaciones puedes hacer entre el consumo de alcohol en España y la situación en tu propio país? Comenta las similitudes y diferencias con tus compañeros.

2 Presentación oral

Imagina que estás participando en un grupo de trabajo cuya misión es buscar soluciones al consumo excesivo de alcohol. Haz una lista de posibles medidas que se podrían adoptar y luego preséntalas oralmente a tus compañeros. Explica en detalle en qué consistiría cada medida y por qué la propones.

Palabras y frases útiles Act.2

adoptar medidas
se podría prohibir/restringir/
  limitar…
no permitir (que)…
el consumo de alcohol
la venta de alcohol a menores
castigar severamente
imponer sanciones
hacer una campaña orientada a…

3 En tus propias palabras

Explica en español y en tus propias palabras el significado de estas oraciones del artículo.

(a) España ha pasado a ocupar la primera posición en el ranking de bebedores de la Unión Europea.
(b) Los españoles beben de manera desmedida y creciente.
(c) El acceso de un chaval de diez años al alcohol en España es muy frecuente.
(d) Se sigue despachando alcohol a los chicos con toda impunidad.

4 Traducción

Traduce este texto al español.

Drinking has become a serious problem in Spain. According to recent statistics, alcohol consumption has increased considerably among women and adolescents. More than half of women drinkers are said to be housewives, and young people start drinking at a very early age. Many people are concerned about this situation, but so far very little has been done to find solutions to the problem. Other European countries, notably France, have adopted strong measures to prevent excessive drinking. Germany and Italy have taken similar action. It looks as if the Spanish authorities have not taken this too seriously and any restrictions which may be imposed are likely to meet with opposition from certain sectors of society.

5 Escucha y responde

El consumo de alcohol, ¿un problema?
Ahora escucharás las respuestas de dos españoles a una pregunta sobre el tema del consumo de alcohol en España. La pregunta fue la siguiente: «¿Considera Vd. que el consumo de alcohol constituye un problema en España?»

Primero estudia estas palabras clave, luego toma nota de los puntos principales de la conversación y usa tus notas para responder a estas preguntas.

(a) Resume en tu propio idioma las opiniones de las dos personas.
(b) Transcribe la respuesta de la segunda persona.
(c) Imagina que esta pregunta te la han hecho a ti con respecto a tu propio país. Resume por escrito tu opinión en español en no más de 100 palabras.

Act. 4

tomar medidas
to take action

parece que
it looks as if

tomar en serio
to take seriously

imponer
to impose

encontrar resistencia
to meet with opposition

Act. 5

darse a la bebida
to take to drink

tener la culpa
to be somebody's fault

enterarse
to be aware

2

Tabaco o salud, elija

La Organización Mundial de la Salud ha editado un folleto cuyo título es suficientemente explícito: Tabaco o salud, elija la salud, *y que contiene 40 preguntas y sendas respuestas destinadas a disipar toda duda sobre la nocividad del tabaco. A continuación, algunas de las más reveladoras.*

Tabaco o salud, elija

V 2

folleto (m)
brochure

sendas respuestas
each with an answer

disipar
to dispel

nocividad (f)
harmfulness

alquitrán (m)
tar

presión sanguínea (f)
blood pressure

humo (m)
smoke

enfisema (m)
emphysema

tabaquismo (m)
smoking

vaquero (m)
cowboy

tabaco de mascar (m)
chewing tabacco

dañino
harmful

mama (f)
breast

coágulo (m)
blood clot

¿Cuáles son las sustancias en el tabaco que son peligrosas para la salud?

Las más conocidas y peligrosas son el monóxido de carbono, la nicotina y el alquitrán.

¿Hasta qué punto son letales estas sustancias?

El monóxido de carbono es el mismo gas que emana de los tubos de escape de los automóviles. Este gas reduce la capacidad de la sangre para transportar oxígeno.

La nicotina crea tanta adicción como la cocaína y la morfina, y crea dependencia del tabaco. Eleva la presión sanguínea y el ritmo cardíaco, incrementando, por tanto, el volumen de trabajo del corazón, cuya capacidad ha disminuido por falta de oxígeno. El monóxido de carbono combinado con la nicotina predispone al fumador a la trombosis coronaria y las enfermedades cerebrovasculares, entre las cuales la más común es la apoplejía.

El alquitrán, un agente carcinógeno (que causa cáncer), junto con otras sustancias nocivas en el humo, puede dar origen al cáncer del pulmón, el enfisema y la bronquitis crónica.

¿Son menos peligrosos para la salud los cigarrillos bajos en alquitrán y nicotina?

No. Para compensar esa reducción, los fumadores tienden a fumar más e inhalar más profundamente, logrando hacer circular por el cuerpo la misma cantidad de monóxido de carbono, de alquitrán y de otras sustancias nocivas.

¿Cuáles son las técnicas princi-

pales empleadas para fomentar el consumo del tabaco?

Asociar el tabaquismo con la vida al aire libre –el vaquero como modelo de fumador– con la alegría y limpidez de las aguas, con las aventuras en los rápidos, la pesca en aguas profundas, el deporte de vela, el triunfo, la ejecutiva, la independencia y la madurez. Un ejemplo reciente: la propaganda dirigida para hacer el tabaco de mascar atractivo, algo que antes se consideraba sucio e insocial.

¿Se ha eliminado el peligro en los cigarrillos con filtro?

No. El filtro no elimina el monóxido de carbono ni otros gases dañinos en el humo. Los fumadores de cigarrillos con filtro son candidatos principales a un ataque coronario o a una apoplejía.

¿Quiénes constituyen los objetivos principales de los que fomentan el consumo de tabaco?

En general los países del Tercer Mundo; en particular, las mujeres, los obreros y sobre todo los menores de edad. En la mayor parte de los países, la edad en que los jóvenes empiezan a fumar es ahora de 10 a 11 años.

¿Cuáles son los riesgos específicos para la mujer fumadora?

A partir de la mitad de los años ochenta, el cáncer de pulmón ha venido sobrepasando al cáncer de mama como la causa más común de cáncer en la mujer en Estados Unidos, primer país que ha mostrado esta tendencia.

Se estima que para el año 2010 el cáncer de pulmón será la forma número uno de cáncer en la mujer en el Reino Unido.

Si la mujer toma anticonceptivos está expuesta a un riesgo mayor de ataque cardíaco, apoplejía o coágulos en las venas de las piernas. Por ejemplo, el riesgo a un ataque cardíaco es 10 veces mayor en las fumadoras que en las no fumadoras.

El riesgo para la salud de la mujer fumadora aumenta si su presión sanguínea y sus niveles de colesterol se encuentran por encima de lo normal. La menopausia se anticipa de uno a tres años.

¿Cómo afecta la salud del que no fuma el fumar pasivamente?

Se calcula que el fumar pasivamente es la causa de 4.000 a 5.000 muertes anuales en los Estados Unidos y de 1.000 muertes en el Reino Unido. Las esposas no fumadoras con esposos fumadores han mostrado una proporción mayor de cáncer de pulmón que las casadas con hombres que no fuman.

(*El País*, Madrid)

Actividades

1 Resumen

El texto previene sobre los efectos que puede tener el tabaco para la salud en general y para la mujer en particular. Completa este cuadro-resumen con la información correspondiente.

Efecto de...			
el monóxido de carbono	la nicotina	el alquitrán	el tabaco en la mujer

2 Completa con la palabra o frase adecuada

Sin mirar el texto, completa estas oraciones con la palabra o frase más apropiada.

(a) El monóxido de carbono es el mismo gas que _____ de los _____ de los automóviles.

(b) La nicotina crea tanta _____ como la cocaína y la morfina.

(c) Para compensar la reducción de nicotina, los _____ tienden a fumar más e _____ más profundamente.

(d) El _____ no elimina el monóxido de carbono ni otros gases _____ en el humo.

(e) A partir de la mitad de los años ochenta, el _____ ha venido sobrepasando al _____ de mama como la causa más común de _____ en la mujer en Estados Unidos.

(f) Si la mujer toma _____ está expuesta a un riesgo mayor de _____ cardíaco, apoplejía o coágulos en las venas de las _____ .

3 Completa

Completa los espacios en blanco con la preposición correcta: por *o* para.

_____ reducir el daño que produce el tabaco se crearon los cigarrillos bajos en alquitrán y nicotina. Pero _____ compensar esa reducción, los fumadores tienden a fumar más, _____ lo que circula la misma cantidad de monóxido de carbono _____ el cuerpo. Este gas reduce la capacidad de la sangre _____ transportar oxígeno, incrementando _____ lo tanto el volumen de trabajo del corazón, cuya capacidad ha disminuido _____ falta de oxígeno. Los peligros causados _____ el tabaco siguen siendo los mismos.

Se estima que _____ el año 2010 el cáncer de pulmón será la forma número uno de cáncer en la mujer en el Reino Unido; _____ otra parte, el riesgo _____ la salud de la mujer fumadora aumenta si su presión sanguínea y sus niveles de colesterol se encuentran _____ encima de lo normal.

4 Escucha y responde

¿Fumar o no fumar?
Escucha las opiniones de Pablo e Isabel sobre el tema del tabaco y la prohibición de fumar en sitios públicos. Sigue las instrucciones.

(a) Completa el texto con la opinión de Pablo.
Bueno, yo creo que actualmente ya hay bastantes limitaciones. En muchos países, los _____ estamos siendo cercados y son _____ vez menos los lugares donde se nos _____ fumar. México todavía mantiene una _____ más abierta y tolerante _____ el tabaco, aunque también se han _____ restricciones. Pero no creo que _____ necesario imponer más _____ .

(b) Escucha la opinión de Isabel y responde a estas preguntas.
(1) ¿Qué piensa Isabel sobre la prohibición de fumar?
(2) ¿Qué efecto le produce el humo del cigarrillo en un restaurante?
(3) ¿Qué efectos tendrá, según Isabel, la extensión y respeto de la prohibición de fumar en sitios públicos?

5 Debate

En grupos de cuatro o cinco o con la participación de toda la clase, se abrirá un debate con respecto a las siguientes preguntas: ¿Debería restringirse aún más el consumo de tabaco?, ¿Debería prohibirse la publicidad al tabaco? Los grupos o la clase se dividirán en dos, adoptando cada grupo una postura diferente, real o imaginaria.

6 Redacción

Expresa brevemente, por escrito, tu propia opinión sobre el tema.

 Act. 4

cercado
fenced in

soportar
to put up with

humo (m)
smoke

reglamentación (f)
regulation

en la medida que
in so far as

evitable
avoidable

Palabras y frases útiles Act.5

En contra de las restricciones y la publicidad
El fumar o no fumar es materia de decisión individual.
Atentar contra las libertades individuales.
Cada cual tiene derecho a hacer lo que quiere.
La salud es problema de cada cual.
El gobierno no tiene por qué interferir/prohibir/restringir…

A favor de las restricciones y la publicidad
Es un hábito malsano
Causa grave daño a la salud de las personas
Produce acostumbramiento/ cáncer.
Es perjudicial/dañino/nocivo/ molesto.
Habría que prohibir/limitar/ restringir…
No tenemos por qué soportar/ aguantar…

3

Demasiadas grasas

El artículo que leerás a continuación analiza los cambios en los hábitos alimentarios de los españoles. Lee el artículo y a medida que lo hagas toma nota de los puntos principales.

Demasiadas grasas

Los establecimientos de comida rápida también han llegado a España

3

grasa (f)
fat

catedrática (f)
professor

gordura (f)
fat

ingesta (f)
ingestion

desnivel (m)
imbalance

en vez de
instead of

carencia (f)
shortage

precocinado
precooked

perritos (m)
hot dogs

al revés
the other way round

calado (m)
penetration

«La comida rápida», afirma Ana Requejo, catedrática de la Universidad Complutense, «no presenta inconvenientes en cuanto a la calidad, porque ahora ya las hamburguesas se hacen con una carne buena, de segundo orden que no pasa nada». Según Ana Requejo, el problema que presenta este tipo de alimentación es el exceso de la cantidad de grasas, de energía, con lo cual va a producir más gordura, disminuyendo la cantidad de fibra, de hidratos de carbono. «Con la ingesta de estos productos –señala–, hay un desnivel, no hay un balance como debe ser. El balance está en que la energía total del día esté proporcionada por un 10 por 100 de calorías de proteínas, un 30 por 100 de las calorías de las grasas y el resto en hidratos de carbono.»

Con estas comidas, la energía aumenta. El porcentaje de proteínas en vez de ser un 10, es un 20 por 100, el porcentaje de grasas pasa a un 40 por 100 y disminuye el porcentaje de hidratos de carbono, que se está dando en algo más de un 40 por 100.

Aparte de este desequilibrio, la ingesta de estos alimentos presenta carencias de vitaminas A, D y ácido fólico. Estas carencias tienen importancia, por el aumento de las grasas, en el colesterol de la persona, al no presentar un equilibrio entre los diversos tipos de saturación de grasas, respecto a lo que debe ser una dieta equilibrada.

Cambio de hábitos alimentarios

El cambio de hábitos alimentarios, que se origina, primero, porque la mujer trabaja y no está en casa, no preparando la comida para la familia, es una circunstancia que explica la invasión de estos productos.

Esta alimentación, que engloba a aquellos alimentos preparados y servidos de un modo rápido y que se toman como se quiere, incluye a hamburguesas, pizzas, pollos fritos, patatas fritas, platos precocinados. Alrededor de estos productos ha surgido una gran profusión de establecimientos, cuyos principales destinatarios, aprovechando los cambios de hábitos y gustos alimenticios, son los chicos jóvenes.

«No sé si por mimetismo» –dice Ana Requejo– «les gusta este tipo de comida de hamburguesas, perritos… Ya no se hace la típica comida que se hacía antes, si se hace una vez al día a lo mejor se hace a la cena y al revés.»

Esta dieta, señala la catedrática de nutrición, ha tenido un amplio calado en nuestro país por el peso de las comunicaciones. Añade que «los hábitos alimentarios se propagan rápidamente, por los turistas mismos, y eso crea un distinto conocer al que teníamos antes».

(*Información del Consumo*, Madrid)

ctividades

1 Preguntas

Responde a estas preguntas.

(a) Según Ana Requejo, ¿por qué no presenta inconvenientes de calidad la «comida rápida»?
(b) ¿Qué problema fundamental presenta este tipo de alimentación?
(c) ¿Qué carencias presenta el consumo de «comida rápida»?
(d) Según el artículo, ¿a qué se debe el cambio de hábitos alimentarios?

2 Comentario

Considera lo que dice el artículo sobre los cambios alimentarios entre los españoles y compara esta situación con lo que ocurre en tu propio país. Comenta las respuestas con algunos de tus compañeros o con el resto de la clase. Estas preguntas te servirán para ordenar tus ideas.

- ¿Qué arraigo tiene la comida tradicional en tu país? ¿En qué sectores de la población preferentemente?
- ¿Qué cambios ha habido en los hábitos alimentarios en tu país? Considera, por ejemplo, la «comida rápida».
- ¿A qué se deben esos cambios alimentarios en tu país? Señala los distintos factores.

3 Presentación oral

Haz una breve presentación oral ante el resto de tus compañeros sobre uno de estos dos temas:

(a) Las ventajas y desventajas de la «comida rápida»
(b) A favor de una dieta vegetariana.

4 Cara a cara

Improvisa un diálogo con un/a compañero/a en base a esta situación.

Alumno A
Estás de visita en un país de habla española y vas al médico porque no te sientes bien. La noche anterior cenaste en un restaurante y algo (posiblemente el pescado) no te ha sentado bien. Responderás a las preguntas del médico dando detalles sobre lo que sientes, desde cuándo te sientes así, a qué lo atribuyes, etc.

Alumno B
A tu consultorio médico en un país de habla española llega un/a paciente. Pregúntale la razón de su visita y pídele que describa los síntomas. Como se trata de un problema estomacal, le preguntas qué ha comido. Posiblemente se trata de una leve infección estomacal. Recomiéndale una dieta especial (comidas ligeras, nada de frituras, ni alcohol ni café) hasta que se sienta mejor. También le recetarás unas pastillas para aliviar los síntomas.

Ciudadano (Madrid)

Palabras y frases útiles Act.3

tiene la ventaja/desventaja…
el exceso de grasas
ahorra tiempo/dinero
afecta la salud de las personas
es más saludable/sano(a)
el consumo de verduras/frutas frescas

Palabras y frases útiles Act.4

sentirse mal
tener dolor de estómago/doler el estómago
sentir o tener náuseas
vomitar
tener diarrea
posiblemente se deba a…
sentar mal
estar en mal estado
no estar fresco
le aconsejo que…
es mejor que (no)…

Act. 5

mejora (f)
improvement

calidad (f)
quality

jornada continuada (f)
working day with only a short
lunch break

guardar la línea
to keep one's figure

Vida sana
Un periodista español habla con una experta en nutrición sobre los
hábitos alimenticios de los españoles.

*Estudia primero estas palabras y frases clave y en seguida escucha la
conversación completa. Después sigue las instrucciones.*

(a) *Vuelve a escuchar la entrevista y a medida que lo hagas completa
estos cuadros con la información que da la nutricionista.*

Aspectos negativos en la alimentación de los españoles

_____
_____
_____
_____

Aspectos positivos en la alimentación de los españoles

_____
_____
_____
_____

Otros cambios en la alimentación de la población española

_____
_____
_____
_____

Razones de los cambios

_____
_____
_____
_____

(b) *Escucha una vez más la entrevista y haz una lista de todas las
palabras que se relacionan con alimentos y alimentación. Puedes
clasificarlas si lo deseas en verbos, sustantivos, locuciones, etc.*

Comida tradicional

Nuestro medio ambiente es calidad de vida

El deterioro del medio ambiente, en Europa como en otros continentes, ha llevado a las autoridades a adoptar medidas para mejorar la calidad de vida de los ciudadanos. A continuación leerás dos folletos con consejos prácticos para cuidar el medio ambiente y proteger nuestra salud. El primero de ellos, Nuestro medio ambiente es calidad de vida, *ha sido preparado por la Junta de Comunidades de Castilla-La Mancha, en España. El segundo folleto ha sido publicado por la Municipalidad de Santiago de Chile, Dirección de Aseo.*

4i

folleto (m)
brochure

disfrute (m)
enjoyment

evitación (f)
avoiding

embalse (m)
dam

papelera (f)
waste-paper basket

contenedor (m)
container

desecho (m)
waste

acampada (f)
camping

NUESTRO MEDIO AMBIENTE ES CALIDAD DE VIDA

Castilla-La Mancha es rica en espacios naturales de gran belleza e interés ecológico, cuya preservación y disfrute está directamente relacionada con nuestra calidad de vida.

- El cuidado de nuestros pueblos y ciudades, la evitación de ruidos y la cooperación ciudadana para mantenerlos limpios es una responsabilidad de todos.
- Cuide su ciudad, nuestros embalses y zonas naturales como su propia casa. Utilice papeleras y contenedores para la eliminación de residuos y otros objetos de desecho.

- En las acampadas y excursiones debe tener especial precaución con el agua que utiliza para beber y para lavar los alimentos, que debe estar perfectamente clorada y con todas las garantías sanitarias.
- No utilice aerosoles CFC (Clorofluocarbonos) que contaminan la atmósfera.
- Nuestras lagunas, embalses y espacios naturales son una de nuestras principales riquezas. Cuidarlas es un deber de todos.
- En los meses de verano los niños son especialmente vulnerables a los accidentes lo que exige una especial atención por parte de los adultos.

4ii

barrer
to sweep

vereda (f)
pavement (Latin Am.)

humedecer
to moisten

polvo (m)
dust

basura (f)
rubbish

recipiente (m)
container

olor (m)
smell

fachada (f)
façade

acera (f)
gutter (in Spain: pavement)

bienes nacionales (m/pl)
national property

poda (f)
pruning

arbusto (m)
bush

botar
to throw away (Latin Am.)

desperdicio (m)
waste

¡Mírate en Santiago!

Las calles y áreas verdes de cada barrio son como un verdadero espejo en el que reflejamos lo que somos, cómo vivimos y nos comportamos. Mantenerlas limpias, es un paso importante para tener una ciudad donde podamos sentirnos contentos y orgullosos de vivir, estudiar, trabajar o simplemente pasear por ella, y que también hable bien de nosotros al visitante extranjero. Hacerlo posible depende de cada uno de nosotros. Para ello, basta poner en práctica desde ahora mismo los simples consejos que aquí entregamos.

PARA MIRARNOS EN SANTIAGO

Barra todos los días su vereda, humedeciéndola primero para no levantar polvo. Recoja el producto de lo barrido y deposítelo con su basura.

Eche la basura en bolsas y recipientes y ciérrelos bien, para que el polvo y los olores no se mezclen con el aire.

Saque la basura sólo a la hora en que pasa el camión recolector.

Después de hacer un reparación a la fachada de su propiedad (debidamente autorizada por la Municipalidad), deje ordenada y limpia la vereda y acera.

El control de pestes de árboles, arbustos y áreas verdes ubicados en la vía pública será realizado exclusivamente por personal especializado de la Municipalidad.

Al transitar por la vía pública, bote sus papeles y desperdicios pequeños en los papeleros (receptáculos) ubicados en las diversas calles.

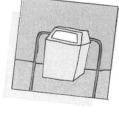

144   ESPAÑA NUEVO SIGLO

Actividades

1 Se dice así

Para dar consejos y recomendaciones se utiliza normalmente la forma del imperativo, por ejemplo cuide su ciudad. *Lee otra vez los dos textos y haz una lista de todas las formas del imperativo. Junto a cada una escribe el infinitivo correspondiente, por ejemplo* cuidar.

2 En tus propias palabras

Define o ilustra por medio de una oración en español cada una de estas palabras.

(a) un embalse
(b) una papelera
(c) los aerosoles
(d) una laguna
(e) la basura
(f) la fachada
(g) las áreas verdes
(h) los desperdicios.

3 Escoge la forma correcta

Aquí hay otros consejos prácticos para proteger el medio ambiente. Transforma los infinitivos en formas imperativas.

Cuando haga sus compras…
- (Cuidar) de que los productos que compre no sean perjudiciales para el medio ambiente.
- (Observar) cuidadosamente las etiquetas de los productos.
- (Adquirir) bebidas en envases retornables o reciclables.
- En lo posible (comprar) productos a granel, así evitará el exceso de empaque.
- (Tratar) de no adquirir artículos desechables.
- (Volver) a utilizar bolsas, sobres y otros artículos cuando sea posible.

4 Redacción

Carta a un periódico
Estás pasando una temporada en un país de habla española y te han llamado la atención ciertas actitudes negativas con respecto al medio ambiente: contaminación en las playas (no existen papeleras y la gente tira la basura al suelo), contaminación excesiva producida por el transporte público, ruido innecesario causado por automóviles y otros vehículos, radios y televisión a todo volumen, etc.

Escribe una carta al periódico local, de 200–250 palabras, haciendo un llamado de atención a los lectores sobre una o más de estas situaciones.

Palabras y frases útiles Act.4

me dirijo a Vd. para…
he podido observar que…
me he dado cuenta de que…
me extraña/sorprende que…
las autoridades tendrían que…
adoptar medidas para…
habría que…
el grave daño causado al medio ambiente causa mala impresión

normalmente me preocupo de que…

en casa normalmente utilizo…

cuido siempre de comprar…

cuando voy de camping trato de (no)…

regar el jardín

ahorrar energía/agua

utilizar productos no contaminantes

usar productos reciclables

5 Presentación oral

Haz una presentación oral ante el resto de la clase, de aproximadamente cinco minutos, en base a este título:

¿Qué puedo hacer yo por el medio ambiente?

Podrás considerar aspectos relacionados con el hogar, el trabajo, la vida al aire libre, el uso de automóviles, u otros que puedan tener relación con el tema.

6 Escucha y responde

Problemas de la contaminación

Escucharás parte de una entrevista sobre medio ambiente centrada en el tema de la contaminación, transmitida por una radio chilena. La entrevista fue realizada por el señor Ricardo Jure Martínez al profesor Reinaldo Berger Olivares, Facultad de Humanidades, en el programa Desarrollo y Cultura, Universidad de Santiago, Chile. A medida que escuches toma nota de los puntos principales y luego responde a las preguntas. Las palabras y frases en la página 147 facilitarán tu comprensión.

Los autobuses son la principal fuente de contaminación en ciudades como Santiago de Chile

(a) *Responde a estas preguntas.*
  (1) How does Professor Berger define pollution and what example does he give?
  (2) What examples are given by the interviewer and Professor Berger to illustrate the relationship between population growth and pollution?

(b) *¿Estás de acuerdo con los conceptos expresados por el profesor Berger? Considera por ejemplo lo siguiente:*
  ¿Crees que el aumento de población en nuestras ciudades conduce inevitablemente a una mayor contaminación? Si estás de acuerdo, ¿qué otros ejemplos podrías dar?

(c) *Considera la ciudad donde vives u otra ciudad que conozcas bien.*
  ¿Crees que existe contaminación en ella?
  ¿Qué ejemplos podrías dar?
  ¿Crees que se podría evitar?
  ¿Cómo? Coméntalo con tus compañeros.

(d) *Vuelve a escuchar la entrevista y a medida que escuches completa los espacios en blanco con las palabras que faltan.*

Creo que todo _____, natural o provocado por el _____, incide en un proceso _____, ya que contaminación es _____ dentro de una evolución natural _____ bajo ciertos parámetros conocidos, elementos _____ o nuevos que vienen a _____ toda una nueva situación.

---

pecaríamos de...
we would be too...

desequilibrio (m)
imbalance

incide en
it results in

equilibrada
balanced

parámetro (m)
parameter

ozono (m)
ozone

clorofluorocarbono (m)
chlorofluoro-carbon

comportamiento (m)
behaviour

conductual (adj.)
behavioural

en un medio dado
in a given environment

bulla (f)
noise

movilización (f)
transport

desecho (m)
rubbish, waste

industria de alimentación (f)
food industry

de la mano
hand in hand

residuos (m/pl)
waste

superficie (f)
surface

auto (m)
car (Chile)

plebe (f)
masses

aligerar
to ease

El tráfico en las grandes ciudades europeas se hace cada vez más insoportable y las ciudades españolas no son precisamente una excepción. Este breve artículo analiza los resultados de una encuesta sobre el tema realizado en países de la Unión Europea. Y a modo de ilustración, se incluye, a continuación del artículo, una carta escrita a una revista por un lector madrileño que se queja de los problemas del tráfico en Madrid.

5

encuesta (f)
survey

soportable
bearable

sostener una opinión
to hold an opinion

respaldar
to back

El tráfico urbano, insoportable para el 63 por 100 de españoles

El 63 por 100 de los españoles considera total o difícilmente soportable el tráfico en las grandes ciudades, opinión que también sostienen un 59 por 100 de los ciudadanos de la UE, según una encuesta sobre el tráfico urbano elaborada por la Unión Internacional de Transportes Públicos y la UE, con la participación del Ministerio de Obras Públicas y Transportes por la parte española.

La encuesta revela que los europeos más descontentos por el tráfico de sus ciudades son los italianos, con un 84 por 100 que lo califican de difícilmente soportable. A continuación figura Grecia (79), Bélgica (63), Holanda (58), Portugal (54), Francia (51), Reino Unido (49), Alemania (48), Irlanda (41) y Dinamarca (27). Los países con una mayor aceptación del transporte público son España e Italia, en donde el 90 por 100 piensa que debe resolverse en favor de ese medio de locomoción en caso de conflicto con los vehículos privados. Los menos entusiastas de esta tesis son los irlandeses, entre quienes sólo un 67 por 100 la respalda.

(Reproducido con autorización del diario *ABC*, Madrid)

ctividades

1 Completa

Completa estas frases con la información apropiada.

(a) Los europeos más descontentos con el tráfico de sus ciudades son los _____
(b) Sólo un 27 por 100 de los _____ está descontento con el tráfico urbano.
(c) El 63 por ciento de los españoles considera insoportable el tráfico en sus ciudades. Igual porcentaje se da entre los _____
(d) El tercer lugar entre los encuestados que se manifiestan descontentos con el tráfico urbano es ocupado por los _____

¿Quién es el culpable?

■ Yo circulo por Madrid todos los días del año y recorro una distancia de más de 30 kilómetros diarios. Compruebo día tras día que no estamos lo suficientemente educados (no sólo en la conducción de un vehículo, sino en muchos aspectos de nuestro quehacer cotidiano).

A grandes rasgos: se cede el paso donde no es obligatorio, se hace stop donde hay un *ceda el paso*, en muchos casos no se hace el stop, adelantamos donde no se puede, giramos donde no se debe, llevamos niños en los asientos delanteros, muchos conductores de moto llevan el casco colgado del brazo, como si fueran a por fruta. ¿Esto es por culpa de una red viaria deficitaria?...Esto es una falta de respeto por la vida humana.

Todos los días bajo por la carretera de Extremadura hacia Madrid, entre las 5.30 y 6 de la mañana. Yo juraría que algunos coches adelantan a una velocidad cercana a los 200 km/h: qué decir de la nueva M–40 o de la siniestra M–30.

No querría terminar sin el siguiente comentario: aquellas personas que conozcan la calle Bravo Murillo, entre Cuatro Caminos y Estrecho, habrán oído, y nunca mejor dicho, porque verlo no da tiempo, a un señor subido en una moto de muchos centímetros cúbicos que pasa por esta zona sobre las 12 del mediodía a una velocidad increíble y provocando un ruido ensordecedor. Esta calle la atraviesan constantemente vehículos de Policía, ambulancias, bomberos o simplemente un niño con un patín, y todos se pasan los semáforos por donde les da la gana. El resultado no tardará en asomar en cualquier crónica de sucesos (no será la primera vez ni, desgraciadamente, la última). ¿Una red tan deficiente?...

■ JUAN ARAUJO FRESNEDA, MADRID

(*Panorama*, Madrid)

 **Act. 2**

cotidiano
daily

ceder el paso
to give way

adelantar
to overtake

girar
to turn

delantero
front

casco (m)
helmet

red viaria (f)
road network

jurar
to swear

ensordecedor
deafening

bombero (m)
fireman

patín (m)
skate

por donde les da la gana
where they please

asomar
to appear

2 Resume en tu propio idioma

¿Qué ejemplos concretos da el autor de la carta ¿Quién es el culpable? para ilustrar los malos hábitos de los conductores? Resume esos ejemplos en tu propio idioma.

3 Parear

Busca en la lista B las palabras que equivalen a las de la lista A.

A	**B**
(1) soportar	*(a)* doblar
(2) respaldar	*(b)* aparecer
(3) ceder	*(c)* causar
(4) girar	*(d)* aguantar
(5) atravesar	*(e)* dar
(6) asomar	*(f)* transitar
(7) circular	*(g)* apoyar
(8) provocar	*(h)* cruzar

ingreso (m)
entrance

ser partidario de
to be in favour of

tranvía (m)
tram

impuesto (m)
tax

peaje (m)
toll

a mi juicio
in my opinion

desplazarse
to travel

señalización (f)
signposting

4 Escucha y responde

El tráfico en las grandes ciudades
Manuel, Ana y Agustín expresaron sus opiniones sobre cómo se podría resolver el problema del tráfico en las grandes ciudades.

Sigue las instrucciones.

(a) Escucha la opinión de Manuel y completa el texto.

Creo que la solución sería _____ el ingreso de vehículos _____ en el centro de la ciudad. Con esto la gente se _____ obligada a utilizar el _____ público, se evitaría la _____ que tenemos actualmente y además _____ menos contaminación. Creo que sería la _____ ideal y la que _____ menos dinero.

(b) ¿Cuál de estas soluciones propone Ana? Escucha su opinión.
    (1) Incentivar la utilización del coche
    (2) Mejorar el transporte público
    (3) Cobrar un impuesto al transporte público
    (4) Hacer que los coches paguen un peaje para ingresar en el centro de la ciudad

(c) Escucha la opinión de Agustín y responde a estas preguntas.
    (1) ¿Por qué no está de acuerdo con que los coches particulares tengan que pagar para circular por el centro de la ciudad?
    (2) ¿Qué soluciones propone Agustín?

5 Ahora expresa tu propia opinión

Considera los problemas planteados en los comentarios que has escuchado y las soluciones que se han propuesto. ¿Se dan situaciones similares en las grandes ciudades de tu país? ¿Qué problemas adicionales puedes observar en tu país con relación al tráfico? ¿Qué te parecen las soluciones que se han propuesto? ¿Qué otras soluciones darías tú? Comenta lo anterior con un/a compañero/a o con el resto de la clase.

Tráfico urbano, Barcelona

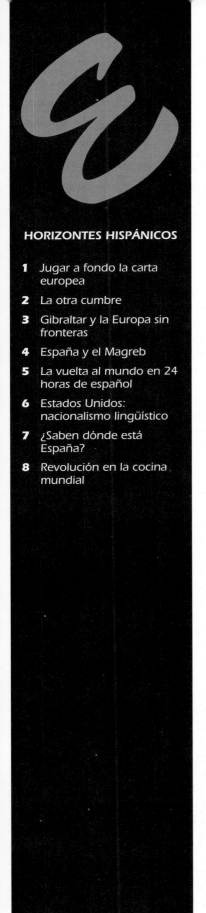

⑧ HISPANIC HORIZONS

Texts in this section look at the international horizons of Spain, covering Europe, the question of Gibraltar and relations with North Africa. The growth of Spanish as a world language is covered, as is the position of Spanish in the United States. The growth in the taste for Latin American cuisine worldwide is also noted.

Spain and Europe

Spain's position today is unrecognisable in comparison to twenty years ago. Spain celebrated 1992 with the Barcelona Olympics and the Trade Fair in Seville. It was also Madrid's turn as the European cultural capital. Yet Spain had been the odd man out in Europe for forty years. The Spanish Civil War aroused strong feelings in many parts of Europe. Many saw it as an armed rehearsal for the Second World War, or as a showdown between the forces of left and right; foreign volunteers fought and died in Spain on both sides. General Franco's policy in response to exclusion from the Marshall Plan for the re-building of Europe in the 1940s was *autarquía,* economic self-sufficiency, a policy which could not hope in practice to mirror the economic, industrial and social developments of post-war Europe. Spain was an international outcast. She succeeded in entering the UN in 1955 (only a year or so before Germany), mainly as a result of the votes of the Latin American bloc and US Cold War strategic plans in the Mediterranean area. But there was to be no entry to the Council of Europe, NATO, the EEC (European Economic Community) – just exclusion from nearly every European agency and international agreement. It was hardly surprising, therefore, that many Spaniards felt that entry into European organisations would finally set the seal of approval on the country's transition towards democracy. Spain did apply for EEC membership in 1962, but it was not until 1970 that a preferential trade agreement was signed, and even so what was then the EEC stipulated a six-year lead-in period.

Even after the death of Franco, there were serious economic problems to be overcome. Tariff barriers dating from 1970 had to be eliminated while rules of competition, especially in areas such as taxation, fiscal incentives and VAT needed to be harmonised. Spain also had to face the traumatic process of *reconversión industrial*, making itself more competitive by restructuring many aspects of industry, particularly in crisis sectors such as shipping, steel, textiles and leather, and facing up to increased competitiveness. Adjustment to the Common Agricultural Policy, resolving problems such as monoculture in some areas, outdated methods of agriculture, and over-production of Mediterranean produce such as olive oil, wine or cork, were typical problems.

The Commission's response in November 1978 to Spain's application commented on problems such as unemployment and indicated that the transition period might be as long as ten years, during which time the freedom of movement of labour would have to be restricted. There were already 500 000 Spanish migrants within the then boundaries of the EEC and it was feared that greater freedom of movement could swamp host countries. Against that, almost half of Spanish exports were to EEC countries, with one third of her imports from EEC countries. Spain signed the accession treaty on 12 June 1985, to come into effect on 1 January 1986, after some hard bargaining and delaying tactics on the part of countries who felt threatened by Spanish entry. A transitional phase was established of up to seven years to allow for regularising different practices. Freedom of movement was deferred for seven years too. VAT was introduced. Out of 518 seats in the European Parliament 60 were allocated to Spain, and in due course it came to play a full role. Felipe González took his turn as President of the Commission in 1995, and the peseta joined the ERM, surviving the crisis of 1992 by dint of devaluation, whereas the pound and lira dropped out of the system.

Traditionally Spain has seen herself playing a three-fold role as a result of her geographical location and history: as a European state, as a bridge with the Arab world, and as the European connection for Latin America. However, foreign affairs tend to be viewed from afar. Spanish public opinion was largely against the Gulf War, although the government followed Western policy in general. The response to assisting in naval operations in the Adriatic in 1992 was far more low-key. In fact, the first NATO frigate to arrive was actually a Spanish vessel on a visit to an Italian base at the time. Public opinion accepted the reality of casualties among the Spanish contingent to peace-keeping forces in the Balkans.

Spain and Latin America

Politically Spain has not maintained strong links with her former possessions in the Americas and economic contacts have been less close than might be expected. The link with Latin America is more ethnic and cultural by nature; Spanish has come of age as a world language with Latin American literature achieving recognition in its own right. Although there were suggestions (and quite possibly hopes on Spain's part) that she could be a link between her ex-colonies and the European Community, Latin American states did not feel the need to have any kind of intermediary in Europe, and the European Commission opened regional offices directly in capitals like Caracas. The presence of large numbers of Latin American refugees in cities like Madrid and Barcelona during the time of the military dictators in the 1960s and 1970s was to become a cause of some friction and like other ex-colonial powers Spain came to the realisation that her future lay with Europe. Yet Spain's peaceful transition to democracy was watched with care by the republics of Latin America as the military left power, new constitutions were drawn up and democratic elections held again for the first time in decades. The setting-up of regular Latin American summits in 1991 (with conscious parallels being drawn with the Commonwealth) points to more balanced relations and greater co-operation in future. Cuba has not been excluded, and with a fine mixture of respect and equality Juan Carlos is addressed as «Señor Rey».

Spain and the Arab World

The link with the Middle East has its origins, rather remotely, in the

Moorish occupation of Spain from AD 711 to 1492, followed by colonial incursions which revolved around establishing bridgeheads along the coast of North Africa in the sixteenth and seventeenth centuries and creating colonies in the nineteenth. General Franco served in colonial wars in Morocco as a junior officer and used the Army of Africa to devastating effect in the early phase of the Civil War. Spain's failure to recognise the state of Israel (rectified in 1986) was also cited as a diplomatic advantage when dealing with Arab states. However, she was forced into a hurried withdrawal from the Spanish Sahara in 1975, almost coinciding with Franco's death, and this was followed by a period of uncertainty over the security of the Canaries. Subsequently there was a policy of closer collaboration with Morocco, culminating in the friendship treaty of 1992. The question of the Spanish occupation of the last enclaves of Ceuta (population 67 000) and Melilla (56 000), however, remained delicate, especially as the government allowed them to have their own assembly in 1996 with special statutes (not unlike Madrid and Barcelona). The passing of legislation in 1996 requiring all non-nationals to register or risk being treated as illegal immigrants, affected the majority of Muslims who had lived for generations in those enclaves, but who did not meet the pre-conditions necessary to renew their papers, a situation made no easier by the growth in the number of African refugees attempting to cross the Straits of Gibraltar in *pateras*, the fast motor launches more commonly used for smuggling drugs or contraband tobacco.

Spain and Gibraltar

Another unresolved point of contention in the area is Gibraltar, held by Britain since 1704, and ceded to her under the Treaty of Utrecht (which brought the War of the Spanish Succession to a close in 1714). Britain's policy is to respect the wishes of the Gibraltarians, a population whose origins lie around the Mediterranean rather than either Britain or Spain. Public opinion on the Rock (last tested in a referendum in 1967 when there were only 44 votes out of 12 182 to revert to Spain) continues to favour the link with Britain, an attitude underpinned by the years when the frontier was closed by General Franco, and exacerbated by occasional attempts at pressure by Spain, as in early 1997 when for a brief time Gibraltarian passports were not recognised by the Spanish authorities. Hope has been expressed that a solution can be found within the context of the EU, given the cosmopolitan population nowadays of the *Costa del Sol*, freedom of movement for European citizens, and the rundown of British forces on the Rock.

La Roca de Gibraltar vista desde España

Este artículo presenta un análisis de la Comunidad Europea en los años 90 y las perspectivas futuras para España

Jugar a fondo la carta europea

El momento de profunda transformación que está viviendo hoy la Comunidad Europea sólo se puede comprender situándolo en la doble perspectiva del llamado «Objetivo 1992» y de la cumbre de Maastricht. A mediados de los años 80, coincidiendo con la adhesión de España y Portugal, los Jefes de Estado y de Gobierno de la Comunidad dieron un gran salto adelante, al aprobar la primera gran reforma de los tratados comunitarios: el *Acta Única Europea* y el llamado *Objetivo 1992*. Se crearía así, para finales de ese año, un gran espacio económico de más de 340 millones de ciudadanos. La dinámica impuesta por el *Objetivo 1992* provocó, en apenas cinco años, una profunda transformación de las estructuras económicas de la CE: aceleración del crecimiento, aumento de las inversiones, creación de casi nueve millones de puestos de trabajo, transferencia de ocho billones de pesetas a las regiones menos favorecidas mediante los fondos estructurales. Detrás de su aparente sencillez, la realización del *Objetivo 1992* tiene profundas implicaciones. Por ejemplo, no se puede hablar de un verdadero mercado sin fronteras si las políticas fiscales y monetarias nacionales no están armonizadas y estrechamente coordinadas.

Ciertamente, siempre se ha considerado que la libertad de fijar impuestos y establecer una política monetaria autónoma constituyen unos de los elementos esenciales de su soberanía. Pero la aceleración histórica que estamos viviendo pone de manifiesto que los países de la CE no pueden ejercer una influencia significativa en su entorno económico si actúan de modo individual y por separado. Paralelamente a las transformaciones económicas, Europa ha cambiado radicalmente también en lo político: al caer el muro de Berlín, la contradicción entre el enorme peso económico de la Comunidad y su escasa influencia política, se ha hecho insostenible. Los acontecimientos de Yugoslavia de 1991 son la demostración palpable, a la vez, de la carencia y de la necesidad de una presencia política de la Comunidad en el mundo.

La historia reciente de la Comunidad puede reducirse en definitiva a una simple constatación: el grado de interdependencia de los países miembros de la Comunidad es tan profundo que requiere necesariamente un sistema de soberanía compartida. Para resolver esta necesidad, los Doce crearon las Conferencias Intergubernamentales sobre Unión Económica y Monetaria y Unión Política, que culminaron en la cumbre de Maastricht. La prioridad absoluta de la CE debe ser ahora desarrollar los tres grandes principios acordados en Maastricht, a saber: la transición hacia la Unión Económica y Monetaria; la profundización del carácter solidario de las distintas políticas comunitarias; y el establecimiento de las bases de la política exterior y de la seguridad común. Es indispensable que la CE sea más que un simple mercado, porque los europeos no son simplemente consumidores sino también, y ante todo, ciudadanos.

España seguirá sin duda la misma estrategia que ha dado resultados excelentes desde nuestra adhesión a la Comunidad: jugar a fondo la carta europea. Un país como el nuestro, de tamaño e importancia intermedios, con un nivel de desarrollo inferior pero ya cercano a la media comunitaria, ha de tener interés objetivo en consolidar los mecanismos comunitarios, en vez de quedarnos en una simple cooperación intergubernamental que sólo beneficiará a los países grandes. Ello es aun más evidente en un momento histórico como el actual, cuando el centro de gravedad de la Comunidad se desplaza hacia el Norte, con la perspectiva de adhesión de los países escandinavos, y hacia el Este, con la importancia creciente de Europa Oriental y la futura adhesión de países como Austria. Para España, la construcción europea es una apuesta de futuro, y precisamente gracias a los plazos y obligaciones definidos en Maastricht, puede situarse definitivamente en la vanguardia económica de la Comunidad.

(Anuario el País, Madrid)

ctividades

1 Preguntas

Responde a estas preguntas en español.

(a) ¿En qué consistió el proceso de transformación de Europa entre 1985 y 1992?
(b) ¿Qué implicaciones tiene? Da tres ejemplos.
(c) ¿Cuáles son los elementos esenciales de una política monetaria autónoma?
(d) ¿En qué aspectos ha cambiado Europa políticamente?
(e) ¿Cómo puede resumirse brevemente la historia reciente de Europa?
(f) ¿En qué consisten los tres grandes principios acordados en Maastricht?
(g) ¿Qué estrategia debe seguir España?

2 ¿Verdadero o falso?

¿Cuáles son las transformaciones estructurales mencionadas en el texto?

(a) aceleración del crecimiento
(b) creación de un fondo federal
(c) aumento de las inversiones
(d) formación de un banco central
(e) creación de casi nueve millones de puestos de trabajo
(f) transferencias de casi ocho billones de pesetas a las regiones menos favorecidas
(g) Imposición de nuevas medidas fiscales

3 Se dice así

Observa cómo se expresa el autor con claridad y también de una manera firme y con certeza:

> sólo se puede comprender
> en definitiva
> ha cambiado radicalmente
> la prioridad absoluta será ciertamente
> ello es aun más evidente

Observa la cantidad de frases (adverbiales sobre todo) que dan un tono positivo y optimista:

> palpable
> ha dado excelentes resultados
> ha de tener interés objetivo
> y precisamente gracias a

perspectiva (f)
perspective, prospect

a mediados de los años 80
in the mid-80s

adhesión (f)
entry

fondos (m/pl)
funds

sencillez (f)
simplicity

política fiscal (f)
taxation policy

armonizado
harmonised

estrechamente
tightly

impuestos (m/pl)
taxes

soberanía (f)
sovereignty

poner de manifiesto
to show clearly

entorno (m)
context

actuar
to act

escaso
slight

insostenible
unsustainable

carencia (f)
lack

constatación (f)
declaration

cumbre (f)
summit

ciudadano (m)
citizen

jugar a fondo
to play to the full

plazo (m)
time limit

Lenguaje

Cada párrafo viene a ser una mezcla de datos y análisis, o un ejemplo del que se saca una conclusión.

Párrafo 1

Se crearía así... un gran espacio económico de más de 340 millones de ciudadanos.

(La) creación de casi nueve millones de puestos de trabajo,

(La) transferencia de ocho billones de pesetas a las regiones menos favorecidas...

Párrafo 2

Ciertamente, siempre se ha considerado que...

Pero la aceleración histórica que estamos viviendo pone de manifiesto que...

Paralelamente a las transformaciones económicas, Europa ha cambiado radicalmente también en lo político: al caer el muro de Berlín...

Los acontecimientos de Yugoslavia de 1991 son la demostración palpable, a la vez, de...

Párrafo 3

La historia reciente de la Comunidad puede reducirse en...

Para resolver esta necesidad, los Doce crearon... que culminaron en la cumbre de Maastricht.

La prioridad absoluta de la CE debe ser ahora... a saber: ...

Es indispensable que la CE sea más que... porque... sino también, y ante todo, ciudadanos.

4 Resumen

Escribe un informe sobre los cambios efectuados en Europa desde mediados de los años 80, las políticas que la Unión Europea debe seguir ahora, y lo que debe hacer España.

5 Traducción

Traduce al inglés.

Spain in Europe

Spain's position in the early 90s was unrecognisable in comparison to twenty years before. It was perhaps logical that Spain should become more integrated in the affairs of Europe and come to play a fuller part in European matters. Political realities and economic expediency added to the benefits accruing from membership of European bodies. Spain found herself the centre of attention in 1992 with the Barcelona Olympics, the Trade Fair in Seville, and Madrid as the European cultural capital. The way of life and aspirations of its people were not so different from elsewhere, and apart from the influence of twenty-five years of mass tourism she had absorbed a fairly large population of resident Europeans along its coastlines. Spaniards began to travel abroad more as tourists or to study under the auspices of Brussels-funded schemes such as ERASMUS. The question in view of Spain's historical isolation is not so much what would Spain do without Europe, as what would Europe be like without Spain?

2

La otra cumbre

La primera cumbre internacional de países latinoamericanos en 1991 reunió por primera vez a los países del nuevo mundo con las ex-colonias europeas. Fue una iniciativa para conmemorar las relaciones históricas y sirvió también como lugar para debatir los asuntos de importancia para la región.

2

cumbre (f)
summit meeting

dispar
uneven

cruce (m)
cross-over

alma (f)
soul

desplazar
to displace

franqueza (f)
frankness

acontecer (m)
happening

francofonía (f)
French-speaking countries

florecimiento (m)
flowering

aun cuando matizadamente
even when done subtly

países no alineados (m/pl)
non-aligned nations

pudor (m)
reticence

aconsejar
to advise

La otra cumbre

La razón más inmediata de la cumbre iberoamericana de Guadalajara es que en 21 países se habla mayoritariamente uno u otro de los dos idiomas, castellano y portugués. En ese sentido, existe realmente una comunidad (paradójicamente, dispar) cultural que justifica este intercambio de opiniones, este cruce de influencias, este comercio de los posicionamientos políticos. Las comunidades de naciones se basan hoy día en conceptos que más tienen que ver con el alma que con la identidad de miras. No son capaces de desplazar los enfrentamientos ideológicos o los intereses económicos, pero sí son susceptibles de hacer que salgan a la luz y se discutan con franqueza.

La célebre Commonwealth británica nació cuando todavía existía un imperio en el que el Reino Unido ejercía considerable influencia política y militar y controlaba el comercio. Hoy, Londres no influye más que muy remotamente en el acontecer político de estos Estados, y sus contactos económicos se encuentran muy mediatizados por los compromisos impuestos al Reino Unido por su pertenencia a la CE.

Lo mismo ocurre con la francofonía, integrada por antiguas colonias de Francia, en las que la vieja metrópoli ejercita un sólido grado de imperialismo cultural. Con habilidad, por otra parte, gracias al Acuerdo de Lomé, París ha sido capaz de integrar a los países africanos de este conjunto en los proyectos de desarrollo de la CE.

El momento histórico de Latinoamérica coincide con un florecimiento extraordinario de la democracia y una lamentable situación económica. Por tanto, es bueno que 21 países puedan empezar a hablar desde la libertad al unísono, aun cuando matizadamente; al fin y al cabo, por ejemplo, la democracia de Colombia no es comparable a la de Guatemala, y ningún delirio de la imaginación podría hacer que se considerara a Cuba como país libre (por cierto, la presencia de Fidel Castro en Guadalajara es un elemento político de primera magnitud).

La cumbre iberoamericana fue sugerida por el Gobierno español con la vista puesta en la celebración del V Centenario. Una buena idea que había de permitir un encuentro institucional de todos los países directamente afectados por el fenómeno de los viajes colonizadores de España y Portugal. Razones de delicadeza política (y cierto pudor antiimperialista) aconsejaron que se aceptara que la primera de estas reuniones se celebre en México. Es una excelente manera de reconocer que España no debe ceder a tentaciones de estéril protagonismo, todo lo más, hablar seriamente en el idioma que llevó al continente, buscar dar voz a las preocupaciones conjuntas y llamar la atención del mundo.

(El País, Madrid)

Actividades

1 Completa estas oraciones

Completa las siguientes frases con una de estas palabras o expresiones y cambia el infinitivo a la forma correcta:

sí se puede	todavía	no obstante	ya no

(a) Aunque no se puede desplazar los enfrentamientos de tipo ideológico... (discutir) con franqueza.

(b) Aunque América Latina sufre una lamentable situación económica... (gozar) en general de la democracia.

(c) Aunque no mantiene colonias... (ejercitar) un sólido grado de control.

(d) Aunque el Reino Unido ejercía mucha influencia política... (influir) mucho en el acontecer político del Commonwealth.

2 Traducción

Traduce al español el texto siguiente.

The Latin American Summit had its first meeting in Guadalajara at the suggestion of Spain, to mark the Quincentenary of the voyage of Columbus. Fortunately the meeting managed to avoid colonial overtones as it was held in Mexico, a place which could observe the historical realities of the past and serve as a worthwhile focus for debates on more contemporary issues such as economic problems or how to preserve democracy in Latin America.

3 Resumen

En el texto se mencionan varios países. Explica el porqué.

España y Portugal	Reino Unido	Francia	Cuba	México

4 En tus propias palabras

¿Qué significan estas frases? Explica en español.

(a) este cruce de influencias

(b) más tienen que ver con el alma que con la identidad de miras

(c) no debe ceder a tentaciones de estéril protagonismo

3

Gibraltar y la Europa sin fronteras

El tema de Gibraltar es muy contencioso desde hace muchos años. Colonia británica desde que el Tratado de Utrecht puso fin a la Guerra de la Sucesión Española en el año 1713, foco de uno de los sitios más largos de la historia en el año 1783, Gibraltar ocupa una posición especial en la historia militar y naval de la Gran Bretaña. Sin embargo su identidad como una de las últimas colonias británicas, y la única en la Europa Comunitaria, lo ha dejado hoy día en una situación compleja. Es un tema que siempre ha amargado las relaciones diplomáticas entre Gran Bretaña y España, pero es un hecho consabido la preferencia de parte de los gibraltareños (que no son por lo general de origen ni inglés ni español) de mantenerse como una entidad autóctona, postura mantenida siempre por los portavoces de la comunidad gibraltareña como Sir Joshua Hassan (quien murió en 1997).

 3

proponer medidas
to propose measures

contencioso (m)
dispute

reapertura (f)
re-opening

verja (f)
iron gate

involucrarse
to get involved in

amenazar
to threaten

recuperación (f)
recovery

no podría ser desoída
could not go unheard

disfrutar de
to benefit from

el tiempo ha transcurrido
time has moved on

se ven rodeados de
they find themselves surrounded by

tirada (f)
circulation

marroquí (m)
Moroccan

Peñón (m)
(the) Rock

reunión (f)
meeting, assembly

GIBRALTAR
UNA SOLUCIÓN POLÉMICA

No son pocos los esfuerzos realizados por España para recuperar la Roca desde hace 288 años. Hubo ataques directos, cierres de verjas, retiradas de obreros españoles, intentos de desarrollo de la Línea de la Concepción y del Campo de Gibraltar, comités de descolonización de la ONU, reapertura de la verja, ofertas para constituir un coprincipado, etc... Sin resultados.

Hace muchos años que me involucré en el tema de Gibraltar, más por curiosidad ante un problema aparentemente insoluble que porque el Peñón represente una amenaza para España o que ésta pueda serlo para los «llanitos».

El problema se apoya en el Tratado de Utrecht de 1713 por el que Gibraltar se convertía en una colonia británica. Dicho documento –único título legal sobre el tema– estipula que la soberanía británica sólo se puede transferir a España. La descolonización de Gibraltar no podría satisfacer los anhelos españoles de recuperación de la Roca porque toda renuncia colonial de soberanía implica la cesión de ésta a la población autóctona. Para mí, España cometía un error planteando la devolución a España de la soberanía sobre el Peñón mediante un mecanismo de descolonización.

Desde 1713, los derechos humanos han ido imponiéndose en el mundo sobre los derechos de los estados. Los derechos de los gibraltareños, desde 1945 –como los de todos los demás pueblos colonizados que accedieron a sus independencias por entonces– prevalecen sobre cualquier tratado entre dos potencias que fueron coloniales hasta tiempos recientes. La opinión del pueblo de Gibraltar no podía ser desoída por la comunidad internacional.

En tiempos de Franco, de un lado de la verja había libertad y del otro no. Los «llanitos», aun con las limitaciones de un gobernador británico, disponían de partidos políticos, sindicatos, libertad de expresión, justicia independiente, parlamento, etc... ¿Por qué iban a renunciar a ello para unirse a una España que luchaba por obtener lo que ellos ya disfrutaban?

Ellos saben que fui de los pocos periodistas españoles que públicamente los defendió en aquellos años.

El tiempo ha transcurrido. La democracia –con sus más y sus menos, como en el resto de Europa occidental– se ha desarrollado en España. Las razones que me empujaban a defender al chico ante el «grande», como decía Sir Joshua Hassan, han ido desapareciendo. La verja está abierta. Los «llanitos» viven más días de la semana en la Costa del Sol que en sus 5,8 kilómetros cuadrados de roca. Los 200.000 británicos que habitan entre Málaga y Algeciras (otros tantos residen en el resto de nuestro país) van a poder votar en las municipales de la Península dentro de pocos años. Si Gibraltar representa para ellos un lazo de unión con su país por idioma, formas de vivir o legislación bancaria, ahora se ven rodeados de bancos ingleses desde Torremolinos a La Línea, tienen publicaciones en inglés con más tirada que las de la Roca y ven la BBC, Sky Channel o Sports Channel merced a las antenas parabólicas. Los colegios ingleses han brotado por toda la costa y los *pubs* o los *fish and chips* están en todas las esquinas.

España tiene hoy todas las libertades, incluida la religiosa, de las que disfrutaba Gibraltar en tiempos de Franco. Es más, Cataluña, Euskadi y Galicia tienen más libertades y competencias que Escocia, Gales o el Ulster. Las diferencia el sistema fiscal, pero eso también ocurre en Ceuta o Canarias.

¿Qué impide hoy día el reencuentro de Gibraltar y España? Nada. Por falta de espacio, los «llanitos» ya aparcan sus vehículos en zona española. El gobernador sigue presenciando vistosas ceremonias y el cambio de la guardia atrae a los turistas. Todo eso puede seguir en un Gibraltar con un estatuto de autonomía. No veo

un solo privilegio que tuviese que perder el «llanito» si cambiaba los 12.138 votos a favor del Reino Unido contra los 44 por España que votaron en 1967. Ha transcurrido un cuarto de siglo. Las tropas británicas –que tanto ayudaban a la economía gibraltareña– han descendido hasta ser 3.857 personas incluyendo a sus familiares. Otros 5.768 son *alien residents*, es decir indios y marroquíes o españoles. Los verdaderos gibraltareños son 20.000, de los que 13.000 tienen derecho a voto.

Tras un cuarto de siglo desde el último referéndum que nos fue desfavorable por el sistema que imperaba en España, es hora de volver a consultar a la población del Peñón. Cada voto favorable podría pagarse a 25 millones de pesetas, es decir a 0,65 pesetas por español. Suponiendo que el cien por cien votase por la incorporación a España, nos costaría 8.552 pesetas a cada español. Habría familias de «llanitos» que se encontrarían con todos los derechos actuales (bandera, policía, himno, parlamento, sindicatos, partidos políticos, libertad de expresión, reunión y asociación, bilingüismo, etc...) y algunas competencias que no tienen hoy y que les otorgaría el sistema autonómico español. Permitiría a muchas familias gibraltareñas conservar residencia y propiedades y encontrarse con cantidades que irían de un mínimo de 50 millones de pesetas a 100 ó 150 millones para familias de cuatro o cinco miembros de edad de votar. La fórmula parece cruda, pero es que España ya ha probado todas las demás. Y con ésta Gran Bretaña no podría esconderse tras la voluntad de los gibraltareños libremente expresada y generosamente retribuida.

Enrique Meneses

(*Cambio16*, Madrid)

El puerto de La Línea, frente al Peñón de Gibraltar

Actividades

1 Traducción a la vista

Traduce a tu propio idioma el siguiente texto con declaraciones hechas por el Ministro de Relaciones Exteriores sobre el problema de Gibraltar.

La creación de la Europa sin fronteras de 1993 obliga a tomar decisiones sobre Gibraltar en un futuro no muy lejano. España ha propuesto medidas para desatar el contencioso cuyo anacronismo en el contexto europeo es cada vez más flagrante. El Ministerio de Relaciones Exteriores se compromete a trabajar para crear las condiciones que faciliten el objetivo final, que es la devolución de la soberanía a España. La estrategia de la parte española es ver las cosas en un contexto cada vez más europeo, donde el caso de este anacronismo de Gibraltar obliga a tomar decisiones inevitables. Después de la desaparición del muro de Berlín, Gibraltar es el último vestigio de una situación absurda.

(Adaptado de *Cambio16*, Madrid)

Act. 1

desaparición (f)
disappearance

comprometerse a
to be committed to

2 En tus propias palabras

Explica en español y en tus propias palabras el significado de estas frases.

(a) la creación de la Europa sin fronteras
(b) crear las condiciones que faciliten el objetivo final
(c) es el último vestigio de una situación absurda

3 Preguntas

Responde a estas preguntas en español.

(a) Da algunos ejemplos de los esfuerzos hechos por España para recuperar la Roca.
(b) ¿En qué se basa el problema según el señor Meneses?
(c) ¿Por qué defendió a los gibraltareños en la época franquista?
(d) ¿Qué es lo que haría el señor Meneses si pudiera?

4 Resumen oral

Explica en forma breve las bases del contencioso del Peñón de Gibraltar y comenta las posibles soluciones en el contexto de la Europa Comunitaria.

La política exterior española se ha interesado por el norte de África desde hace mucho tiempo. Para España representaba un punto de posible conflicto por la situación de Ceuta y Melilla y la proximidad a la costa del continente africano de las islas Canarias. Sin embargo la política moderna de España se basa en un acercamiento diplomático y económico. Estos textos ofrecen un contraste: el primero relata el momento más crítico para el Gobierno español en 1975 y el segundo toca el tema del tratado de amistad hispano-marroquí.

4i

aislar
to isolate

censura (f)
censure

autodeterminación (f)
self-determination

asuntos exteriores (m/pl)
foreign affairs

año tras año
year after year

aprovechar
to take advantage of

solicitar
to request

agonía (f)
last illness

distraer
to distract

respaldo (m)
backing

cese (m)
cessation

caminata (f)
walk

La Marcha Verde

En 1975 la llamada Marcha Verde dejó aisladas a nuestras islas Canarias, sin el apoyo de una zona española en el continente africano. Al mismo tiempo abrió un problema permanente para los españoles de presentes y futuras generaciones.

En 1958 se decretó que el Sahara pasara a ser una provincia de España; esto fue típico del sistema utilizado por Portugal para evitar la censura de las Naciones Unidas en aquellos tiempos de intensa descolonización. Desde 1966 el Gobierno español se mostró partidario de la autodeterminación, pero sin fijar fecha aproximada. Desarrolló entonces su política, muy repetida en aquella época, tanto en asuntos exteriores como asuntos interiores, y que consistía en dejar pasar y no resolver nada. Pero la presión de la ONU iba en aumento año tras año con fuerza creciente: sólo las colonias portuguesas y españolas quedaban prácticamente por descolonizar. Y así la Asamblea General aprobó once resoluciones sobre la descolonización del Sahara, mientras que Madrid practicaba su política de la desorientación. El jefe del Estado argumentaba que él, como africanista, conocía bien el problema y que no había que darle consejos. La iniciativa sobre el desierto estuvo siempre en manos del Rey Hassan II de Marruecos a quien, por razones de política interior, la expansión sobre el Sahara le permitía cubrir importantes y distintos objetivos.

SE INICIA LA MARCHA
Aprovechando el precario estado de salud del general Franco, el «gran protec-

tor» de la nación árabe, y contando con la mala imagen de España ante el mundo, el 17 de octubre de 1975 se anunció, a través de una rueda de Prensa, que 350 000 marroquíes realizarían una marcha pacífica sobre el Sahara. Tres días después del anuncio de la Marcha Verde España solicitó la reunión urgente del Consejo de Seguridad de las Naciones Unidas, que aprobó una resolución pidiendo al secretario general el establecimiento de consultas entre las partes interesadas. Aquellos días fueron muy tensos y sólo la lenta agonía del general Franco distrajo la atención de unos momentos realmente prebélicos. Tanto fue así que el presidente del Consejo de Seguridad, dándose cuenta de la gravedad de la situación, y con el respaldo del resto del Consejo, envió a Hassan II un llamamiento pidiendo el cese inmediato de los preparativos para la marcha. Pero sin éxito. El 6 de noviembre de aquel 1975 se inició la caminata por el desierto. Pero sí tuvo el efecto deseado.

El 14 de noviembre del mismo año se firmó el Acuerdo Tripartito de Madrid, entre España, Marruecos y Mauritania, que prometía la terminación de la presencia española en el territorio dentro de un plazo de 3 meses.

(Reproducido con autorización del diario *ABC*, Madrid)

Actividades

1 Preguntas

Responde a estas preguntas en español.

(a) ¿Cuál fue la reacción de la ONU?
(b) ¿A que se debió el anuncio de la Marcha Verde en octubre de 1975?
(c) ¿Qué efectos tuvo?
(d) ¿Cómo acabó el asunto?

2 Resumen

Resume brevemente la política española con respecto al Sahara entre 1958 y 1965 de acuerdo a lo que dice el primer texto.

El tratado de amistad hispano-marroquí

El Rey señaló en el discurso que aprobaba la firma del tratado de amistad y cooperación entre España y Marruecos, que uno de los pilares sobre los que descansa el tratado es el respeto de los derechos humanos y libertades fundamentales.

Felipe González y el jefe del Gabinete marroquí, Ahmed Laraki, habían suscrito momentos antes el tratado bilateral de cooperación, que consta de 14 artículos y un solemne preámbulo.

El Tratado de Amistad, Buena Vecindad y Cooperación dedica 12 de sus 14 artículos al fomento de la cooperación económica, financiera, pesquera, cultural y judicial, así como un apartado dedicado a la defensa. El principal mérito del tratado es, para los negociadores españoles, los principios cuarto y quinto en los que queda recogida la renuncia a recurrir a la fuerza contra la integridad territorial de la

otra parte, una fórmula que para la diplomacia española permite descartar cualquier sorpresa marroquí en Ceuta y Melilla. En esta última materia se fijan como objetivos la realización de programas comunes para la investigación, desarrollo y producción de sistemas de armas, material y equipos de defensa, así como el intercambio de información técnica, tecnológica e industrial.

El mismo día en Rabat, Felipe González reconoció que Marruecos, en lo que se refiere al delicado tema de los derechos humanos, está progresando, aunque no había tratado con el Gobierno marroquí la cuestión de los presos de la cárcel de Tazmamarz, en la que se encuentran recluidos los militares que participaron en el intento de golpe de Estado del palacio de Skirat hace 20 años. (Amnistía Internacional había pedido en una carta abierta dirigida al presidente español que durante su visita a Rabat se interesase por este tema.)

(El País, Madrid)

 4ii

tratado de amistad (m)
friendship treaty

descansar
to rest

constar de
to consist of

preámbulo (m)
introduction

fomento (m)
encouragement

queda recogida
is contained

descartar
to discount

cárcel (f)
prison

carta abierta (f)
open letter

3 Preguntas

Responde a estas preguntas en español.

(a) ¿En qué se basa el Tratado de Amistad?
(b) ¿En qué consiste el Tratado mismo?

4 Redacción

Utilizando los dos artículos sobre España y el Magreb, escribe un informe de 300-350 palabras sobre los cambios en las relaciones entre Madrid y Rabat desde la muerte del General Franco hasta el día de hoy.

5

La vuelta al mundo en 24 horas de español

Radio Exterior de España, la emisora en onda corta de Radio Nacional, nació pareja a otras emisoras exteriores como arma política y propagandística del franquismo. Una de las primeras emisiones que aprobó la vicesecretaría de Educación Popular en 1942 se llamaba La Voz de España para la División Azul.

La División Azul
Un grupo de voluntarios que participó en la invasión de la Unión Soviética como parte de las fuerzas hitlerianas.

 5

emisora (f)
radio station

onda corta (f)
short wave

semejante
similar

carrusel (m)
merry-go-round

rueda de corresponsales (f)
correspondents' report

difundir
to broadcast

La vuelta al mundo en 24 horas de español

Radio Exterior de España inaugura un servicio mundial de noticias

Ahora ha estrenado el nuevo Servicio Mundial en Español, semejante al que presta la BBC o Radio Francia Internacional. Este servicio consiste en la emisión ininterrumpida de programación en español. Además empleará las cuatro lenguas españolas, el inglés, francés, alemán, ruso, árabe y otras minoritarias, como el sefardí, el guaraní y el quechua.

Las emisoras internacionales prestigiosas, como la BBC o Radio Francia Internacional, han servido de referencia para los ejecutivos de Radio Exterior, además de una encuesta distribuida entre 10.000 oyentes. Las noticias encabezan el orden de preferencia con un 61%, seguidas por los programas culturales (15%). ¿Y los deportivos? Sólo el 9% aunque los hay que piensan que habrá una demanda más elevada por la cantidad de viajeros ocasionales por el extranjero que no quieren perder el contacto con el carrusel deportivo.

En los nuevos horarios comunes para todo el mundo figurarán noticias, una rueda de corresponsales, resumen de la prensa española, comentarios, entrevistas, reportajes de economía, cultura, deportes y un programa de actualidad local. Y todo difundido por vía satélite.

(Adaptado de *El País*, Madrid)

1 Investigación y presentación oral

Consulta una enciclopedia para encontrar más información sobre las lenguas minoritarias mencionadas aquí como el sefardí, el guaraní y el quechua y luego prepara una presentación oral sobre cada una, como por ejemplo dónde se habla; cuántas personas hablan cada idioma; si el idioma está en auge o no; y comenta algún aspecto de su historia si es posible.

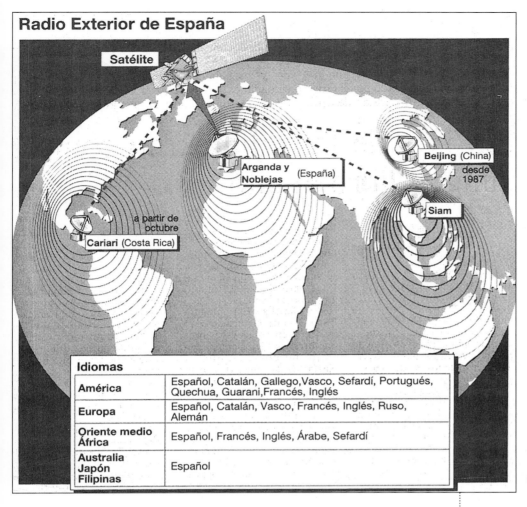

Radio Exterior de España

Satélite

Beijing (China) desde 1987

Arganda y Noblejas (España)

Siam

a partir de octubre
Cariari (Costa Rica)

Idiomas	
América	Español, Catalán, Gallego, Vasco, Sefardí, Portugués, Quechua, Guarani, Francés, Inglés
Europa	Español, Catalán, Vasco, Francés, Inglés, Ruso, Alemán
Oriente medio África	Español, Francés, Inglés, Árabe, Sefardí
Australia Japón Filipinas	Español

(*El País*, Madrid)

2 Completa

Completa el cuadro según las instrucciones y luego responde a la pregunta que sigue.

(a) ¿Cuáles son los servicios preferidos por los oyentes? (Indica qué porcentaje.)

Servicio	%
_____	_____
_____	_____
_____	_____

(b) ¿Por qué puede haber una mayor demanda en realidad para los programas deportivos?

3 Resumen oral

Explica a un amigo latinoamericano cómo es el servicio de Radio Exterior de España. (Otro estudiante puede preparar una serie de preguntas, basadas en este artículo.)

4 Escucha y responde

La Madre Patria

Escucha a dos historiadores que debaten este tema y luego comenta las posturas diferentes que adoptan.

Tradicionalmente se habla de España como la Madre Patria, como la ex-potencia colonial en América Latina. Es verdad que la mayor parte de la región (a excepción de Brasil, por supuesto, y algunos países de habla inglesa o francesa) habla español y tiene muchos aspectos en común con España. Sin embargo las guerras de independencia tuvieron lugar hace casi dos siglos y ha habido otras influencias en la región.

5 Escucha y escribe

Vuelve a escuchar la discusión y toma nota del vocabulario que se utiliza para expresar opiniones.

6 Cara a cara

Coméntalo con un/una compañero/a.

(a) ¿Qué importancia tiene mantener relaciones por motivos históricos?
(b) ¿Vale la pena conmemorar acontecimientos históricos como la Conquista o los viajes de Colón?

7 Escucha y responde

La cuestión de los inmigrantes

Dos refugiados extranjeros hablan de sus experiencias y por qué salieron de su país. Marilupe es de Centroamérica y Abdel es del Norte de África. Se conocen por medio de José Luis, un joven español que trabaja en un centro para ayudar a inmigrantes y extranjeros.

Escucha la grabación y responde a estas preguntas en español.

(a) ¿Por qué salieron de sus respectivos países?
(b) ¿Qué es lo que piensan hacer?

8 En tus propias palabras

Escucha otra vez y explica en tus propias palabras qué es lo que dice José Luis con respecto a la situación en España para con los inmigrantes.

9 Traducción

Traduce al español el párrafo de la introducción bajo el título Spain and Latin America *desde «Politically Spain» hasta «future lay with Europe».*

6
Estados Unidos: nacionalismo lingüístico

El nacionalismo lingüístico ha resurgido en Estados Unidos. Siete estados han declarado ya el inglés como único idioma oficial pese a la existencia de dieciocho millones de hispanoparlantes. La población hispanoparlante de Estados Unidos está en constante aumento. En algunas partes hay cierta resistencia frente a la importancia creciente del castellano como medio de comunicación.

ESTADOS UNIDOS: NACIONALISMO LINGÜISTICO

La decisión de varios estados es preocupante sobre todo para la población hispanoparlante que hay en Estados Unidos. En Nuevo México, por ejemplo, un 45 por 100 de la población es de origen hispano; le sigue el vecino Tejas, con un 27 por 100; Arizona con un 24; en California representa un 20 por 100; un 13 en Colorado, y un 12 por 100 en Florida.

V 6

hispanoparlante
Spanish-speaking

pese a
despite

aumento (m)
increase

creciente
growing

cinturón (m)
belt

claro pisoteo (m)
firm put-down

a la altura de
at the level of

desconocimiento (m)
lack of awareness

resurgimiento (m)
resurgence

conviene notar
it is worth noting

esfuerzo (m)
effort

El español, segunda lengua de facto en Estados Unidos, cuya Constitución no marca ningún idioma oficial, resuena en todo el cinturón sureño de la nación. Representantes de asociaciones y grupos de presión hispanos han denunciado los intentos de imponer el inglés como un resurgimiento de la xenofobia y un claro pisoteo a las libertades civiles. Pero a las denuncias de los grupos hispanos, las organizaciones que se oponen al bilingüismo funcionan a toda marcha. «Una cosa,» dicen, «es ayudar a los inmigrantes y a los nuevos ciudadanos a aprender lo que, a fin de cuentas, es una lengua oficial, y otra muy distinta es capitular ante las demandas de que se institucionalice su propio idioma.» No obstante se reconoce que no existe ningún artículo en la Constitución de Estados Unidos que obligue a leer, escribir o hablar inglés a todo ciudadano americano.

Uno de los principales problemas con que se enfrentan los defensores del español en Estados Unidos es su falta de imagen como lengua cultural, a la altura del alemán, el francés o el italiano. El americano medio tiene un desconocimiento del país donde se originó esta lengua, de su historia, de su cultura, su arte, su literatura e incluso su situación geográfica.

Un estudio reciente realizado por la oficina comercial de la embajada española para observar la penetración de los productos de nuestro país en Estados Unidos demostró que España no tiene una imagen ni buena ni mala en USA. Simplemente no tiene imagen alguna, aunque se supone que la conmemoración, celebración o simplemente reconocimiento del Quinto Centenario del viaje de Colón haya tenido algún efecto, sin mencionar la Expo de Sevilla o los Juegos Olímpicos en Barcelona.

Las autoridades docentes en Estados Unidos insisten cada vez más en que se aprenda una lengua extranjera en las escuelas. El español, lógicamente, está desplazando a otras lenguas que quizás gozan de mayor prestigio por su imagen como lengua cultural. Conviene notar el efecto del constante esfuerzo de los diversos servicios culturales mantenidos en Estados Unidos por varios países tales como Francia o Alemania. El Ministerio de Cultura español ya tiene en marcha un proyecto para potenciar el idioma y el conocimiento de España en Norteamérica por medio de videocasetes para dar a conocer la historia, costumbres, geografía y cultura españolas.

(Adaptación de *Tiempo,* Madrid)

Actividades

1 Preguntas

(a) ¿Por qué se oponen algunos al bilingüismo oficial?
(b) Comenta el estatus cultural del español en Estados Unidos.
(c) ¿Qué es lo que el Ministerio de Cultura español tiene en marcha?

2 Redacción

Utilizando el texto y el vocabulario adjunto, explica en unas 150 palabras cuáles son los problemas que surgen en Estados Unidos como consecuencia de la diversidad lingüística, con respecto sobre todo al español.

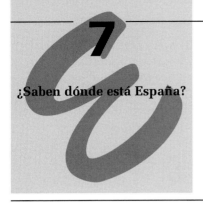

Con la democracia España ha ocupado en la escena internacional un lugar no ingrato para la política de Washington.

 7

ingrato
unwelcome

ubicación (f)
location

andadura (f)
path, progress

Pentágono (m)
Pentagon

soberano
sovereign

convenio de amistad (m)
friendship agreement

postura (f)
position

portavoz (m)
spokesman

albergar
to shelter, host

asimetría (f)
asymmetry, imbalance

distonía (f)
discord

Casa Blanca (f)
White House

sulfurarse
to get upset

corresponsal (m)
correspondent

canal de televisión (m)
TV channel

desconfiar de
to distrust

¿Saben dónde está España?

Es cierto que España viene dando muestras de independencia en su actividad internacional, pero su ubicación es clara y firme; entró y es un socio serio del club europeo y ha permanecido fielmente en la OTAN, lugares en que deseaba eventualmente vernos el Gran Patrón de Occidente cuando iniciamos la andadura hacia la democracia. Por otra parte, España ha pasado a ser un actor responsable y generoso (Guerra del Golfo, Bosnia) cuando la comunidad internacional se ha movilizado en defensa de la paz mundial.

Ha habido algunos sobresaltos en el pasado, pronto superados. El Pentágono quiso aplazar la salida de la base aérea de Torrejón, pero acabó sometiéndose a una decisión soberana española, recibiendo a cambio un convenio de amistad, que posibilitaba la presencia militar norteamericana en Rota y Zaragoza de mayor duración por un tiempo dado. Las posturas españolas en las Malvinas, Panamá, Cuba, en ciertas cuestiones mediterráneas etc. han estado en distonía, a veces ruidosa, con la doctrina oficial de Washington, pero las fricciones han sido mínimas. La Casa Blanca fue portavoz del consenso –árabe, judío, grandes potencias– para que Madrid fuera escenario de la primera Conferencia sobre la Paz en Oriente Medio, cuando otras capitales de mayor prestigio habrían pagado o pegado para que Washington les hubiera escogido para albergar tal evento.

Puede decirse que para los estadounidenses España y sus dirigentes han pasado de ser un extra, una cara en la muchedumbre, a un secundario que maneja con soltura su papel y que tiene amigos. La nación líder del mundo nos vende casi el doble de lo que nos compra. Su modo de vida sigue impregnando la nuestra: películas y series de televisión nos invaden, las cadenas de restaurantes gringos nos invaden. Dicho esto, en el conocimiento mutuo la asimetría es espantosa. Los EE.UU no tienen idea de quiénes somos ni dónde flotamos. Ni el nombre de la calle, ni sus dirigentes. Ellos son un continente, dominan el mundo, viajan mucho dentro de sus fronteras y poco al exterior, hablan la lengua que todos los habitantes del planeta se ven obligados a hablar, por ser precisamente de ellos.

Sin embargo, pasan de detalles sobre los que ocurre fuera; los diarios estadounidenses retiraron a sus corresponsales en Madrid, pero no hay que sulfurarse, pues también lo hicieron de otras capitales europeas y un importantísimo canal de televisión norteamericana no tiene un solo corresponsal en toda África. Por eso todavía desconfiamos de la gran potencia. Los españoles ven con reticencia las decisiones internacionales de Washington. La Guerra del Golfo, se concluye simplistamente, es para sacarles las castañas del fuego a Estados Unidos. Las cosas se han arreglado en Bosnia porque les "interesaba" a los americanos. Se pone en marcha una ley (Helms-Burton) que choca con la práctica internacional: muchos países tienen momentos en que los temas exteriores son utilizados en el juego de pelota internacional. Pero que en esa pugna la pelota pueda acabar en el ojo de otro país, Gran Bretaña, Canadá, España.... se nota cierta arrogancia que aquí no cae bien. En fin, los admiramos, un poco desconfiados eso sí, pero ellos, ¿saben dónde estamos? Poco pero no hay que ofenderse.

(*Cambio16*, Madrid)

Actividades

1 Se dice así

(a) *Observa el uso de imágenes en este texto.*

(1) **Algunas son de tipo directo:**
películas... nos invaden
no tienen idea de quiénes somos ni dónde flotamos

(2) **Otras son de tipo humorístico:**
otras capitales... habrían pagado o pegado
sacarles las castañas del fuego

(3) ¿Cómo se desarrolla la imagen de los actores?
¿Y la imagen del juego de pelota?

(b) *Observa el uso de otras frases en lugar de decir Estados Unidos, por ejemplo «el Gran Patrón de Occidente». ¿Cuántas formas aparecen en este texto de una frase para describir a los Estados Unidos o al gobierno, u otra frase que significa lo mismo, como por ejemplo «americano»?*

2 Resumen Oral

Explica brevemente los aspectos positivos y negativos de las relaciones entre España y Estados Unidos.

3 Traducción a la vista

Traduce el último párrafo del artículo «Sin embargo, pasan de detalles... no hay que ofenderse».

8
**Revolución
en la cocina mundial**

Es difícil concebir hoy cómo sería la comida europea antes de los aportes del Nuevo Mundo. Probablemente, bastante monótona, basada en el pan, la carne, algunas verduras, frutas y escasas legumbres. El encuentro de esos productos con los de las Indias dio origen a la gastronomía sofisticada que es el orgullo de Europa.

8

encuentro (m)
encounter

exterminio (m)
extermination

papa (f)
potato (Latin America)

hambruna (f)
famine

trabajoso
laborious

masificación (f)
growth

poroto (m)
bean

palta (f)
avocado

maní (m)
peanut

damasco (m)
apricot

chirimoya (f)
custard apple

guayaba (f)
guava

calabaza (f)
pumpkin

legado (m)
legacy

Revolución en la cocina mundial

Cuando se habla del Encuentro de los dos Mundos en general nos referimos a sus aspectos negativos, tales como el exterminio de poblaciones enteras, la sustracción de riquezas aprovechadas para sustentar imperios europeos, y la discriminación de las actuales poblaciones nativas. Son escasos aquéllos que reflexionan sobre los aportes que los antiguos pueblos americanos hicieron a la humanidad, entre los cuales –sin duda alguna– están los productos alimenticios que revolucionaron la nutrición mundial.

Después del trigo –originario del Medio Oriente–, son el maíz y la papa los alimentos principales de la humanidad. Ellos salvaron a Europa y África de grandes hambrunas y hoy son considerados como platos típicos de naciones europeas que ya han perdido la noción de sus verdaderos orígenes. La cultura irlandesa está basada sobre la papa, la tradicional polenta italiana es de maíz y hasta el vodka ruso está fabricado de papas. El maíz, palabra antillana, fue universalizada por los españoles, pero el tributo de su descubrimiento y trabajoso proceso de domesticación se lo debemos a los pueblos de Centroamérica y los Andes, que hace siete mil años comenzaron a experimentar su cultivo. La papa, vocablo aymará, fue cultivada por primera vez en el altiplano andino en una multitud de variedades. Hay quienes se refieren a la masificación mundial como «la cultura de las papas fritas».

Si consideramos que son de origen netamente americano los porotos, paltas, piñas, maníes, damascos, chirimoyas, habas, guayabas, mangos, papayas, calabazas y tomates –sin mencionar el tabaco y el chocolate– tendremos cuenta cierta de que el verdadero El Dorado americano no estuvo en los tesoros que fueron saqueados en este continente sino en ese legado gastronómico de los pueblos nativos del Nuevo Mundo.

(*El Mercurio*, Santiago de Chile)

ctividades

1 Preguntas

Responde a estas preguntas en español.
(a) ¿En qué se habrá basado la comida europea antes del descubrimiento del Nuevo Mundo?
(b) Apunta los aspectos negativos que son la consecuencia del Encuentro de los dos Mundos.
(c) ¿Qué es lo que se dice con respecto al maíz?
(d) ¿Y a la papa?

TRANSCRIPTS OF RECORDED MATERIAL

(Words in squared brackets are not part of the recording but are added to help identification.)

1 Sociedad

2 Retrato del nuevo español
Act.5 ¿Igualdad entre los sexos?
(Ent = entrevistador)

Ent   Marta, me gustaría que habláramos un poco acerca del tema de la igualdad entre hombre y mujer en lo que se refiere a las tareas del hogar. ¿Crees tú que las tareas del hogar deberían ser compartidas de igual forma por el hombre y la mujer?

Marta   Por supuesto que creo que deberían de ser compartidas, pero la realidad es que eh... no lo son. Yo no creo que sea única en decir que las mujeres hacemos muchas más cosas en la casa que los hombres, aunque si se les hace esta pregunta a cualquier hombre seguramente diría lo contrario, así que como en muchas otras cosas no nos ponemos de acuerdo. Pero las mujeres, hacemos más en la casa.

Ent   Si no es una indiscreción, ¿cuál es tu propia experiencia al respecto? ¿Tu marido y tú compartís las tareas del hogar? Y si es así, ¿de que manera?

Marta   Bueno, mi marido, ahora que no me oye, no hace absolutamente nada en la casa. Pero a él le gusta pensar que me ayuda... una vez al mes me ayuda a fregar los platos o a sacar el perro al jardín, y él piensa que con eso ya ha hecho el 50 por ciento de las tareas de la casa.

Ent   ¿Crees que las generaciones jóvenes están más dispuestas a aceptar esta idea de igualdad dentro del ámbito de la familia? ¿Qué has podido observar al respecto?

Marta   Yo estoy haciendo todo lo posible porque las nuevas generaciones er... las mujeres de las próximas generaciones, no sufran igual que las de esta generación que hemos tenido que hacer la mayoría del trabajo. Y yo educo a mis hijos, tengo un hijo y una hija, y los hago hacer las mismas cosas en la casa, y espero que eso les valga para el futuro, y, las mujeres del futuro se beneficien de eso.

Ent   Muchas gracias, Marta.

Marta   ¡De nada, guapo!

Ent   Y ahora está con nosotros Juan Pablo, español, como Marta, con quien vamos a hablar sobre el mismo tema. Juan Pablo, ¿qué piensas de la idea de que el hombre comparta las tareas de la casa con la mujer? ¿Te parece justo y factible a la vez?

JP   Bueno sí, dentro de un límite, evidentemente... Yo creo que conseguir un trabajo un día es algo difícil y en una pareja, no necesariamente es el hombre que lo va a conseguir, así que todos debemos estar dispuestos a poner un poco de nuestra parte a la hora de limpiar el polvo y pasar la aspiradora, pero soy un poco reacio a ello.

Ent   ¿Y tú le ayudas a tu mujer en casa?

JP   Yo... hago todo lo menos que puedo. Pero, sí, no me queda más remedio, me temo que se me han acabado las disculpas y de vez en cuando tengo que subirme las mangas de la camisa y fregar unos platos.

Ent   Una última pregunta para ti. ¿Crees que existen diferencias entre las viejas y las nuevas generaciones con respecto a la igualdad de los sexos en el medio familiar? ¿Has podido tú observar alguna diferencia?

JP   Yo creo que los jóvenes tenemos menos prejuicios, en cuanto a ver a una mujer en un puesto de directora, o en cuanto a ver a un hombre haciendo la compra y comprando pescado para la semana. Creo que ha cambiado mucho. Nuestros padres y mucho más nuestros abuelos creo que tendrían un problema más grande.

3 Sevilla, tirones y heroína
Act.7 Crónica policial

Ésta es Radio Azteca, transmitiendo desde la ciudad de México. Son las 14.00 horas. Ahora presentamos a ustedes un breve resumen de noticias de carácter policial.

Guadalajara

Según informaciones que nos llegan desde esta ciudad, la policía detuvo esta mañana a Alberto Muñoz Gaete, de 32 años de edad, jefe de una banda que se dedicaba al robo de vehículos nuevos, que luego comercializaban con documentos falsos. La detención de Muñoz Gaete permitió el arresto de otros miembros de la banda y la recuperación de ocho vehículos que estaban listos para su reventa.

Monterrey

Cuando portaba tres kilos de cocaína, fue detenida en el aeropuerto de esta ciudad, Ana Pérez Rojas, de 45 años, de nacionalidad mexicana. La droga, de alto valor comercial, se encontraba oculta en un bolso de doble fondo.

Veracruz

Por causas que aún se desconocen, el estudiante universitario Juan Carlos Vega Molina, de 22 años, hijo de un conocido industrial de Veracruz, se quitó la vida, disparándose un tiro en la sien. El cuerpo sin vida del joven fue hallado a las 9.00 horas de esta mañana en una playa cercana a Veracruz.

Ciudad de México

Dos individuos que se dieron a la fuga asaltaron a las 11.30 horas de esta mañana la sucursal del Banco Nacional que se encuentra en la Calle Chapultepec, robando una cuantiosa suma de dinero. Pese a la rápida acción policial, los delincuentes consiguieron escapar en un vehículo que los esperaba en las inmediaciones del recinto bancario.

Han sido las noticias de carácter policial de Radio Azteca, que han llegado a ustedes con el auspicio de la Compañía de Seguros Interamericana. Nuestro próximo boletín de noticias será a las 18.00 horas.

4 **Almería se ha convertido en la tierra de promisión para ciudadanos del Magreb**
5 **Los españoles se muestran más sensibles que el gobierno con el inmigrante extranjero**
6 **La última oportunidad**
Act. 7/8 Historia de una inmigrante ilegal

Me llamo Isabel, tengo 26 años, soy peruana, y vivo y trabajo en Madrid. Llegué aquí hace dos años, en busca de trabajo. Tenía algunos conocidos en Madrid, y ellos me acogieron a mi llegada. Fue una decisión difícil la de venirme aquí, ya que en el Perú dejaba a mis padres y a mis hermanos. Pero no tenía otra salida. Llevaba ya bastante tiempo buscando trabajo, pero nada encontraba. La situación en Lima estaba cada vez peor y los sueldos eran muy bajos. Finalmente tomé la decisión, y con la ayuda de unos familiares compré el pasaje de ida y vuelta a Madrid y pedí prestado unos dólares para mostrar a mi llegada al aeropuerto en Barajas. Sabía que sin ellos no me dejarían entrar. Tenía miedo, pero estaba decidida a intentarlo. Tuve suerte. Pasé inmigración sin

mayores problemas ni preguntas y allí comenzó mi aventura.

Los primeros días me dediqué a recorrer la ciudad. Había tanto que ver. Conocí gente, algunos sudamericanos que, como yo, habían venido a España a mejorar su situación. Gracias a ellos conseguí un puesto como asistente en casa de una familia española. No era mucho lo que ganaba, y quería ahorrar algo de dinero para enviar a casa. Tenía que trabajar muy duro, pero estaba dispuesta a hacerlo y a continuar hasta encontrar algo mejor.

Hoy ya llevo dos años en Madrid y mi situación ha mejorado. Gano un poco más que antes, aunque todavía no puedo trabajar en forma legal. Me he hecho de buenos amigos aquí, aunque a veces echo de menos a mi familia y a mi país. No sé cuándo podré volver, pero me gustaría.

2 España en perspectiva

3 [El Tejerazo:] La historia en vivo
Act.1/2/3 La historia en vivo

[*Asalto al Congreso de los Diputados*]
Eran las seis de la tarde del día 23 de febrero cuando se procedió a la votación, que no se pudo concluir.

«... Don Manuel Núñez Encabo... ¿Qué pasa? No... No... ¿Qué ha pasado?... ¿Qué pasa?

–¡Alto, todo el mundo quieto!

–Acaba de entrar la Guardia Civil en el podium... un oficial...

–¡Quieto todo el mundo!

–... de la Guardia Civil

–¡Silencio, silencio, al suelo todo el mundo! ¡Quietos... diputados, al suelo! ¡Quietos, vais a darles a los nuestros! Buenas tardes, no va a ocurrir nada pero vamos a esperar un momento a que venga la autoridad militar competente para disponer lo que tenga que ser y lo que él mismo diga a todos nosotros. O sea, esténse tranquilos, no sé si esto será cuestión de un cuarto de hora, veinte minutos, media hora..., me imagino que no más tiempo. Y la autoridad que hay competente –militar, por supuesto–, será la que determine qué es lo que va a ocurrir.»

(música)

A las seis y veinte de la tarde, el teniente coronel de la Guardia Civil Antonio Tejero Molina, de 49 años e involucrado con anterioridad en otra intentona golpista, irrumpió en el Congreso de los Diputados al frente de más de doscientos guardias civiles.

En el Palacio del Congreso, bajo la amenaza de las armas, quedaron retenidos los diputados y el Gobierno en pleno. Allí permanecerían secuestrados durante dieciocho horas.

Poco después de la acción del teniente coronel Tejero, que España conoció en directo a través de las emisoras de radio que retransmitían la sesión parlamentaria, la situación adquirió mayor gravedad:

Jaime Miláns del Bosch, Capitán General de la 3ª Región Militar, había sacado los tanques a las calles de Valencia.

El país, sorprendido, expectante, pero también sereno, siguió puntualmente por la radio el desarrollo de los acontecimientos. Fue aquélla, como alguien señaló acertadamente, la noche de los transistores.

También por la radio, en medio de aquellos momentos enormemente preocupantes, llegó a toda España el alivio que supusieron las palabras de Su Majestad el Rey don Juan Carlos, difundidas a la una y veintitrés minutos de la madrugada.

[*Discurso de su Majestad el Rey Don Juan Carlos*]
«Al dirigirme a todos los españoles con brevedad y concisión en las circunstancias extraordinarias que en estos momentos estamos viviendo, pido a todos la mayor serenidad y confianza, y les hago saber que he cursado a los Capitanes Generales de las Regiones Militares, Zonas Marítimas y Regiones Aéreas la orden siguiente: Ante la situación creada por los sucesos desarrollados en el Palacio del Congreso y para evitar cualquier posible confusión, confirmo que he ordenado a las autoridades civiles y a la Junta de Jefes de Estado Mayor que tomen todas las medidas necesarias para mantener el orden constitucional dentro de la legalidad vigente. Cualquier medida de carácter militar que en su caso hubiera de tomarse deberá contar con la aprobación de la Junta de Jefes de Estado Mayor. La Corona, símbolo de la permanencia y unidad de la Patria, no puede tolerar en forma alguna acciones o actitudes de personas que pretendan interrumpir por la fuerza el proceso democrático que la Constitución, votada por el pueblo español, determinó en su día a través de referéndum».

(*Himno nacional*)

Tras el mensaje del Rey, quien personalmente instó al general Miláns a que depusiera su actitud, éste dejó sin efecto el bando que había difundido y acuarteló nuevamente las tropas.

Fue entonces cuando se atisbó la posibilidad de un desenlace feliz, aunque el teniente coronel Tejero, a pesar de no contar ya con el apoyo de ninguna otra unidad militar en toda España, no consintió en

abandonar el Palacio del Congreso de los diputados hasta bien entrada la mañana del día 24.

Aquella mañana del día 24 algunos guardias civiles de los que habían asaltado el Congreso lo abandonaron, saltando por una de las ventanas, para entregarse a las fuerzas de su propio cuerpo de seguridad que les habían cercado. La firme actitud del rey durante aquella noche y las gestiones que llevó a cabo cortaron prácticamente de raíz el intento de golpe de estado.

Sin nadie que le siguiera, abandonado incluso por algunos de los guardias que había conducido a la intentona, el teniente coronel Tejero se quedó solo.

Al mediodía dejó en libertad a los diputados y se entregó.

Los más graves momentos vividos por la nueva democracia española quedaban atrás. El golpe había fracasado.

[*Fragmento de la manifestación del día 27 contra el golpismo*]
«... ¡Viva el Rey Don Juan Carlos...! ¡Viva...!

El pueblo no se ha conformado con ser espectador, sino que se sabe protagonista de su historia y ha querido y quiere comportarse como tal. Por eso estamos aquí, expresando solidariamente, con emoción contenida y con honda reflexión, nuestra decisión de vivir en democracia y nuestra voluntad de impedir que se reproduzcan hechos amenazadores para la libertad... »

5 Autonomías
Act.1/2 [El proceso autonómico español]

El Romanticismo y el Nacionalismo del siglo XIX dieron pie al desarrollo de una doctrina, de una base teórica, que explicaba o al menos justificaba las viejas diferencias regionales.

Cataluña conoció un movimiento cultural que, con el nombre de «Renaixença», resaltó sus valores de identificación, es decir, aquellos valores que la hacían distinta de las demás regiones de España.

Décadas más tarde y en un movimiento similar, Sabino Arana creó el nacionalismo vasco, con marcada influencia religiosa y mucho más radicalizado que el catalán.

De igual manera, en Galicia y, con menor arraigo, en Andalucía surgieron también movimientos que reivindicaron la individualidad de cada una de estas regiones.

La actividad de estos movimientos creó una dinámica especialmente compleja durante la II República. La práctica totalidad de las regiones periféricas iniciaron la elaboración de proyectos autonómicos, y por lo mismo, el tema de las autonomías fue uno de los caballos de batalla de aquella Constitución.

De todos estos proyectos, sólo el estatuto de Cataluña fue aprobado, en septiembre de 1932. El Alzamiento militar de 1936 impidió que el País Vasco y Galicia alcanzaran sus respectivos estatutos antes de la Guerra Civil.

(*música*)

[*Alocución del General Francisco Franco 1936-9*]
«Un Estado totalitario armonizará en España el funcionamiento de todas las capacidades y energías del país, en el que, dentro de la unidad nacional, el trabajo —estimado como el más ineludible de los deberes— será el único exponente de la voluntad popular. Y merced a él, podrá manifestarse el auténtico sentir del pueblo español al través de aquellos órganos naturales que —como la familia, el municipio, la asociación y la corporación— harán cristalizar en realidades nuestro ideal supremo.»

(*música*)

Casi todas las fuerzas sociopolíticas que apoyaron el Alzamiento militar eran claramente contrarias a cualquier autonomía, y así lo manifestaron ya durante la República. El Cardenal Gomá, o líderes como Calvo Sotelo y José Antonio Primo de Rivera, fundador de [la] Falange, preferían 'una España roja a una España rota'.

[*Declaraciones de Don José Antonio Primo de Rivera 1936*]
«España ha venido a menos por una triple división: por la división engendrada por los separatismos locales; por la división engendrada entre los partidos, y por la división engendrada por la lucha de clase. Cuando España encuentre una empresa colectiva que supere todas esas diferencias, España volverá a ser grande como en sus mejores tiempos.»

El general Franco reflejó esa ideología en la misma Declaración del Estado de Guerra del 18 de julio de 1936, y, en buena medida, el Estado creado por los vencedores de la Guerra Civil fue explícitamente antirregionalista.

Franco llegó a prohibir las lenguas autóctonas, y estableció multas para quienes hablasen en público «idiomas y dialectos diferentes del castellano».

«Cataluña, como las otras nacionalidades españolas que no son la nacionalidad central, ha sufrido bajo la dictadura de Franco no sólo una opresión política, sino una opresión nacional.»

La incapacidad de las viejas organizaciones nacionalistas para hacer frente al franquismo dio lugar a la aparición de movimientos separatistas y revolucionarios, el más conocido de los cuales es la organización terrorista ETA, que se creó en 1959-60 y que comenzó a actuar como banda armada desde 1968.

El Gobierno respondió con estados de excepción y con aumento de la represión.

De esta forma se originó una cadena de acción y represión cuyos momentos más importantes fueron el proceso efectuado en Burgos contra varios terroristas y la muerte en atentado del Presidente del Gobierno, almirante Carrero Blanco, en diciembre de 1973.

(*música*)

[*Alocución radiotelevisada del General Franco 1973*]
«Españoles, sean mis primeras palabras de reconocimiento público a la serenidad, la adhesión y la confianza que el pueblo español me ha ofrecido con motivo del criminal atentado de que fue víctima nuestro Presidente de Gobierno y funcionarios que le acompañaban, caídos en el cumplimiento de su deber.»

Pero ya entonces, en los últimos años de la dictadura, la mayoría de las fuerzas sociales o no tenían interés en que el franquismo continuase, o veían la enorme dificultad de mantener el régimen tras la muerte de Franco.

(*música*)

Con la muerte de Franco se abrió una nueva fase en la historia de España. El Príncipe Don Juan Carlos fue proclamado Rey y asumió la Jefatura del Estado. En su primer discurso, se refirió al hecho regional.

[*Primer mensaje de Don Juan Carlos I tras su juramento y proclamación como Rey de España 22-XI-1975*]
«Un orden justo, igual para todos, permite reconocer dentro de la unidad del Reino y del Estado, las peculiaridades regionales como expresión de la diversidad de pueblos que constituyen la sagrada realidad de España. El Rey quiere serlo de todos a un tiempo y de cada uno, en su cultura, en su historia y en su tradición.»

El Rey confirmó a Arias Navarro como Primer Ministro, cargo que ocupaba desde la muerte de Carrero.

Desde este puesto, Arias Navarro ya había intentado realizar una pequeña reforma política en vida de Franco, reforma que no encontró eco en la oposición porque, de principio, excluía el reconocimiento de dos cuestiones fundamentales para la democracia española: los regionalismos y el Partido Comunista.

Aunque en el primer Gobierno de la Monarquía había hombres progresistas, los proyectos de reforma de Arias Navarro eran muy limitados. Por eso fue cesado.

Su sustituto fue un político de segunda fila hasta entonces, pero que demostró enorme capacidad de maniobra: Adolfo Suárez.

Suárez se lanzó sin miedo a la reforma: neutralizó el Movimiento, único partido político del régimen de Franco, y consiguió que las últimas Cortes franquistas votasen su propia desaparición al aprobar la Ley para la Reforma Política.

[Fragmento de Alocución radiotelevisada de Don Adolfo Suárez 14-XII-1976]
«Por supuesto que es obligación del Gobierno, porque así se lo encomienda la ley, porque así lo demandan ustedes y porque ése es el espíritu de la Corona, dar respuestas válidas a todos los desafíos del momento histórico, y tenemos la seguridad de que en la España de hoy la integración plena de todos en la comunidad nacional no puede darse sin libertad política. El procedimiento para ello es esta Ley para la Reforma cuyo destino deben decidir mañana.»

La Ley para la Reforma Política, aprobada en el referéndum de 1976, supuso el salto definitivo hacia el Estado democrático.

6 Euskadi, la paz posible
Act.3/4/5 Debate desde la cárcel

Presos de ETA internados en distintas cárceles españolas han iniciado el debate de un documento de reflexión política en el que se considera «absolutamente imprescindible detener la actual dinámica militar». En este debate participan más de 70 presos de ETA con diferente régimen penitenciario. Los presos que participan en este debate provienen de ETA militar, de ETA político-militar y de los comandos autónomos recluidos en las prisiones de Álava, Pamplona, Ávila, y San Sebastián.

La mayor parte pertenecen al sector más blando de ETA, e incluso alguno, cuya identidad no ha sido facilitada, ha sido expulsado de la organización. En cuanto a las condenas, la situación es muy variada, ya que, mientras que algunos cumplen 30 años por asesinato otros no tienen delitos de sangre y disfrutan de los beneficios penitenciarios de tercer grado.

Este preso, condenado a 201 años de cárcel por su participación en varios asesinatos, comenta su opinión sobre la actual situación en ETA:

«Es que una criatura de esas... Son unos sub-normales, que ordenan asesinar a niños de dos años y dejar sin piernas a niñas de 13. Están creando el odio en todos los sitios. ¿Y qué van a seguir en este plan? ¿Hasta que se les diga basta en la calle? Porque decimos nosotros 'basta', y no vale para nada. Lo único que te hacen es ametrallar.

A ver si se rompe el bloque. Aquí hay formas diferentes de pensar. En los últimos dos años, de cada cuatro atentados, tres mal hechos. La gente del pueblo está pasando de ellos. Tanto crío, están matando chiquillos... Y no se dan cuenta de que en la misma Euskal Herria está creándose un ambiente contra nosotros. En España ya nos odian, y en Euskal Herria se está empezando a crear el odio. Yo ya soy partidario de utilizar la vía política para defender los objetivos de ETA.»

Entonces, ¿qué es lo que quieren hacer?

«Lo que hay que hacer a fin de cuentas es pues... hacer política. Hay que decir también que los tipos de acciones armadas que se están llevando a cabo últimamente convierten en inaceptables los objetivos políticos que reivindicamos y que queremos defender. La discusión política está pasando por un sendero de irracionalidad política... pues francamente nos estamos quedando en un callejón sin salida.»

En este documento se afirma que los atentados «convierten en inaceptables» los objetivos políticos de esta organización y se advierte que pueden propiciar el enfrentamiento entre vascos. Se apuesta por la vía política y se recalca que las acciones de ETA son el mayor obstáculo para la unidad de los nacionalistas.

Los redactores del texto, cuyo original está escrito en euskera y a mano, reconocen que los tipos de acciones armadas que se están llevando a cabo últimamente convierten en inaceptable[s] los objetivos políticos que reivindican y que quieren defender.

(Asociación de Familia de Presos, Deportados y Rehenes Detenidos – SENIDEAK: *El País*)

③ Ocio y Deportes

1 Los españoles veranean poco, barato y cerca.
Act.7 De vacaciones

Ent	Hola, ¿qué tal?
José María	Hola.
Ent	¿Cómo te llamas?
José María	José María Riveros.
Ent	¿Qué edad tienes José María?
José María	23 años.
Ent	¿Estudias o trabajas?

José María	Estudio. Estoy haciendo el tercer año de Derecho.
Ent	José María, los estudiantes suelen tener unas largas vacaciones, especialmente de verano. ¿Qué acostumbras hacer en tus vacaciones?
José María	Pues, la verdad es que no suelo tomar más de dos o tres semanas de descanso. El resto del tiempo trabajo con mi padre que tiene una ferretería y durante el verano necesita ayuda, ya que los empleados suelen tomar vacaciones durante el verano. Pero en aquellas semanas que estoy libre, no falta algún plan. El año pasado me fui a Ibiza con unos amigos. Este año, aún no lo sé, si no suspendo ningún examen, quizás vaya a San Sebastián. Necesito descansar, ha sido un año muy duro. Ahora, si suspendo, no me queda más que olvidarme de las vacaciones y quedarme en casa a estudiar.
Ent	Espero que tengas suerte.
José María	Gracias.
Ent	Hola, ¿cómo te llamas?
Silvia	Silvia Martínez.
Ent	Silvia, ¿qué sueles hacer en tus vacaciones?
Silvia	Pues, durante el verano suelo ir a Marbella. Mis padres compraron un apartamento allí hace algunos años y desde entonces pues pasamos nuestras vacaciones en el mismo sitio.
Ent	¿No sales nunca de España?
Silvia	Durante el verano no, pero para las Navidades y para Semana Santa a veces sí lo hago. El año pasado pasé las Navidades en Londres en casa de una amiga española que vive allí. Era la primera vez que iba y me encantó. Este año pienso ir a París con unos amigos. París me gusta muchísimo, he estado allí varias veces.
Ent	¿Qué sueles hacer durante tus vacaciones?
Silvia	Pues, los primeros días descansar, levantarme muy tarde y, cuando estoy en Marbella, irme a la playa a tomar el sol. Por la noche suelo ir con mis amigos a tomar una copa a algún bar o

	nos vamos a alguna discoteca.
Ent	Y cuándo sales de España, a Londres o París, por ejemplo, ¿qué haces?
Silvia	Bueno, entonces me gusta recorrer la ciudad, ir a algún museo, conocer los mercados —en Londres hay unos mercados maravillosos—, ir de tiendas, aunque a veces la tentación es muy grande sobre todo cuando se trata de ropa pero, vamos, siempre se puede comprar algo, alguna novedad, algo especial que no se encuentre aquí. También suelo ver algo de teatro o algún espectáculo que me interese. En Londres, especialmente, siempre hay algo que ver.

2 Buen viaje
Act.8 Un moderno hotel a su servicio

¿Está pensando en sus vacaciones o tiene que viajar a México por razones de negocios? Entonces, venga al hotel Vista Hermosa del Distrito Federal. Situado en el sector más privilegiado de la capital, el recién inaugurado hotel Vista Hermosa le ofrece todas las comodidades y servicios que usted espera en un hotel de esta categoría. Todas las habitaciones cuentan con teléfono, televisor, en el que podrá ver sus programas favoritos vía satélite, equipo de sonido de alta fidelidad, con control remoto, frigobar y, naturalmente, para aquellos meses de verano, aire acondicionado.

Y para sus ratos de ocio, el hotel Vista Hermosa tiene para usted y su familia una gran alberca rodeada de exóticas palmeras, y con un servicio de bar donde podrá disfrutar de su aperitivo favorito. Para los aficionados al deporte, nada menos que cinco campos de tenis y un circuito de jogging, además de un gimnasio completamente equipado, con instructores bilingües, y todo lo necesario para poner su cuerpo a tono y liberar tensiones: baños de vapor, sauna, jacuzzi y masajes a cargo de expertos profesionales.

Para los que gustan de la comida internacional, el hotel Vista Hermosa cuenta con cuatro restaurantes, donde podrá escoger el menú de su agrado y celebrar, si así lo desea, aquella reunión de negocios, con un cóctel o una comida o cena de primera en un ambiente tranquilo y relajado.

Para el hombre de negocios y para las empresas, el hotel Vista Hermosa pone a disposición su moderna sala de convenciones con capacidad para quinientas personas, y una sala de banquetes con capacidad para 300 personas, además de un servicio de secretarias bilingües, télex, fax, computadoras y teléfonos.

Para aquéllos que deseen hacer sus compras o hacer sus reservas de avión sin salir del hotel, contamos con tiendas especializadas, de ropa, joyas, souvenirs, salón de belleza, y una agencia de viajes que lo atenderá y lo orientará en todo lo relacionado con sus vacaciones o su viaje de negocios.

El hotel Vista Hermosa está conectado al aeropuerto de la ciudad de México a través de un cómodo y rápido sistema de taxis que estarán a su servicio las 24 horas del día.

Por eso no olvide, si está pensando en sus vacaciones, o si viene a México en viaje de negocios, el hotel Vista Hermosa lo espera en Paseo de la Reforma 4552, teléfono y fax 321 4576, en el Distrito Federal.

3 Los toros: ¿barbarie o cultura?
Act.2 Las corridas de toros, ¿deberían suprimirse?

Ent   ¿Crees tú que las corridas de toros deberían prohibirse?

Carmen   Yo en principio estoy en contra de cualquier espectáculo que involucre agresión o crueldad con los animales. El espectáculo de los toros me resulta violento porque la muerte del animal está llena de sufrimiento y no tiene ninguna justificación. Simplemente no se puede asistir a un espectáculo tan cruel y presenciar de modo indiferente la agonía y la muerte de un animal. Además, yo creo que un espectáculo de esta naturaleza tiene un efecto negativo en los espectadores y de algún modo contribuye a aumentar la agresividad. Pienso que la mal llamada «fiesta de los toros» debería prohibirse.

Ent   Y tú Álvaro, ¿qué opinas? ¿Crees que las corridas de toros deberían prohibirse?

Álvaro   Mira, yo creo que éste es un tema difícil, que no se puede enfocar desde un solo punto de vista. Por un lado, está la fiesta de los toros mirada como un arte y como una tradición que está fuertemente arraigada en nuestro pueblo y de la cual yo mismo participo como espectador. No niego que en ella haya una buena dosis de crueldad hacia el animal y de sufrimiento por parte de éste. Pero no podemos considerar la fiesta de los toros como algo aislado, sin tener en cuenta que la agresividad es una constante en nuestra sociedad. A diario estamos presenciando actos de agresión o incluso sufriéndolos.

La agresión al niño o la agresión del hombre hacia la mujer, por ejemplo, que suelen darse a menudo en nuestra sociedad, el terrorismo, para mencionar algo más extremo, son hechos reales de violencia que merecen mayor atención y preocupación. La indiferencia frente a la pobreza, el desempleo, para mí también constituyen actos de violencia, que muchos parecen ignorar, incluso aquéllos que reclaman por los derechos de los animales. Desde esta perspectiva, yo no estoy ni a favor ni en contra de la fiesta de los toros. Pero sí estoy a favor de una sociedad menos violenta, menos indiferente y más justa. Pienso que ése debe ser el punto de partida.

4 Preparación biológica y psicológica del deportista
Act.4 Un día en la vida de María Cristina Cáceres

Periodista   María Cristina, entre los nadadores españoles, tu nombre sobresale como uno de los más conocidos y con mayores galardones en la práctica de este deporte. Los aficionados, los que te admiran, a menudo se preguntan cómo será la vida de una deportista tan famosa como tú. ¿Qué les puedes decir a esas personas que te escuchan?

Mª Cristina   Pues, mi vida está dedicada casi enteramente al deporte. Esto no significa que descuide otros aspectos de mi vida y que no tenga otros intereses. Por el contrario, pero lo que quiero decir es que para mí la natación es lo más importante de mi vida.

Periodista   ¿Por qué no nos describes un día normal? ¿Qué haces? ¿Cómo distribuyes tu tiempo?

Mª Cristina   Bueno, suelo levantarme casi todos los días a las siete y luego me ducho. A las siete y media, antes de desayunar, me voy a la piscina de un polideportivo que hay cerca de casa donde entreno hasta las nueve. Me ducho nuevamente y regreso a casa a desayunar, por lo general un café, un zumo y un yogur con fruta. No acostumbro comer pan. A las 10.00 salgo de casa para ir al instituto donde doy clases de natación. Trabajo allí hasta la 1.00 y vuelvo otra vez a casa a comer. Suelo tomar una comida bastante ligera, consistente principalmente en verduras y legumbres. No me gusta mucho la carne, aunque no soy vegetariana.

Periodista | ¿Y por la tarde, qué haces?

Mª Cristina | Pues, después del almuerzo, me gusta descansar un rato, leer un poco y escuchar música.

Periodista | ¿Qué sueles leer?

Mª Cristina | De todo un poco, pero preferentemente biografía, y entre las biografías, naturalmente, las de deportistas famosos. Me interesa saber cómo fue su vida, cómo llegaron a triunfar.

Periodista | Algún día, quizás, alguien escribirá sobre la vida de María Cristina Cáceres.

Mª Cristina | ¡Qué va! Nunca llegaré a ser tan famosa.

Periodista | Pues, creo que ya lo eres. Y dime, ¿qué tipo de música te gusta escuchar?

Mª Cristina | Prefiero la música clásica, me gusta Bach, Mozart, Beethoven. Pero a la hora de salir con los amigos, por supuesto que me gusta la música moderna.

Periodista | ¿Sueles dedicarte otra vez a la natación por la tarde?

Mª Cristina | Sí. A las seis vuelvo a la piscina a entrenar y no regreso a casa hasta las ocho. Me ducho nuevamente, ceno y de vez en cuando salgo con mis amigos, a veces a tomar una copa, otras veces al cine. Vamos, pero no lo hago muy a menudo, ya que suelo terminar el día muy cansada.

Periodista | María Cristina, eres todavía muy joven y ya has tenido varios triunfos. ¿Vas a participar en el próximo Campeonato de Europa?

Mª Cristina | Por supuesto que sí, no me lo perdería por nada del mundo.

Periodista | Bueno, te deseo, y te deseamos todos, sinceramente, que tengas muchísimo éxito y que vuelvas a triunfar.

Mª Cristina | Muchas gracias.

4 Arte y cultura

3 Entrevista con Pedro Almodóvar
Act.5 ¿Te gusta el cine?

—¿Quién es su director de cine favorito?

—A mí me gusta mucho Carlos Saura. Me parece un director muy interesante, hace películas que agrada mucho ver con temas a veces históricos, a veces temas normales de personas corrientes, pero siempre rozando un poco lo satírico y lo cómico.

—A mí me gusta más Almodóvar. Eh... me parece más postmoderno, eh..., sabe, conoce muy bien a la mujer, y a los problemas de la mujer la trata con mucho cariño, con mucha gracia y sobre todo el humor de Almodóvar me encanta... me parece que es muy inteligente y que está muy al día.

—¿Qué películas han visto Vds. últimamente?

—Pues, la última película que he visto fue una de Carlos Saura precisamente, que se llama «Ay Carmela». Es una película basada en la guerra civil española – otra más, ya sé que hay muchas, pero ésta está enfocada desde un punto un tanto diferente. Es la guerra civil vista desde los ojos de un par de cómicos que viajan de frente a frente.

—Pues yo, como verás, he visto todas las películas de Almodóvar. Porque me encanta. Muchas de ellas las he visto varias veces. Mi favorita es «¿Qué he hecho yo para merecer esto?» que fue una de las primeras películas que hizo con muy poco dinero pero con mucho talento, y otra de mis favoritas es «Mujeres al borde del ataque de nervios» que es muy graciosa.

5 Educación y trabajo

1 Recuerdos del pasado
Act.6 Los años de colegio

Periodista | Hola, ¿cómo te llamas?

Alfonso | Alfonso Silva.

Periodista | ¿Qué edad tienes, Alfonso?

Alfonso | Veintiún años.

Periodista | Tú eres estudiante, ¿verdad?

Alfonso | Sí, estoy haciendo el segundo año de derecho en la Universidad de Granada.

Periodista | Alfonso, tú has dejado el colegio hace muy pocos años y seguramente tendrás muchos recuerdos de aquella época. Me gustaría que hablásemos un poco sobre el tema de la educación, sobre lo que tú ves de positivo y negativo en la educación que recibiste. Me imagino que tendrás mucho que decir al respecto, ¿no?

Alfonso Pues, la verdad es que en general estoy bastante satisfecho con la educación que recibí, aunque naturalmente hay ciertos aspectos que habría que mejorar. Por un lado, creo que la educación actualmente es bastante humanista, te permite lograr un conocimiento amplio y general de muchas materias, te da una formación integral y una visión global de las cosas y del mundo. Pero eso tiene también un lado negativo, ya que en mi opinión la formación es demasiado académica, es poco práctica y está un poco alejada de la realidad. Hay mucho énfasis en la memorización de materias y falta capacidad de análisis y espíritu crítico.

Periodista ¿Qué cambios te gustaría ver, entonces, en el sistema educativo?

Alfonso Bueno, sin perder de vista la formación global y humanista, creo que la educación debería acercarse más a la realidad, al mundo que nos rodea. Es fundamental preparar al estudiante para el mundo del futuro, es necesario modernizar el sistema educativo e introducir nuevas tecnologías. Habría que destinar más dinero a la compra de equipo y materiales. En mi colegio, por ejemplo, sólo teníamos dos ordenadores y los laboratorios de química y física eran muy anticuados.

Periodista ¿Y qué opinas de los profesores que tuviste?

Alfonso Pues, en general fueron buenos profesores, a pesar de las limitaciones que he mencionado, pero, vamos, salvo una que otra excepción, eran bastante dedicados.

Periodista Y las relaciones con ellos, ¿qué tal?

Alfonso Mis relaciones con ellos fueron buenas en general, salvo con uno, el profesor de matemáticas. En parte era por la asignatura misma, que a mí no me gustaba nada. Suspendí varias veces.

Periodista Y ahora, ¿cómo te va en tus estudios?

Alfonso Bien, no me puedo quejar.

2 Estudiantes extranjeros en España
Act.4 Un estudiante español en Inglaterra

Ent Hola. Estamos con Víctor, un estudiante español. Víctor, ¿de dónde eres?

Víctor De Cuenca.

Ent ¿Y cuánto tiempo hace que estás en Inglaterra?

Víctor Pues, ya he vivido aquí durante cuatro años, aunque no todos seguidos. Hace seis años vine por primera vez aquí, a Londres.

Ent ¿Y por qué viniste aquí?

Víctor Pues, la principal razón fue por perfeccionar el idioma. Yo ya dominaba medianamente el inglés y quise perfeccionarlo con vistas a los estudios que podría realizar en el futuro, aquí o bien en España. Y luego también, pues, por curiosidad de visitar un país diferente. Era la primera vez que salía de España, no había viajado por ningún otro país de Europa, y sentía curiosidad por venir a un lugar donde, al mismo tiempo, podría comunicarme con las personas medianamente bien. Y también deseaba conocer otros lugares. En Inglaterra no estuve todo el tiempo en Londres, sino que también hice viajes por el sur de Inglaterra, por la zona de Brighton, y también fui a Cambridge, Oxford y a otros sitios.

Ent ¿Se diría, entonces, que no tuviste problemas de adaptación cuando llegaste aquí?

Víctor Pues sí, problemas de adaptación sí que los tuve, no en lo que se refiere a la lengua, puesto que podía comunicarme con el resto de la gente. Pero sí a nivel de adaptarme socialmente en otra sociedad muy diferente a la que yo había estado acostumbrado hasta ese momento. Todo era totalmente nuevo para mí. Y sí, encontré cierta frialdad a la hora de comunicarse, no precisamente por el problema de la lengua, sino por un comportamiento social un poco diferente.

Ent ¿Qué es lo que más te gusta de la vida aquí?

Víctor Pues, lo que más me gusta... Es un poco difícil... Creo que existen, en lo que se refiere a educación por ejemplo, muchas más posibilidades y variedad de cursos que en otros lugares... Creo que aquí todo el mundo tiene una oportunidad, depende ya de cada cual el tomarla, el aprovecharla y explotar esa oportunidad hasta el fondo.

Ent	¿Echarás de menos a veces tu país?
Víctor	Pues sí que lo echo de menos en ocasiones.
Ent	¿Vas a menudo a España?
Víctor	Una o dos veces al año, más o menos.
Ent	¿Y cuánto tiempo más te quedarás aquí?
Víctor	Pues, de momento hasta finalizar los estudios y... una vez finalizados, pues ya regresaría a España, aunque no descarto la posibilidad de realizar estudios de posgraduado más adelante, pero creo que al finalizar estos estudios yo ya regresaría a España.
Ent	Bien, Víctor, muchas gracias y buena suerte.
Víctor	Gracias.

3 [Cómo encontrar el primer empleo]
Act.9 Mi primer trabajo

Mi primer trabajo lo obtuve cuando tenía dieciséis años. Yo vivía en un pequeño pueblo de la zona central de Chile, llamado San Andrés, y aún no había terminado mis estudios secundarios. Yo era el mayor de cinco hermanos y la situación económica de mis padres no les permitía darnos dinero suficiente para nuestros gastos.

Un día, mirando el periódico local, vi un anuncio que me llamó la atención. Un matrimonio de ancianos pedía un muchacho que les ayudara en los quehaceres de casa. Fue así como llegué a conocer a don Alberto y doña Flor, como les llamaban los vecinos del lugar. Don Alberto tenía ochenta y dos años y doña Flor, que nunca confesó su edad, no parecía mucho menor que su marido. Vivían en una vieja casa de adobe, detrás de la cual había un huerto con una gran variedad de árboles frutales.

El primer día don Alberto me dio a conocer muy seriamente mis deberes. Debía ayudarle a regar el huerto y a cortar la maleza que crecía entre los árboles. Por otra parte, don Alberto ya estaba muy viejo para trepar a los árboles y cortar la fruta madura que luego vendía entre sus vecinos y sus amistades. Y ésa era otra de mis obligaciones. También debía acompañar a doña Flor al mercado del pueblo donde solía hacer sus compras dos veces por semana.

De todos mis deberes, éste último era el que menos me gustaba. Doña Flor recorría puesto tras puesto, comparando precios y regateando. Ya todos la conocían y a nadie molestaban sus comentarios relativos a la calidad de las lechugas o de los tomates o al alto precio de las cebollas y las papas.

Mientras yo trabajaba, el viejo don Alberto me contaba largas historias de sus años de juventud. Muchas eran fantasías, estoy casi seguro, pero yo lo escuchaba atentamente y lo instaba a que siguiera con sus historias.

Así pasó el tiempo. Casi dos años trabajé en casa de don Alberto y doña Flor. Debí alejarme del pueblo para seguir estudios en otra ciudad, pero siempre recordaré con nostalgia mi primer trabajo.

5 La mujer en el trabajo
Act.5 Cosas

Ent	Buenos días señoras y señores. Son las nueve de la mañana. Ahora damos comienzo a nuestro programa Cosas, con entrevistas a dos mujeres trabajadoras con las que hablaremos sobre el tema de la mujer. Nuestras invitadas son Ana Rodríguez, ingeniera industrial, y Elena Morales, gerente de unos grandes almacenes. Ana, usted es ingeniera industrial y trabaja desde hace algunos años en la empresa del petróleo. ¿Cuál ha sido el principal reto que como profesional le ha impuesto su condición de mujer?
Ana	Bueno, yo diría que en España mucha gente cree todavía que la profesión de ingeniero es para hombres. Cuando uno invade el campo de trabajo, sobre todo en los comienzos de la carrera, es difícil avanzar porque se nos ve más como mujer que como profesional. El reto ha sido entonces lograr el respeto a mis criterios desde el punto de vista profesional, tratando de que sea obviada mi condición de mujer. Y esto no ha sido fácil...
Ent	Y el hecho de ser mujer, ¿en qué medida la ha beneficiado o perjudicado en su trabajo?
Ana	Todo tiene sus pros y sus contras. Creo que a nivel general existe cierta desconfianza en el potencial que una mujer pueda desarrollar en una empresa, tal vez por el hecho de que una pueda llegar a casarse y tener hijos. Eso nos perjudica en el sentido de que nuestra carrera podría verse limitada en su desarrollo, llegando sólo hasta una posición determinada y no pasar de allí; pero creo también que todo está en nuestra capacidad de demostrar que podemos llegar un poco más allá. Ahora, como beneficios, yo creo que el ser mujer nos facilita las cosas en cierto modo, pero

más bien en el aspecto personal; aunque esto, eventualmente, podría perjudicarnos; es como un arma de doble filo.

Ent Ahora, su mayor satisfacción y su mayor frustración en el trabajo, ¿cuál ha sido?

Ana Bien, son muchas las satisfacciones. Sobre todo cuando hago algún trabajo que me ha costado y que haya sido criticado en algún detalle; el convencer a las personas de que tengo razón y demostrarlo luego en la práctica, es una satisfacción desde el punto de vista profesional. Y en cuanto a frustraciones, la verdad es que no he tenido muchas, aunque sí recuerdo algunas cuando tuve mis primeras experiencias de trabajo, pero fueron más bien cuestiones de tipo gerencial no relacionadas con mi condición de mujer...

Ent Y ahora está con nosotros Elena Morales, gerente, desde hace algunos años, de una cadena de supermercados en el Perú. Elena, como trabajadora, ¿cuál ha sido el principal reto que le ha impuesto su condición de mujer?

Elena Al terminar mis estudios secundarios, mi meta fue desarrollarme a cualquier nivel y en cualquier sitio, porque siempre he considerado que hombre y mujer tienen igual capacidad. Pensar lo contrario me ha parecido toda la vida una tontería. Indudablemente que para la mujer hay muchos sitios a los que aún no tiene acceso, y lo entiendo porque tiene que ser así. Pero considero que la mujer es tan capaz como el hombre de realizarse en cualquier lugar y en cualquier actividad. En ese aspecto mi reto es llegar hasta lo máximo que pueda, cada vez más arriba.

Ent ¿Cree usted que su condición de mujer la ha perjudicado o beneficiado en su trabajo?

Elena Digamos que me ha perjudicado. En los lugares donde yo he trabajado con anterioridad, difícilmente se le ha dado a la mujer la oportunidad de poder destacarse. Por eso para mí es un reto demostrar que tengo capacidad para ocupar cualquier cargo relacionado con la actividad que realizo. Me refiero al sector del comercio y específicamente a ventas. Es raro conseguir a una mujer en un cargo de importancia. Pareciera en muchos casos que los cargos de mayor nivel estuvieran reservados a hombres y nunca a mujeres. Eso es un hecho y ocurre con frecuencia. Pero sí hay beneficios, porque el hombre, al ver en su grupo de trabajo a una mujer, la trata con más suavidad y colabora más.

Ent Mi última pregunta, Elena, es la siguiente. ¿Cuál ha sido su mayor satisfacción y su mayor frustración como mujer trabajadora?

Elena Bueno, la verdad es que debo reconocer que he tenido muchas satisfacciones. En todos los lugares donde me he desempeñado, mi trabajo siempre ha sido reconocido. Frustraciones no las he tenido, pero sí hay ciertos detalles que me afectan, como por ejemplo el hecho de que en muchas ocasiones, para hacer valer la autoridad que se tenga en un puesto, se debe deformar la propia personalidad, tendiendo a desconfiar de la gente en todo momento, a asumir una actitud defensiva y a llegar a cuestionarlo todo.

6 Actualidad económica

3 Cifras y más cifras
Act.2 Hablando de dinero

(a) La energía ha bajado en un 1,8% con respecto al mes anterior.

(b) El aumento de precios el último mes ha sido del orden del 2,1%, la mitad del registrado en diciembre del año anterior.

(c) Podemos situar la inflación en lo que va de año en el 6,5%, sin contar la inflación subyacente, aquélla que no tiene en cuenta ni la energía ni los alimentos frescos, que debe quedar en un 6,1%, lo que supone también un buen dato.

(d) No tengo las cifras para 1997 a la mano, pero podemos ver en 1995 que el índice de precios sigue siendo alto en comparación con otros países. Francia, por ejemplo, ha cerrado el año 1996 con una tasa del 3,4%.

(e) Con los datos de noviembre, últimos hechos públicos, la diferencia con la media comunitaria era de 0,8 puntos, la más reducida de los últimos años y muy alejada del 5,2 que se registró en diciembre de 1994.

4 El sector exterior de la familia López
Act.3/4/5/6 Mi situación económica

Jaime Me llamo Jaime, soy estudiante y tengo veintidós años de edad. Mi familia me ayuda, er... me mandan dinero de vez en cuando, para... para poder seguir con mis estudios, pero además tengo una beca que recibo de... el gobierno autonómico de mi región. La beca no es muy grande, así que para poder vivir tengo que trabajar tres noches a la semana de camarero en un bar, lo cual está bien, me permite encontrar a gente diferente de la que (me) encuentro en las aulas de la facultad. Me dan la comida y la cena cuando trabajo. Eh... es algo interesante, yo se lo recomendaría a todo el mundo porque te ayuda a conocer a gente y te abre las vistas de... las perspectivas que tienes de... de la vida. Vivo en un piso con unos amigos en el que llevo dos años, pero es un poco caro así que estoy pensando en... mudarme otra vez, a casa con mis padres. Cuando me gradúe el próximo año no sé qué voy a hacer. Todavía no tengo planes definitivos, pero lo peor de todo es que tengo que hacer la mili todavía.

Pilar Soy secretaria de dirección. Trabajo en una empresa americana, y la verdad es que me gusta mucho. Hay muchísimo trabajo, pero me gusta porque tengo posibilidades de promoción en el futuro. Bueno, en Madrid se vive bien. Me parece que es un poco caro y la verdad es que no tengo... no tengo dinero para ir de vacaciones. Vivo en un piso con mi tía y mi prima. Es un piso muy céntrico y que viene muy bien para ir a trabajar y para ir al centro... pero la verdad es que me gustaría más vivir sola. A lo mejor vuelvo a Granada para trabajar allí y estar con mis padres. Mi padre tiene contactos con la Cámara de Comercio así que quizá me pueda conseguir un trabajo. También estoy aprendiendo inglés y francés, porque creo que los idiomas son muy importantes y además puedo conseguir trabajo durante el verano en la Costa del Sol donde hay muchos turistas, y siempre se necesita gente que hable idiomas.

Rosario Soy contadora y trabajo a tiempo parcial para una pequeña compañía. Y mi esposo no tiene un salario muy alto, y es por eso que nosotros tenemos que tener mucho cuidado con el dinero porque tenemos hijos. Ahora, nuestros niños están creciendo y el costo de vida es mucho más difícil actualmente. Entonces hay que tener muchísimo cuidado con nuestro presupuesto. Ahora nuestro hijo Fernando que es el mayor, er... va a empezar a trabajar y a él pues le gustaría tener un trabajo a tiempo completo, pero es un poco difícil de encontrar esta oportunidad ya que hay muchas dificultades para la gente joven hoy en día de encontrar un trabajo. Ah, además él se encuentra un poco aburrido de ser contador.

5 El impuesto revolucionario
Act.1/2/3

ETA exige dinero a cambio de la vida del extorsionado o de sus familiares. El llamado «impuesto revolucionario» es, pues, como un seguro de vida cuya cuantía se puede negociar y pagar a plazos.

El pago se efectúa normalmente acudiendo al Sur de Francia, a los lugares donde suelen estar los refugiados vascos. Las transferencias bancarias y las redes de evasión de capital también han sido otros métodos empleados.

Una llamada telefónica o una carta han supuesto para muchos el inicio de una etapa de angustia, como cuenta un empresario que prefiere permanecer en el anonimato.

[Fragmento de entrevista con un empresario anónimo]
«—Pues llegó en el correo normal. Era una carta, un sobre absolutamente normal que me fue abierto por mi secretario. La abrió como si fuera una cosa de las habituales. Y entró en mi despacho con la cara demudada, y me dijo: «Ha llegado la carta». Y le dije: «No sé lo que va a pasar, pero ciertamente esto cambia nuestras vidas: la mía, la tuya y la de otros muchos».

—¿Y en qué sentido iba a cambiar su vida?

—Pues suponía que tenía que tomar una decisión. Había que decidir si someterse a la humillación de la extorsión o había que resistir a ella, y entonces se te plantean siempre pues muchas preguntas. La primera es: ¿y a mí, por qué? ¿Por qué voy a tener yo que humillarme? Y es la llamada del amor propio. Después piensas también en los demás. ¿Por qué yo voy a ayudar a que se mantenga algo que quita la tranquilidad a los demás como me la está quitando ahora a mí, y quita la vida a los demás? ¿Por qué voy a pagar yo el aceite con que se engrasan las pistolas? ¿Por qué voy a rebajarme yo a pagar pistolas que matan? Después piensas que una decisión tuya puede afectar a otras muchas personas con las cuales estás ligado con afectos y con intereses. No, la decisión no es fácil nunca.»

(música)

La extorsión ha alcanzado también a pequeños comerciantes, y es muy difícil saber cuánto recauda ETA por este sistema.

El Ministerio del Interior cree que ETA, en 19 años de extorsión, ha obtenido más de siete mil millones, pero señala que, desde 1984, coincidiendo con la actitud francesa contra los terroristas refugiados en el sur de Francia, los ingresos por chantaje han disminuido drásticamente.

También es casi imposible saber quiénes y cuántos pagan a ETA, aunque los documentos encontrados en la empresa Sokoa, en Francia, contienen decenas de nombres de personas sometidas a extorsión.

[Fragmento de entrevista con Don José María Vizcaíno]
«... mucha gente que ha resistido, y que... que no ha pagao y que lo ha pasao muy mal, y creo que hay ejemplos que son clarísimos y notorios de persecución a determinadas personas que han... que han tenido que cambiar de domicilio, que han sufrido bombas, que han sufrido llamadas, que han sufrido todo lo imaginable. Hay mucha gente que ha resistido, y yo diría que, desgraciadamente, también hay otra gente que... que ha pagao, que ha cedido. Y que... yo creo que eso es malo.»

(*música*)

[Fragmento de entrevista con Don Juan Manuel Epalza]
«Nadie confiesa que ha pagao. Es decir, que se podría decir, si la cosa no fuera pues un poco triste, una broma pesada, que el «impuesto revolucionario» no ha existido, nadie lo ha pagao. Nadie... nadie reconoce que no... que ha pagao el impuesto.»

Como decía Juan Manuel Epalza, Consejero de Interior durante la etapa pre-autonómica del País Vasco, de la extorsión apenas se habla.

A nadie le gusta reconocer que ha cedido al chantaje. Además hay un cierto miedo: la vida puede estar en juego.

En 1975 el constructor José Legasa denunció a la policía francesa a la persona que le extorsionaba, e indicó dónde tenía que pagar. Por ello el terrorista Aya Zulaica fue a la cárcel, pero ETA mató a Legasa tres años después.

Por un motivo similar fue asesinado el conde de Aresti en marzo de 1980, año en el que el chantaje se extendió a profesionales como médicos, notarios o arquitectos. También ese mismo año, por primera vez, un empresario, Juan Alcorta, se negó públicamente a pagar la cifra que ETA le exigía, 20 millones:

«Las alternativas que me quedan son: primera, pagar y seguir viviendo por ahora; segunda, negociar, rogar y pedir un descuento a través de los intermediarios: tercera, escapar, huir; cuarta, no pagar, no negociar, no huir y seguir viviendo, poco o mucho, no lo sé, aunque con indudable angustia,

evidentemente. Yo me he decidido por la cuarta.»

¿Hasta qué punto influyó en otros la actitud de Alcorta? Nadie puede decirlo, aunque algunos colectivos manifestaron también su negativa a ceder a la extorsión.

(*música*)

[Fragmento de entrevista con un empresario anónimo]
«Di largas, desde luego no acudí nunca. No pagué nunca, ni el todo ni el nada. Hubo un momento, al cabo de bastantes semanas, que la situación ya no era... fácilmente sostenible, y entonces tuve que exiliarme. Yo me considero expropiado y exiliado. Exiliado porque el País Vasco es mi tierra; expropiado, porque el haber tenido que exiliarme me ha costado bastante más dinero que me hubiera costado el pagar la extorsión.»

7 Salud y medio ambiente

1 La España beoda
Act.5 El consumo de alcohol, ¿un problema?

Rocío — Yo creo que en lo que se refiere al consumo de alcohol, estamos frente a un verdadero problema. Parece que la gente, especialmente la juventud, ha perdido la capacidad de divertirse sin darse a la bebida. Creo que en gran medida la culpa la tienen los padres, que han perdido todo control sobre los hijos. Lo peor es que las autoridades no parecen enterarse del problema.

Fernando — A mí me parece que se está exagerando el problema. Naturalmente, hay gente que bebe en exceso y muchos han caído ya en el alcoholismo. Pero no creo que el problema sea más grave que en otros países europeos. Creo que hay que analizar la situación con cierta calma y distanciamiento, sin caer en exageraciones ni restricciones innecesarias que sólo pueden conducir a situaciones de ilegalidad. No lograremos nada con aprobar nuevas leyes o reglamentaciones con respecto al consumo de alcohol si éstas no se van a respetar.

2 Tabaco o salud, elija
Act.4 ¿Fumar o no fumar?

Ent — ¿Crees que la prohibición de fumar debería extenderse a todos los sitios públicos?

Pablo	Bueno, yo creo que actualmente ya hay bastantes limitaciones. En muchos países, los fumadores estamos siendo cercados y son cada vez menos los lugares donde se nos permite fumar. México todavía mantiene una actitud más abierta y tolerante hacia el tabaco, aunque también se han impuesto restricciones. Pero no creo que sea necesario imponer más limitaciones.
Ent	¿Y tú qué opinas Isabel?
Isabel	Pues, yo no estoy de acuerdo con Pablo. Pienso que la prohibición de fumar debería extenderse a todos los sitios públicos, sin excepción. Yo no fumo y me resulta desagradable entrar en un restaurante, por ejemplo, y tener que soportar el humo del tabaco de unos pocos fumadores. Incluso en sitios donde hay sectores designados para fumadores, esta reglamentación muchas veces no se respeta. Creo que en la medida que se extienda y se respete la prohibición de fumar en sitios públicos, disminuirá el consumo de tabaco y tendremos que gastar menos en el tratamiento de enfermedades que son perfectamente evitables.

3 Demasiadas grasas
Act.5 Vida sana

Periodista	Radio Ibérica. Son las 7.00 en punto, las 6.00 en Canarias. Ahora presentamos Vida sana, nuestro habitual programa dedicado a la salud. En la primera parte del programa de hoy entrevistaremos a la señora María del Carmen Martínez, jefa del departamento de nutrición del Hospital San Pablo de nuestra ciudad. Señora Martínez, buenos días.
Sra. Martínez	Buenos días.
Periodista	Señora Martínez, le agradezco que haya aceptado nuestra invitación a estar aquí con nosotros esta mañana. Bienvenida a nuestro programa Vida sana.
Sra. Martínez	Muchas gracias.
Periodista	Mi primera pregunta para Vd. es la siguiente. Como experta en nutrición, ¿considera Vd. que el español consume una dieta adecuada?
Sra. Martínez	Pues, yo no quisiera ser tan categórica, pues considero que en

	nuestra alimentación hay aspectos tanto negativos como positivos. Entre los primeros habría que destacar el excesivo consumo de proteínas y de alcohol. Y como positivo cabría señalar el hecho de que la población española en general consume hoy más pescado y grasas vegetales y bebe más leche.
Periodista	¿Y qué otros cambios ha habido en lo que respecta a alimentación?
Sra. Martínez	Fundamentalmente, creo yo, habría que mencionar la mayor diversificación en el tipo de alimentos que se consume, nuevas formas de preparación, una mejora también en la calidad de los alimentos mismos, y el hecho de que ahora se acostumbra a comer cada vez más fuera de casa. La dieta tradicional, la dieta típicamente española, es menos frecuente hoy en día y la tendencia es a consumir más productos elaborados.
Periodista	¿A qué cree Vd. que se deben estos cambios?
Sra. Martínez	Pues, por un lado, ahora es frecuente que la mujer salga a trabajar, con lo cual se ha ido distanciando de las tareas domésticas, de la cocina concretamente. Por otra parte, las distancias entre el lugar de trabajo y el hogar, sin contar los problemas de tráfico, están obligando a la gente a recurrir a la «comida rápida», en el comedor de la empresa, en el bar, o en cualquier otro sitio que resulte conveniente. Esta tendencia se ha acentuado con la implantación de la jornada continuada en muchos sitios.
Periodista	¿Y qué hay de la preocupación por la estética corporal, por guardar la línea, como se dice corrientemente? ¿Ha influido esto también en la forma en la que nos alimentamos?
Sra. Martínez	Naturalmente, tanto en hombres como en mujeres. Y no sólo por eso. También hay mayor preocupación por la salud, por llevar una vida sana.

4 Nuestro medio ambiente es calidad de vida
Act.6 Problemas de la contaminación

Ent Profesor Berger, ¿cómo definiríamos el concepto de contaminación?

Prof Berger Bueno, yo diría que es tan vasto el área en que se funde todo este problema de la contaminación que, dar una definición, pecaríamos o de muy generalistas o de muy vacuos, en el sentido cultural de la palabra. Yo pienso (de) que... yo asimilo el concepto de contaminación del punto de vista de mi especialidad, que es la geografía física, a los problemas de desequilibrio. Creo que todo desequilibrio, natural o provocado por el hombre, incide en un proceso contaminante, ya que contaminación es introducir dentro de una evolución natural equilibrada bajo ciertos parámetros conocidos, elementos desconocidos o nuevos que vienen a reformular toda una nueva situación. Por ejemplo, el caso del ozono. El caso del ozono se ha atribuido al problema de los cloroflorocarbonos, de todos estos elementos que el hombre, con su creación y su civilización ha ido dando en las sociedades modernas.

Ent Claro. Y ahora, ¿tiene alguna relación, profesor Berger, la población y la contaminación?

Prof Berger Por supuesto, por supuesto.

Ent ¿Es alguna cosa directa en su magnitud, mientras más población, más contaminación?

Prof Berger Es directa e indirecta (A ver...). Porque ya el solo hecho de que aumenta la población, hay un proceso de contaminación cultural, es decir, ya la cultura no es propiedad de una clase o de un grupo, sino que pasa a ser propiedad de todos. Y, puede ser cultura en un sentido muy amplio, no la alta o la baja cultura, o la incultura, es la cultura, es el comportamiento conductual de las personas en un medio dado. Yo pienso que el aumento de población obviamente está en uno de los parámetros de la contaminación.

Ent Por ejemplo, contaminación acústica: más bulla, más ruido (por supuesto), mayor población trae también mayor necesidad de movilización (exacto), mayor cantidad de basura (exacto), de desechos (exacto).

Prof Berger Y, por supuesto, crecimiento de la industria de alimentación para ese número mayor de personas, crecimiento también de todo el sistema de transporte, que tiene que ir de la mano con el aumento de población. El caso de ciudad de México, por ejemplo. Ciudad de México, con 20 millones de habitantes, tiene uno de los más... es una ciudad muy contaminada, y todo lo que se planifica en México en este sentido, como ciudad, en el medio urbano, es con el objeto de descontaminarla desde el punto de vista del hombre, no de los residuos tóxicos, de lo que llamamos polución en el aire o contaminación en las aguas. Se construye, por ejemplo, el metro en Ciudad de México, ¿para qué...? Para dejar las calles de superficie libres a la clase que tiene el auto y entonces el metro se le construye a la plebe, se le construye a la sociedad que no dispone de auto, con el objeto de que aligere un poco la contaminación humana de la superficie.

5 El tráfico urbano
Act.4 El tráfico en las grandes ciudades

Ent Manuel, uno de los problemas que tiene tu ciudad, la ciudad de México, aparte de la contaminación, es el tráfico excesivo, con las consecuencias que todos conocemos. ¿Qué solución le ves tú a este problema?

Manuel Creo que la solución sería prohibir el ingreso de vehículos particulares en el centro de la ciudad. Con esto la gente se vería obligada a utilizar el transporte público, se evitaría la congestión que tenemos actualmente y además habría menos contaminación. Creo que sería la solución ideal y la que costaría menos dinero.

Ent Y tú, Ana, ¿cómo ves el problema desde la perspectiva de tu ciudad, Lima?

Ana Yo sería partidaria de invertir más en transporte público, especialmente en transporte masivo no contaminante, como metro o tranvías. Y en el caso de los vehículos particulares, cobrar un impuesto, una especie de peaje para entrar en las zonas más saturadas de la ciudad, la zona céntrica por ejemplo. Hay que tratar de desincentivar la utilización del coche, y ésa sería, a mi juicio, la mejor manera. Si no hacemos algo, va a llegar un momento en que el tráfico simplemente va a colapsar.

Ent Y tú Agustín, ¿qué soluciones ves para el problema del tráfico?

Agustín Yo no estoy de acuerdo con que se prohíba a los coches particulares circular por el centro de la ciudad o que tengamos que pagar para poder hacerlo. Hay muchas personas que viven en barrios donde el transporte público es escaso o inexistente y que necesitan, por razones de trabajo, desplazarse hasta el centro. Yo creo que la solución está en abrir nuevas vías de acceso que conecten las zonas periféricas con los centros de trabajo. Actualmente éstas son insuficientes, son demasiado estrechas y no cuentan con la señalización adecuada. Yo vivo en un barrio que no está demasiado lejos del centro de Madrid y no debería tardar más de veinte minutos en llegar hasta mi oficina. Pero normalmente tardo tres cuartos de hora o más. ¡No puede ser!

⑧ Horizontes hispánicos

5 La vuelta al mundo en veinticuatro horas de español
Act.4/5 La madre patria

–Pues, el contexto histórico de España es un tema de suma importancia, aún hoy en día... esa época en la que España salió a descubrir y conquistar tierras lejanas ha tenido repercusiones que... que todavía están muy presentes en el día de hoy.

–Sin duda sí, sí... Er... muy lamentable por supuesto la destrucción de grandes imperios como los incas, los aztecas... y...

–Bueno, eso puede ser un punto de vista... España tomó parte en lo que fue el movimiento de exploración y conquista de... de la época, pero esa conquista dejó un legado común muy importante: estructuras familiares, una religión –la religión católica– y de hecho las ciudades más bonitas y más interesantes desde un punto de vista histórico, fueron fundadas por los españoles.

–Bueno, porque destruyeron todas las demás...

–Bueno, pero también... también llevó a unos valores culturales comunes y esto supone un beneficio para todo el mundo y especialmente todo el mundo hispanoparlante.

–Sin duda, estamos casi cuatrocientos millones de personas que hablamos español en el mundo y eso por supuesto que nos... nos da una riqueza literaria, nosotros podemos leer a los grandes escritores de ustedes, y ustedes por supuesto pueden leer a los grandes latinoamericanos: García Márquez, Vargas Llosa, Rulfo, Paz, Neruda...

–Precisamente si hablas de Vargas Llosa, ahí tienes a un escritor latinoamericano que ha encontrado una puerta a la Real Academia Española.

–Por supuesto, es empezar a dignificar la contribución que América Latina hace a la lengua española.

–Sí, también hay que tener presente el valor que... que España tiene, o ya ha tenido en traer a América Latina en contacto con zonas del mundo como es la Comunidad Europea, la Unión Europea, que es algo muy importante, que traerá beneficios sin duda económicos y culturales también.

–Y sin duda claro tenemos por supuesto las raíces con España... nos pone más... más cerca de Europa en general, y todo sí fue el efecto de la Conquista y todo el período de la Colonia... Y, bueno, nos ha tomado siglos, siglos... salir de allí, hacerlo más o menos exitosamente. Nunca ha sido fácil, pero estamos creo, nosotros, vitalizando mucho el proceso de la presencia de... de España y la cultura hispánica yo me atrevería a decir, hispano-americana en todo el mundo. Cosas como por ejemplo la enorme población de hispanoparlantes que hay ahora en los Estados Unidos y que se están convirtiendo en un creciente sector muy influyente en muchos sentidos y que son también nuevas manifestaciones de la presencia de latino-americanos en el Coloso del Norte.

Act.7/8 La cuestión de los inmigrantes

Marilupe Soy de Centroamérica, específicamente de la Ciudad de Guatemala. Tengo parientes en Madrid y en Barcelona, ésa es una de las razones por la que he decidido emigrar a España. Eh... logré llegar aquí hace cinco años, todo esto debido a la situación terrible que estamos pasando en Guatemala. Yo personalmente me siento muy triste respecto a la relación... a la... la situación de mi país. Tenemos problemas de seguridad, los niveles de pobreza son bastante altos y en realidad no es posible ni lograr una buena educación para nuestros hijos. Desde el punto de vista personal mi familia se ha separado, se ha dividido. Dos de mis primos desaparecieron. Actualmente la... la situación ha mejorado un poco, pero existen dudas sobre la estabilidad política y económica de nuestro país. Respecto a la cuestión del trabajo por ejemplo, el desempleo es muy alto. Creo que nos faltan todavía unos cuantos años antes de que podamos alcanzar un nivel aceptable. Entonces he tenido mucha suerte de estar aquí porque es un lugar donde se habla el castellano, un poco diferente pero logramos comunicarnos muy bien, sin ningún problema. También es un país católico y finalmente yo creo que ofrece muchas ventajas porque pertenece a la Unión Europea.

Abdel Yo llegué a España desde Marruecos. Es muy fácil cruzar desde Tánger hasta Algeciras y vine a España principalmente porque la situación es difícil en mi país... el gobierno es a veces muy represivo en muchas medidas que toma, tratando de controlar la situación. Hay no sólo pobreza y los problemas que eso genera, sino además nuevas corrientes dentro de Islam. Salí de Marruecos también pronto porque me tocaba hacer el servicio militar y... y precisamente porque hay que seguir órdenes muy directas del gobierno y muy represivas en ocasiones es... no es algo que yo quiero hacer, no quiero participar en algún... en alguna actividad represiva de otras personas, por lo tanto no quería llegar a tener que hacer el servicio militar en mi país. Estaba estudiando en la universidad, sin mucho éxito porque la universidad no tiene mucho presupuesto, y los profesores faltaban mucho, y no estaban realmente muy bien capacitados, no teníamos laboratorios o bibliotecas suficientemente buenas... era muy difícil entonces recibir una educación adecuada e incluso logrando graduarse de la universidad, no hay muchas oportunidades de trabajo. Me encantaría poder estudiar administración de empresas, ésa es mi idea y poder aprovechar el hecho de que vengo de... del Norte de África y que por eso conozco la cultura del Norte de África y poder quizás aprovechar ese... ese vínculo entre España y el Norte de África en mi preparación como administrador de empresas....

José Luis Me llamo José Luis, soy un estudiante español y trabajo de forma voluntaria para una organización que se dedica a ayudar a los inmigrantes, proporcionándoles un lugar dónde vivir, trabajos y ayudándolos en general con... con cualquier tipo de problema que puedan tener, con la policía, o problemas con... con nacionales españoles si se da el caso... Es algo preocupante el tema de la seguridad de estas personas que llegan a nuestro país. En realidad es absurdo en cierta medida porque la mayoría de ellos no tienen pensado quedarse en España sino que utilizan la península como una forma de llegar a otros países de Europa, como Francia por ejemplo. La extrema derecha no me preocupa mucho. El nazismo no es algo muy arraigado en España, el fascismo español es algo que ya pasó. Por supuesto que hay problemas aislados en... en ciertos lugares, pero lo mismo pasa en cualquier otro país europeo. El tema de la Falange es algo ya pasado... no no viene a cuento, eh... salvo que quedó atrás y que hoy en día no nos afecta, o espero que así sea. La gente en España está preocupada cuando ve llegar estos inmigrantes del Norte de África. Temen por sus trabajos... temen que la concentración de estas personas en ciudades o zonas que ya tenían problemas sociales contribuya a agravarlos. Son problemas en general que surgen cuando se sienten de una manera invadidos. También es preocupante lo que está sucediendo en otros partes de Europa con muchos de los refugiados que llegan buscando asilo y es preocupante que este tipo de reacciones pueda en algún momento extenderse a España.

GLOSSARIES

Glossary of instructions

a continuación	immediately after, next
a favor de	in favour of
a lo largo de	throughout
a medida que	while
acerca de	about
adecuado	suitable, appropriate
adjunto	alongside
afirmación (f)	statement
afirmativo	affirmative
agrega	add
al respecto	concerning this
análisis (m)	analysis
analiza	analyse
anterior	previous
antes de	before
apropiado	appropriate, suitable
aprovechando	taking advantage of
apunte (m)	note
bajo	under
basado en	based on
breve	short
brevemente	briefly
busca	look for
cambia	change
cantidad (f)	quantity
cara a cara	face to face
carta al director (f)	letter to the editor
cifra (f)	figure
cinta (f)	tape
clasifica	classify, group
coloca	place, put
comenta	comment
comenta por escrito	comment in writing
comentario (m)	commentary
cómo se habla	how one says
comparación (f)	comparison
completa	complete
comprensión (f)	comprehension, understanding
con relación a	in relation to, regarding
con respecto a	with regard to
consulta	consult
contenido (m)	contents
contesta	answer
contraponerse	to contradict one another
conviene	it is worth
corresponder a	to refer to
correspondiente	corresponding
corrige	correct
¿crees... ?	do you think ... ?
cuadro (m)	table
cuadro resumen (m)	summary table
da	give
dar consejos	to give advice
dato (m)	fact
de acuerdo a	according to
de antemano	in advance
de manera resumida	in the form of a summary
debate (m)	debate, discussion
desde	from
después	afterwards, next
detalle (m)	detail
detenidamente	carefully
di	say
diálogo (m)	dialogue, conversation
diferencia (f)	difference
discurso (m)	speech, address
discutir	to discuss
ejemplo (m)	example
ejercicio (m)	exercise
elige	choose
empezando	beginning
empieza	begins
en base a	based on
en contra de	against
en cursiva	in italics
en forma breve	briefly
en grupos	in groups
en la que salen	in which they appear
en parejas	in pairs
en seguida	next
en tu propia lengua	in your own language
en tu propio idioma	in your own language
en tus propias palabras	in your own words
encuesta (f)	survey
ensayo (m)	essay
entrevista (f)	interview
equivaler a	to be the equivalent of

escoge	choose	lo que se entiende (por)	what is understood (by)
escribe	write	lo siguiente	the following
escucha	listen	locutor (m)	speaker
escucha otra vez	listen again	luego	then, next
espacio en blanco (m)	blank (space)		
especializado	specialised	mezcla (f)	mixture
establecer comparaciones	to make comparisons	mira	look at
estadística (f)	statistic		
estructurado	structured	nivel (m)	level
estudia	study	nota	note
estudia la forma cómo	study the way in which	nuevamente	again, once more
explica	explain		
expresa tu propia opinión	express your own opinion	observa	observe, notice
		ordenación (f)	order
expresar	to express	ordénalos	put them in order
		ordenar	to put in order
facilitar	to aid, help	otra vez	again
falso	false		
faltar	to be missing	palabra clave (f)	key word
folleto (m)	leaflet	papel (m)	role, part
frase clave (f)	key phrase	parear	to link up, pair off
		paréntesis (m)	bracket
graba	record	pasaje (m)	passage
grabación (f)	recording	pide	ask
gráfico (m)	chart	plantearse	to set out
guía (f)	guide	pon atención	pay attention
		pon el verbo	put the verb
haciendo hincapié	stressing, emphasising	pon en orden	put in order
haciendo un llamado de atención	drawing attention	ponencia (f)	position, report
		por escrito	in writing
hasta	to, as far as, up to	por medio de	by means of
haz un bosquejo	make an outline, sketch	porqué (m)	reason
haz una lista	make a list	postura (f)	position
hipótesis (f)	hypothesis	pregunta (f)	question
		presenta oralmente	present orally
igual significado (m)	same meaning	presentación oral (f)	oral presentation
imagina	imagine	presta atención	pay attention
improvisa	make up	punto (m)	point
identifica	identify	punto de partida (m)	starting point
incluye	include		
indica	indicate	que faltan	(which are) missing
información (f)	information	que se emplean	which are used
informe (m)	report	que (te) parezca (más) apropiada	which seems (most) suitable (to you)
informe oral (m)	oral report		
instrucción (f)	instruction		
investigación (f)	research	razona	reason out
		recuerda	remember
junto a cada una	next to each one	redacción (f)	writing
		reemplaza	replace
lector (m)	reader	referirse	to refer
lee	read	relacionado con	linked with
lenguaje (m)	language	relata por escrito	write an account of
línea (f)	line	relato (m)	report, account

rellena	fill in	**tema** (m)	theme, subject
rellena los espacios en blanco	fill in the blank spaces	**título** (m)	title
		toma nota	take note
repite	repeat	**tomando en cuenta**	taking into account
reportaje (m)	report	**traducción** (f)	translation
responde	answer	**traducción a la vista** (f)	at-sight translation
respuesta (f)	answer	**traducción oral** (f)	oral translation
resume	summarise	**traduce**	translate
resumen (m)	résumé, summary	**traduce a la vista**	translate at sight
resumen oral (m)	oral summary	**traduce a tu propio idioma**	translate into your own language
resumir oralmente	to summarise orally		
		traduce al español	translate into Spanish
sacar una conclusión	to draw a conclusion	**transformación** (f) **estructural**	structural change
se abrirá un debate	a discussion will begin		
se dice así	how you say it	**transcribe**	write out
se trata de	it concerns, is about	**transforma**	change
se usa	is used	**trozo** (m)	piece, extract
servir de base	to serve as a basis		
servirán de guía	will serve as a guide	**uso** (m)	use
significar	to mean	**útil**	useful
sigue	follow	**utilizar**	to use
siguiente	following		
similitud (f)	similarity	**ver**	see
sin mirar	without looking	**verdadero**	true
solicitar	to seek, request	**¿verdadero o falso?**	true or false?
subtítulo (m)	subtitle	**vuelve a escuchar**	listen again

Glossary of grammatical terms

adjetivo (m)	adjective
adverbial	adverbial
adverbio (m)	adverb
afirmación (f)	statement
artículo (m)	article
concuerda	it agrees
condicional (m)	conditional
condicional compuesto (m)	conditional perfect
expresión de tiempo (f)	expression of time
forma familiar (f)	familiar form
frase (f)	phrase, sentence
frase principal (f)	main clause
futuro (m)	future
género (m)	gender
gramática (f)	grammar
imperativo (m)	imperative
imperfecto (m)	imperfect
imperfecto de subjuntivo (m)	imperfect subjunctive
indicativo (m)	indicative
infinitivo (m)	infinitive
léxico (m)	vocabulary, lexicon
locución (f)	expression, phrase
narración (f)	narrative
negativo	negative
nombre (m)	noun
número (m)	number
oración (f)	sentence
palabra (f)	word
párrafo (m)	paragraph
participio (m)	participle
participio pasado (m)	past participle
partícula (f)	particle
pasado (m)	past
petición (f)	request
pluscuamperfecto (m)	pluperfect
pluscuamperfecto de indicativo (m)	pluperfect indicative
pluscuamperfecto de subjuntivo (m)	pluperfect subjunctive
positivo	positive
pregunta (f)	question
preposición (f)	preposition
presente (m)	present
presente de indicativo (m)	present indicative
presente de subjuntivo (m)	present subjunctive
pretérito (m)	preterite
pretérito perfecto (m)	perfect
pronombre (m)	pronoun
significado (m)	meaning
sinónimo (m)	synonym
subjuntivo (m)	subjunctive
sustantivo (m)	noun
término (m)	term, word
tiempo (m)	tense
verbo (m)	verb
verbo reflexivo (m)	reflexive verb
vocablo (m)	word
vocabulario (m)	vocabulary
voz pasiva (f)	passive voice

USING WEBSITES

An increasing number of schools and colleges now have access to internet facilities and these are an enormous asset to language departments. The Spanish-speaking world has got on-line with great enthusiasm, as may be seen by visiting the *Directorio de los 2000 webs en España* currently at:

http://ourworld.compuserve.com/homepages/Cecili

Newspapers can be scanned, although these tend to be special net versions, and can be very slow to download. You may need to do this before starting work with a group. Some papers require you to register on screen before proceeding; others may need to be downloaded via a special program which is available at the same website. An easier way seems to be to get into the *Consejería de Educación* site via a search engine (see below) which then links across to an impressive array of Spanish-related sites, including *ABC Electrónico*, *El País Digital*, *La Vanguardia*, *El Mundo*, *Marca*, *Actualidad Económica*, *Avui*, *Boletín Oficial del Estado*. There is no shortage of regional papers either. Websites for the Instituto Cervantes or reference points such as *Spain and Spanish on the Net*, can also be accessed. The Spanish Embassy in Canada is also a good source, with *Sí, Spain*. Other peninsular languages are covered by *Lenguas de España*.

Spanish organisations are well represented through other routes, including Spanish Universities, chambers of commerce, and many tourist offices. The easiest thing is to go via a well-established search engine such as *Yahoo*, *Lycos* or *WebCrawler*, or to use a more refined model such as *AltaVista Europe* (which is available in a range of languages), or *Euroferret* (which allows you to search all Europe, individual countries, or either by using keywords). *EuroSeek* can provide access to web sites in Europe and beyond. *RedIRIS* offers *Spain Internet Resources*, which is an index to net sites in Spain, making extensive use of sensitive maps.

People wanting to access to bulletin boards or to join discussion groups could go via *Foros de discusión de España*. *Spain and Spanish on the Net* is useful, and language assistants might like to browse through *Spaniards outside Spain*. The Hispanic Council (Canning House, 2 Belgrave Square, London SW1) is also a useful point of reference, at *canninghouse@compuserve.com*

For teachers the University of Hull offers a guide to internet resources which covers a variety of languages, and facilities including dictionaries, grammars and websites of relevant journals currently at:

http://www.hull.ac.uk/cti/langsite.htm#general_news

Website addresses must be keyed in absolutely precisely. They also seem to change at odd intervals so it may be easier to get into them via a search engine. (Some sites listed do not actually contain any data, though.) Remember that in America the East Coast tends to come on-line from around late lunch-time in the UK, and the West Coast will wake up at about 5.00pm. Connections can get appreciably slower at those times.